人要成功多打滚，苦难是块磨刀石。军营是炼钢炉、聚宝盆、过滤器、整容镜。你读的书，走的路，流的汗，都预示着你的未来。事业没有四季，只有两季，努力就是旺季，不努力就是淡季！

NONGMIN DAO JIANGJUN

农民到将军

周益散 著

中央党校出版集团
国家行政学院出版社
NATIONAL ACADEMY OF GOVERNANCE PRESS

图书在版编目（CIP）数据

农民到将军 / 周益散著 . — 北京：国家行政学院出版社，2022.10

ISBN 978-7-5150-2710-4

Ⅰ . ①农…　Ⅱ . ①周…　Ⅲ . ①陶正明－传记　Ⅳ . ① K825.2

中国版本图书馆 CIP 数据核字（2022）第 156713 号

书　　名　农民到将军
NONGMIN DAO JIANGJUN
作　　者　周益散
统筹策划　陈　科
责任编辑　陆　夏
出版发行　国家行政学院出版社
（北京市海淀区长春桥路6号　100089）
综 合 办　（010）68928903
发 行 部　（010）68928866
经　　销　新华书店
印　　刷　北京新视觉印刷有限公司
版　　次　2022年10月北京第1版
印　　次　2022年10月北京第1次印刷
开　　本　170毫米 × 240毫米　16开
印　　张　27.5
字　　数　346千字
定　　价　126.00元

陶正明将军简介

男，汉族，1953年10月生，湖北省大悟县人，1972年12月入伍，1974年4月加入中国共产党，1984年至1985年参加中越边境作战，先后于南京陆军指挥学院合同战术指挥专业、中央党校经济管理专业毕业，大学学历，少将军衔。曾任陆军第一军二师炮团一二二榴炮营二连战士、排长、师政治部宣传科干事、军组织处干事、副处长、陆军第一集团军党委纪检办主任、政治部组织处处长，一师政治部主任，副政治委员、政治委员；陆军第十二集团军政治部主任、副政治委员；浙江省军区副政治委员；中共江西省委常委、省军区政治委员。从军40余年。

先后在中央级报刊、电台，省军级报纸、杂志上发表作品1237篇。其中主编或参与编辑《中国社会学与行政管理》等著作12部，著有图书《一杯茶》《杂烩汤》《将军抗癌》《老陶天天大白话》《我和我的战友》《把心揉进红土地》《我就是这样走过来的》，作品《两用人才的开发者们》获全国优秀报告文学奖。

序言

读了《农民到将军》这本书，我深有感触。这是一部极具现实意义的好书，值得当下年轻人好好读一读。在今天市场经济发达、人民物质生活极其丰富的条件下，人的价值取向对一个人的成长具有关键作用。

《农民到将军》是周益散同志的一部力作。周益散在与陶正明将军的长期密切交往和经常交流中，发现了将军身上的闪光点——一名党员、一名战士的高尚品格，并意识到他的事迹在宣传贯彻习近平新时代中国特色社会主义思想特别是习近平强军思想和关怀教育青少年成长工作中具有现实意义。于是，经过一年多的筹划写作，周益散终于把关于陶正明将军的一个个生动的故事整理成书并出版。

《农民到将军》介绍了陶正明将军在部队的成长经历和基层工作经验，内容多姿多彩，富有时代感，是展现当代军旅战斗生活的一部传记。全书以陶正明的成长历程为主线，在一定层面上反映了新中国不同阶段军队建设和战斗的壮阔场景，记录了陶正明在工作中及退休后与他的战友们爱国爱军爱民的事迹，讴歌了人民子弟兵守土保国的牺牲精神和关怀青少年成长的崇高情怀，是爱国主义教育、国防教育、科普教育、慈善公益宣传的生动教材，值得处在中国特色社会主义新时代背景下的朋友们细细品读。

陶正明同志，从一个农民的儿子，成长为新中国的一位将军。他的经历，不仅是社会主义核心价值观在一个军队干部身上的体现，而且是人民军队政治建军思想在实践中的体现。

有一位记者解读过陶正明将军的名字：“正”，正派、正直、正气，正言论道；“明”，明察、明辨、明导，明辨是非。这也是对陶正明将军品格与境界的评价，既点明了他来自淳朴农民家庭的基因传承，又指出了他后天的努力与修为。正是这种一身正气的品格和明事理的境界，使他的人生有了正确的导向。

注重在军队中建立和开展革命的、进步的政治工作，是毛泽东人民军队建设思想的重要内容，也是我军区别于旧军队和其他一切剥削阶级军队的显著标志。作为曾经历任不同地方部队政委的陶正明，深谙政治工作的重要性。现实生活中，有些人一度对当兵存在认识上的偏差，甚至不愿当兵或不好好当兵，对此，陶正明曾经一口气说出了当兵的十大好处。

“当兵的意义在哪里？到底有多少价值？我认为，当兵至少有十个方面的好处：能练就一副素质过硬的强健体魄；能结交一批感情深厚的亲密战友；能书写一段丰厚宝贵的人生经历；能积累一次社会认可的工作履历；能获得一次弥足珍贵的学习机会，军营是所大学，当兵即入学，退伍即毕业；能得到一个提升能力的成长平台；能获得一次改变命运的难得机遇，可以通过考国防生、上军校、直接提干等途径成为一名军官，转业后还能成为国家公务员、企事业单位干部，也可以成为士官，成为部队建设的中坚力量；能获得一笔走向社会的创业资金，每一名军人退役离开部队时，都能够拿到一笔数目不菲的安置费，当兵时间越长，拿到的安置费越多；能荣获一份全家受惠的政治荣誉，一人当兵，全家光荣；能留下一段终生难忘的美好回忆，生命里有了当兵的历史，一辈子都不会后悔。”

这一段朴实的话语，之所以能够打动人，是因为陶正明将军把群众关心的个人利益，与社会、国家的利益有机结合在一起表述，站得高，看得远，句句实在，接地气，充分展示出他在政治工作方面的良好素养。

从营房到军校课堂，从老山前沿到抗洪一线，从连队战士到政治部干事，从政治部副处长到集团军副政委，从浙江省军区副政委到江西省委常委、省军区政委，陶正明同志在不同时期、不同岗位，始终牢记党和军队赋予自己的职责，勇于学习、善于学习，不辱使命，在长期的工作实践中，认真贯彻落实人民军队政治建军思想宗旨，留下了一串串踏踏实实的脚印，书写了一部属于人民战士的光荣传奇。

有媒体评价陶正明将军，说他“退休不褪色”，是我党我军培养的合格战士、优秀党员。2014年6月退休后，陶正明将军退而不休，在继续做好工作总结，把自己的军旅生活实践上升到理论高度的同时，在沿海发达地区与革命老区之间穿针引线，在扶贫脱困、希望小学建设等方面做了大量工作，把关心青少年道德文化建设、科普教育、国防教育以及慈善公益事业，作为自己生活的重要内容。

《农民到将军》所记录的不仅是陶正明作为一位战士的成长故事，呈现的是一批人民子弟兵的群体形象，表达的是以共产党员为排头兵的战斗集体对党对国家对人民的赤胆忠心，也饱含陶正明将军对部队战斗生活的一片深情，散发着红土地的泥土香，是部队基层指战员聪明智慧的结晶，彰显着生在新中国、长在红旗下的一代革命战士对“八一”精神的弘扬与传承，是由理论到实践再到理论的飞越，注定将成为新时期军队文艺百花园中一朵迎春绽放的映山红，沁人心脾，特别是在爱国主义教育、国防教育、科普教育、公益意识的养成等方面，对于广大读者具有重要意义。

中共中央宣传部办公厅原主任

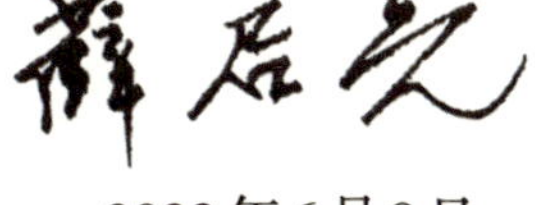

2022年6月9日

目录

农民到将军

第一章

大山中的苦娃

“最高学府”

读书，饥饿的少年

一生的恩人：启蒙老师林家仲

对联，“我家老大写的！”

稚嫩的肩膀，替父亲出民工

赤脚医生自费订报圆梦

出诊路上，“捡”来一个机遇

武汉，小荷露出尖尖角

“最高学府”

有先贤说：患难和困苦，是磨炼人格的最高学府。

陶正明的青少年时期就是在这种学府里度过的。

有智者说，少年时有对痛苦领悟的风度，长大后才可能是一个强者。

陶正明的人生足迹印证了此言非虚。

从一个农民的儿子成长为共和国的将军，他一路走来，一步一个脚印，始终支撑着他在人生征途上艰难跋涉的，是苦忍、是苦学、是苦干。陶正明把这些归结为一个字——熬！

他是“熬”过来的，他懂得熬的滋味。

苦境、困境、逆境、绝境，使他思索，使他坚毅，使他成熟。

那些年，他亲身感受过农民的疾苦。正是有了这段艰难的经历，他才能够在后来遇到任何困难时，忍得住、过得去、扛得起、背得动；才能够始终保持“对党的忠诚心、对人民的感恩心、对事业的进取心、对法纪的敬畏心”。

1953年10月，陶正明出生在湖北省大悟县三里镇黎家湾村。这是一个夹在大别山皱褶里的贫瘠村落，直到2020年大悟县才摘掉贫困县的帽子。

大悟县地处湖北省东北部鄂豫边界，大别山脉西南段，因大悟山得名。相传明朝洪武年间，朱元璋借口凉国公欲图谋反，大肆诛杀功臣良将。卷入此案的李道元逃难于此地的少华山，落发为僧，法号“丧吾”，并将少华山改称为“大悟山”。自此，大悟山的名称沿用至今。

大悟县成县于1932年，是全国著名的革命老区，是鄂豫皖革命根据地的腹地，从这里走出了红四方面军、红二十五军。李先念率领的新四军第五师曾在大悟山中与敌人周旋7昼夜，躲过了日伪军的围剿搜捕，保存了革命力量。为了纪念这段严酷的日子，李先念提议将礼山县改名为大悟县。战争年代，共有15万大悟儿女参加革命，7万多人战死疆场。陶正明小时候听老人讲，日本人、国民党军队、土匪都在这里与共产党的队伍打过仗，每个山头都有战壕，每条田埂都是掩体，每块土地上都流过鲜血。大悟县还是著名的“将军县”之一，开国大将徐海东、“现代海军之父”刘华清，都是从大悟走出来的共和国将军。

大难而有大悟，大悟始得大成。

这里是最富的地方，也是最穷的地方。富，富在人杰；穷，穷在地贫。

这就是陶正明的家乡，他在这里生活了17年：读书、干农活、当乡村医生……

读书，饥饿的少年

20世纪60年代初期，正是国家困难时期。

大山里的孩子，读书难；排行老大的孩子读书尤其难；父母都没读过书的孩子要读书，难上加难。

陶正明出生在大山，却有幸出生在一个父母虽是文盲，却懂得用知识改变命运的家庭。

他自幼喜欢读书，渴望上学，知道上进，学习上的事没让父母操过心，只是家里的条件太差了，学校的条件太难了。但他还是特别喜爱读书，只是因为“文化大革命”的关系，他只读完初中一年级，就再也无书可读了。

散落在大山沟里的村庄人口稀疏，一个大队有20多个自然村。小学6年，陶正明先后在陶家湾、汪家畈、四里庙、三里城4个地方上学。读书7年给他留下的最深印象就是——饥寒交迫，说不出有多苦。

读小学四年级时，他家离学校有将近两公里路。中午不能回家吃饭，他常常只吃早、晚两餐。中饭有时带点干粮，有时家里无干粮，就空着手去上学，中午就饿着，实在撑不住了就喝冷水充饥。这让他觉得下午上课的时间过得好慢，好难熬。

初中一年级他是在离家10多公里的大新镇读的。新生报到的那一天，父亲挑着担子，一头装着被褥，一头装着大米和简易的学习、生活用品。

父亲一路上说个不停：“我们这条山沟有七八个村子，就你考上了初中。村里好些人劝我不要让你去上学，留在家里帮忙干些农活，减轻我和你妈的负担。我和你妈再三盘算，还是让你接着读书。你考上初中不容易，不读可惜了，再说农村孩子只有靠读书才能有出息。你一定要好好读。只要你有学上，你愿意读，我和你妈就是拼死拼活也要供你读。”

作为长子的陶正明，清楚家里的难处，知道父母的艰辛，就只顾点头，嘴里不停地“嗯、嗯”。

他每隔一星期回家拿一次米和菜到学校。家里人多，口粮少，尽管母亲想尽量多给他装些，也就只能有大约4斤米，这已经超标了。每个星期母亲再给他两角钱，是用来买豆瓣酱当菜吃的。这就是一星期的全部口粮和伙食费。

正是长身体的年纪，陶正明实在管不住自己的嘴，有时候，时间才过一半，他就把米吃光了。没法子，只好去附近农村的田地里弄点稻子、麦子，搓掉壳，用凉水冲进肚子里，或者找没人看见的地方拔红薯、萝卜吃。

人啊，只有在肚子里毫无油水、饥肠辘辘、实在忍受不了的时候才知道“饥不择食”的含义。

由于长期营养不良，他14岁时，一米七的个头，体重却只有75斤。

吃得不行，住呢？

那时，陶正明家里祖孙三代人，弟弟妹妹好几个，家里只有三间破房，没有足够的地方睡觉，身为长子的他，一到晚上就到村里邻居家借宿。夏天还好说，冬天经常没有被子盖，只能和衣躺下，畏缩着从夜晚一直冻到天亮。

在三里城小学读五年级的时候，学校离家4公里多，冬天他就穿一条单裤、一双布鞋。路上有一条河，河面有20多米宽，有的地方已经结冰了。陶正明就脱掉布鞋、卷起裤腿涉水过河，有时冰碴儿把腿都划破了。碰到下雨天，没有雨伞，他只好穿上父亲干活时穿戴的斗笠和棕衣。有时风大雨猛，等走到教室门口，他全身都已湿透了。老师让他把斗笠和棕衣放在过道里，等他进了教室，上下牙齿还在打架，嘴唇全冻紫了。

有一位退伍军人送给他父亲一双军用胶鞋，42码，父亲舍不得穿，让他穿。鞋大脚小，穿上后空挡太大，无法走路，母亲就用针线把鞋后跟缝得严严实实，鞋前面塞些破布和烂棉花，才凑合着能穿着正常走路。这双鞋他穿了3年后，已经很破旧了，母亲就让大弟弟接着穿。

读书7年，给陶正明留下深刻印象的还有累。

读小学时，除了白天上学，早晚还要帮着家里干农活，有时天黑好久了才收工。吃过晚饭，母亲点起煤油灯做针线活，或缝补衣服，或做鞋子，或纺线织布，这时，他们兄弟姐妹才能凑到煤油灯旁，借助那微弱的光亮完成老师布置的课外作业。有时实在太困了，打瞌睡头撞在桌子边上，碰痛了也就清醒了许多，再继续写作业。

陶正明上小学五年级的时候，12岁，是个半大小子。放暑假时，为了凑够下学期的学费，他就跟村里大人到10多公里外的大山里砍柴，砍回来后，父亲再加工成一段一段的挑到附近集镇上卖，一担柴讨价还价能卖两角多。

有一天，和往常一样，陶正明用毛巾包着妈妈准备的饭团子和腌菜，腰里系两根麻绳子，别上一把斧子，肩上扛着冲担，双脚穿上父亲用麻线、破布条和稻草裹在一起打的草鞋，跟在大人们的后边进山打柴。

打柴要走得早，一是天气凉爽些，二是中午能赶回来吃饭。

家里没闹钟，白天看时间要看太阳的位置，凌晨起床掌握时间全靠鸡叫。鸡叫头遍相当于3点多钟，大伙就在村头集合，人齐了就摸黑朝大山进发。等到了砍柴处，天刚蒙蒙亮，就分散开，各自去找各自的目标，专砍那些干枯了的树枝、树杈。

母亲告诉他，松树、栗树好着火，烧得时间又长，到集上卖的价钱也高一些。陶正明就专挑这种枯树枝砍。

这天运气不错，他发现了一棵枯死的松树，3米多高，20多厘米粗，光这一棵差不多就够一担了。他兴奋地从腰里抽出斧头，看准了下手的位置，就高高地举起斧头，铆足了劲，朝树的根部用力砍去。万万没想到的是，由于用力过猛，他脚下一滑，斧刃落到左腿膝盖下方，一下子把腿砍出一个很大很深的口子，两块肉翻裂开，鲜血直流，很是吓人，疼痛难忍。他咬紧牙，用双手按住伤口，血还是止不住往外流。

有个大伯看他异样，赶忙过来，看了伤口，说：“这不行，快尿泡尿，和点泥浆敷上去，管用。”

陶正明四下望了望，找一个能撒尿和泥的地方。

大伯说：“今天你就别砍了，砍了也挑不动，坐在这儿，等我们干完活，跟我们一块儿下山。”说罢，他又忙他的去了。

陶正明在一块比较干燥的地上挖了一个小坑，往里面撒了一泡尿，和成泥浆后敷在伤口上。然后把衬衣撕掉一只袖子，又撕成一条一条的布条，接成一整条，把伤口绑得严严实实。

“不能白来，不能空着手回去让爸爸妈妈失望。”陶正明在心里说，“腿上有伤，胳膊是好的。”包扎完伤口后，他看了看身边的枯树，又举起斧头砍了起来。

下山时，陶正明捡了一根木头当拐杖，一瘸一拐跟在大伙后面，伤口剧痛，站立、坐下，疼痛都不能缓解，汗珠不停地往下掉，有时一阵眩晕，好像人要倒下来。他就赶紧把木柴竖起来，抱在怀里支撑着歇一会儿，不久就掉队了。

下午太阳快落山时，他终于一瘸一拐回到家。妈妈看到他腿上满是干涸的血迹，一把把他抱在怀里，眼泪流了出来，说：“儿呀，你怎么这么傻哪，砍伤了就不要打柴了！快点回呀，看看，流了那么多血！”她赶忙用剪刀把血布剪掉，用清水洗去泥巴，让他躺下，给伤口敷上了土药。

⊙砍柴

这天晚上，父亲收工回来，见到受伤的儿子，不停地叹气。

在院子里，父亲默默地把枯树枝干锯成6段，劈成木条，第二天挑到集上，竟然卖了三角六分钱，回到家里一说，大家都很高兴。

有了这次受伤的经历，陶

正明对身体上的疼痛的忍受能力增强了许多，从此小病小伤都不放在心上。2008年夏天，陶正明已当将军4年多了，他不小心摔了一跤，当时疼得钻心。第二天到医院拍片检查，医生说是左边肋骨断了4根，其中两根对折断开了。古人说“伤筋动骨一百天”，医生也开了病假条，让他全休卧床60天。他把病假条装进口袋，也没向领导汇报，天天照常上班，需要他主持会议时，他还是站在那里讲。首长看出异样，问他怎么回事，他只淡淡地说：这几天腰部的老毛病又犯了。

陶正明在退休后回忆自己的童年时，深有感悟地说：“苦痛是块磨刀石，人生这把刀，只有经过痛苦的磨砺，才会变得更锋利、更有价值。”

一生的恩人：启蒙老师林家仲

除了苦难，家乡也给了陶正明很多温馨的记忆。

印象最深的、一生都保持着联系的是他的启蒙老师林家仲老先生。

1958年9月，陶正明6岁，父亲领着他去大队唯一的小学报名，负责面试的林老师要出题考试。

“会数数吗？”老师问。

陶正明点点头。

“从1数到100，我听听。”

陶正明挺胸抬头：1，2，3……一口气数到了100。数完，得意地看了一眼父亲。

“不错！”林老师说完，拿出一个本子，上面有好几种不同的颜色问，“知道这都是什么颜色吗？”

陶正明认真地指着本子，白、黑、红、绿、黄，5种颜色都说对了。

父亲在一旁满脸笑容。

第三道题，老师拿出一张相片，问："看看这是谁？"

陶正明端详了半天，好像在哪里见过，又怕说错了，就随口说："是大队的黄书记。"

老师说："你再仔细看看，想想。"

陶正明紧张起来，不敢吭声。

父亲在一旁急了，脸涨得通红，说："你这孩子，怎么连毛主席都不认得啦，他可是我们穷人的大救星啊！他要是早点当主席，我就能像你一样去上学识字！这个，你一辈子都要记在这里。"父亲一边说一边用手戳向儿子的心窝处，由于用力过大，陶正明的身子不由得晃动了一下。

那时候陶正明见过最大的官就是大队的黄书记，也是跟大人去大队部开会，看着他坐在台上，手不停地摆动，嘴里大声讲话，至于讲的什么他听不懂。

三道题答对了两道，收不收，那就全看林老师了。

过了几天，父亲把一个布袋子交给儿子，说："林老师同意要你了，你明天就去上学。我已经和林老师讲过了，跟他3年。学会写毛笔字，以后过年写对联再不用请人；学会写钢笔字，今后能记个账，写个信也方便些；再就是学会打算盘，加减乘除都要会，家里用得上。记住了吗？"

陶正明用力点点头："记住了！"

父亲用他心目中的知识分子标准要求他的儿子。

父亲记得小的时候，村里上过学的，会打算盘、会记账的，就算文化人了。只是，父亲多加了一条，特别叮嘱儿子要学会写毛笔字，他有他的打算。

老师把十几个新同学分到各自的座位上。

这是村里的一所初级小学，有一、二、三年级各一个班，学校只有一间教室，全校30多名学生共用。教室里课桌都是学生从家里带来的，有长的、方的、高的、矮的、大的、小的。凳子有木头的、有石头的，还有砖垒的。一张桌子有坐2人的、有坐3人的，还有坐4人的，个别大方桌坐6人。陶正明被派到一张长方桌左边，他左右一张望，和他同来的一年级新生高矮不齐，年龄相差很多，大的有十一二岁的，小的比他还小半岁。

三个年级语文、算术、课外活动都是林老师一个人的事。他除了上课，中午还要帮离家远的学生加热带来的饭菜，既当老师，又当爹妈。

学校课程安排得很满，上午、下午各有三节课，林老师马不停蹄，给一年级上语文课，二年级学生就复习算术或练毛笔字，三年级就离开教室课外活动；给二年级上课，三年级就在教室写作业，一年级到教室外活动；给三年级上课，其他年级也是类似安排。总之，除了下雨或下雪，每节课都是两个年级的学生坐在教室里，一个年级学生在室外活动。课外活动包括打算盘比赛，到村里打谷场跑步、做操等。天气不好时就在走廊里做操，老师先示范一遍，然后指定班长负责带同学们练习。

三个年级的孩子们就这么轮着坐在一间教室里读书、学习。

两个年级在一间教室里上课，干扰是避免不了的，互相影响很大。一次，一年级复习语文课时，陶正明听到老师在批评二年级一个调皮的学生算术做错了，那位同学就故意咳嗽，老师说一句，他咳一声，老师说："那你就咳吧，你咳完，我再讲。"他还真的就不停地咳起来，还假装朝地上吐痰，同学们都被逗笑了。这下老师恼火了，让那位同学到后面罚站。

父亲是个急脾气，为了让陶正明尽快成才，掌握“三会”(会写毛笔字、会写钢笔字、会打算盘)，想了个走捷径的法子，去和老师商量，让陶正明住到学校，请老师开小灶，报酬是每月给老师一担柴火。

林老师同意了。

老实巴交的父亲也有他的精明之处。

陶正明去学校住，晚上要与老师睡一张床，很别扭，但又不敢违抗父命，怕挨揍，只好跟着父亲把行李搬到了学校。后来与林老师住了几天也就习惯了。

每天晚上，老师在煤油灯下批改学生作业，他就坐在桌子边练写毛笔字，或打算盘。困了就先去睡，老师什么时候躺下的他也不知道，因为多数这时候他已经在梦里了。

早晨，闹钟一响，老师就起床，陶正明也跟着起来穿衣服，然后老师把他昨晚做的作业耐心地指点一遍。那时候，他觉得老师很辛苦，就主动帮他干些力所能及的事情，像烧火、端水、打扫卫生等。星期天老师要回自家菜园里种菜，他也跟着去，帮忙拔拔草啥的，老师也不拒绝。

父母都没读过书，再加上经济条件差，家里连废纸都没有，陶正明练字缺纸少墨，怎么办？林老师就把前几届学生留下的废旧作业本拿来给他练字用。有一次墨快用完了，他用石头在砚台里磨，老师见了，说：“小家伙，巧妇难为无米之炊呀，石头怎么能磨出墨呢？”他听了一脸不解，不知这与媳妇和米有啥关系。老师耐心地给他讲解这句老话的意思，原来是比喻，这一幕让他终生难忘。

很快，旧作业本也用光了，陶正明很发愁。

一天吃完晚饭，林老师不知从哪里捡来一个破脸盆，里面装满细沙，端进房间，然后又找了一块小木板，对陶正明说，以后就在这盆里练字。

从此，陶正明右手握笔，左手拿着小木板，写一个字或几个字后，就用木板把沙子刮平，再接着写，别说，效果还真不错！这样既练了字，又节约了纸张和笔墨。这个练字方法陶正明一直坚持了许多年。

3年后，陶正明考入了一所高级小学。当陶正明向林老师告别时，一见到他，就扑进他的怀里，放声大哭起来。直到这时陶正明才意识到3年的师生情谊那么深，他把林老师当成了像父亲一样的人，离开他，真是舍不得。

林老师不光是陶正明的启蒙老师，还是陶正明弟弟妹妹的启蒙老师。他们兄弟姐妹几个的文化底子尽管不算厚实，但都是林老师一点一滴打牢根基的！

半个多世纪过去了，陶正明一直与林老师保持着联系。早些年，他只要回家，林老师家是必须要去的。后来回去少了，就给他写信，林老师家里装了电话，联系更方便了。每年春节他们兄妹都会给林老师送个红包，表达心意。

陶正明父亲去世时，骨灰盒摆放在家门口，让父亲与乡亲们做最后的告别。

请谁来主持呢？兄妹几个不约而同说请林老师。

他来了，讲了许多话，还流着泪挨个摸了摸陶正明兄妹的头，大家都哭了。

对联，“我家老大写的！”

人生有许多第一次，有的转眼即忘，有的刻骨铭心。

陶正明第一次写对联，父亲那满足、自豪的眼神铭记在陶正明心里，经久不忘。

20世纪60年代初，在农村能拿毛笔写字的人实属凤毛麟角。每到春节，写对联便成了一件大事，更是一件难事。要么到4公里外的集镇上，找摆摊子的人写对联，花钱买，以副论价。集市是逢双日开的，有时人多，排队久，很浪费时间；要么请附近小学的老师写，一个村几十户，每户又要写好几副，给老师的报酬是一角二分的香烟，1到2包。老师从上午写到深夜，除了吃午饭，一直在写，站着写累了，就坐下写。老师通常带着一本春联书，上面的内容，有十几个字的，也有5个字的，一般是7个字。还有门楣上的横幅，4个字。

陶正明上学了，父亲讲得最多的就是：“你好好学，能自己写对子就好了。”每次讲的时候，父亲眼神里充满了期待，仿佛那是一件十分光宗耀祖的事。

陶正明上学的第二年元旦，农村称阳历年，父亲认真了，提醒说："今年春节的对子你来写，再不用去求人了。"

陶正明一听，吓得不得了，才上二年级啊！但又不敢说个"不"字，怕吃"板栗"——村里大人教训小孩，用右手半握拳，四个指头的第二个关节鼓起来，像一只只板栗子，在小孩的后脑勺上敲，很疼。

陶正明把父亲的话说给林老师听，老师说："那你赶紧练吧，练好了，到时就不会挨打了嘛。"

春节一天天临近，放寒假前两天，陶正明又找老师帮他找对联的内容。

陶正明家有大门、堂屋门、灶房门，还有两扇侧门，按照习俗，共要写5副对联。

他还问老师："记得往年窗户、猪圈、鸡笼上也贴个红纸条子，上面要写什么？"

老师让他抄了10副对联，5副7字的，5副5字的，10条横幅，另外，陶正明自己又写了十几副备用的。

陶正明为了省纸墨钱，一有空，就用毛笔蘸着清水，在院子里的几块石板上反复写对联上的那些字。为了让水干得快些，他就拿一块破布，写了就擦，擦了再写。

到了腊月二十八，天下起大雪，不能去外面干活了。一大早，父亲说："今天天气不好，你就在家里写对子，我帮你的忙！"

父亲不认字，写对写错他是看不出来的，但他在旁边，陶正明还是很害怕、很紧张。

吃过早饭，父亲把吃饭用的，也是家里仅有的一张方桌搬到门口，拿出他买来的两张大红纸放到上面，满心期待地等着儿子写对联。

陶正明来到桌前，他知道写对联的步骤和程序，也请教过老师，把每一步干什么、需要注意什么也都写在一张纸上，放在桌边，不时歪头瞄一眼。

他先铺开纸，没尺子，就用妈妈纳鞋底的线量一量，分成若干等份。

陶正明把裁好的纸，两张上下并列，按七格、五格折出印子来，用铅笔在纸条的每格中间画个“×”字，表示正中位置，以免写得不整齐。

这之后，陶正明在砚台里轻轻研磨起来。

父亲在一边看得津津有味，墨研好了，陶正明拿出老师给他的两张写有对联内容的纸张，铺在桌上，开始照着写。

先写侧门5字的，一条一条的，每写一条之前，父亲都让陶正明先念给他听，虽然都是词句，但意思他能听明白，加之又是从林老师那里得到的，他很放心。

两副侧门的写好了，摊在地上，绕着圈，父亲横看竖比，虽不太懂内容，但看到儿子果然能写对联了，脸上露出了得意的笑容。这使陶正明心宽了不少，特别是看到父亲那肯定的眼神，陶正明感觉比吃了蜜还甜。

吃罢午饭，要接着写大门上的对联了，他至今还记得内容，上联是“春回大地日日新”，下联是“家和财进滚滚来”，横批是“旭日东升”。

当时，父亲让陶正明又念了一遍，他听后，连声说：“好！好！这副对联就应该贴在大门上。”

写好五副门上的对联，接着写“紫气东来”“六畜兴旺”“槽头大发”“笼凤成群”，这是分别给窗户的上框、猪圈门、猪槽边和鸡笼门准备的。

父亲看了，嘴角、眼角都是笑意。

除夕凌晨，一只公鸡叫起来了，家家的公鸡便争先恐后地唱开了，一声比一声响亮。

按照大山里的习俗，每户的当家人早已洗好澡，换上了新的或干净的衣服、鞋袜，开始贴对联。母亲端个糨糊盆，父亲拿着刷锅的刷子，从大门开始，先左后右，把糨糊刷上。陶正明手里拿着对联、横幅，递给父亲。父亲一边刷贴，一边不时提醒儿子："看清楚啊，不要弄错了！"

每贴一条，父亲就用手轻轻地抹一遍，使其贴得更平整、更严实。

正月初一，天亮后，邻居们开始互相拜年，有的进到堂屋，有的在大门止步，这要看平时关系的亲疏。父亲每见一拨人，都很自豪地重复着同一句话："今年的对子，都是我家老大写的！今后就再不用找人写啦。"除了自豪，不知父亲有没有为儿子做广告的意思。

从那年开始，陶正明一直为家里写了9年春联。

稚嫩的肩膀，替父亲出民工

20世纪六七十年代，国家把一些大型工程如开挖河道、修筑铁路等的部分工作外派给农民，当然都是那些没有技术含量的苦活、累活，但这对在农村挣“死”公分的农民来说是一种“美差”，因为既可挣工分，还有一定的现金补助。上面把人力指标分给公社，公社再分给生产队。

1968年，城里的“老三届”全部上山下乡，家在农村的全部返乡回家种地。陶正明没学可上、没书可读了。

正好在这个时候，父亲获得了一个外出当民工的指标，机会难得，名额来之不易。

不巧的是，此时父亲腰椎间盘突出的老毛病又犯了，疼得直不起腰来，干不了重活。怎么办?

去，又干不了；不去，名额丢了舍不得。

父母在家里反复商量，去也不是，不去也不是，拿不出好办法。

看到大人焦急无奈的样子，陶正明就说：“爸，让我去吧！”

母亲一听，连忙摇头，说："你身子单薄，吃不消，那活你干不了。"

父亲低着头半天不吭声，后来小声对母亲说："让他去试试吧，没有别的法子了。"

就这样，15岁的陶正明加入了外派劳务工的行列。

他先后两次外出干活儿。第一次是修一条到发电厂的铁路，每天早上5点起床，5点半挑土筑路基，一天要挑100担，每担120斤，少1担罚10担。

15岁的陶正明哪里挑得动120斤，最多只能挑100斤。

这期间，他还患了感冒、疟疾，高烧不退。附近没医生，又不舍得花钱买药，只能硬撑着，听人说跳进水塘里能降烧，他决定试试。

已是初冬，水温已经很低了，跳进去，冷得浑身瑟瑟发抖，他硬是坚持了好一会儿。从塘里上来时，他脸色发乌，牙齿咯咯打战。穿上衣服，缓了一会儿，他便继续挑起担子，咬牙干了起来。

少干一天就少一天的收入，他舍不得。

不少好心人看他可怜，就在收工之后帮着他多挑几担。

由于那时身体还没有发育好，他又习惯用右肩膀挑担子，导致右肩一直比左肩高，到部队之后通过多年的队列训练才慢慢矫正过来。

外出务工还有一种活儿是在沥青池里浸泡铁轨下面的枕木。这个活儿危险大，既要有力气，还要灵活。

池子是用铁板焊接成的，像一口大方锅，下面烧煤，把沥青烧到沸腾，温度要几百摄氏度，属高温作业。

池子两边各站两名经挑选的年轻壮汉，双手拿着铁夹子，把干枕木夹起来，轻轻地放进池内，等沥青浸透了枕木，再把枕木从池子里夹出来，放到干燥的地方，晾凉了，堆起来备用。

工头看陶正明年纪轻、力气小，干不了这重活，照顾他让他去下面铲煤烧火。这个活虽然危险小一些，但需要不停地铲煤、送煤，手脚不停，有时火星喷到脸上，燎得很痛。几天下来，脸上就烫出许多黑点，人就像长了麻子一样，好几个月才消。

苦和累不算什么，他都不放在心上，咬咬牙就过去了，但有些事一而再，再而三地发生却让他郁闷不已，耿耿于怀。

那个年代，农村青年如能吃上商品粮，能够“农转非”可是最大的福分、最大的期盼。当时公社也有保送上工农兵大学、提干、招工的机会，他身边的小学和初中同学就一连走了好几个。陶正明是村里屈指可数的初中生，也有幸被推荐了几次，但由于祖辈都是老实巴交的农民，家里又穷，既没有关系可找，又没有值钱的东西可送，一次次都被别人给顶替了。有一年，县里在他们公社招干部，一共面试了5个人，除了他上过初中外，其他4人中2人上过高小、另2人只读过初小。结果，这4个人都当上了干部，有的是公社妇联主任、团委书记，有的是县广播员，唯独把他这个学历高的青年刷了下来。

来招干的是县里的一名局长，陶正明跑去问缘由，那人傲慢得连头都不抬一下，气得陶正明真想把拳头挥过去，狠狠砸在他的脸上！

少年有说不出的委屈，心里在问：山沟里的孩子，路在何方？

赤脚医生自费订报圆梦

1969年年底，湖北中医学院到县第六中学进行大学教育改革试点探索，培训乡村赤脚医生，周期是8个月，公社分给大队一个名额。

有人给陶正明出点子，让他快去找大队书记，争取拿到这个名额。

一听说是上学，还是大学，陶正明激动了。当即跑到大队部，说是要报名参加赤脚医生的培训。

大队书记正在办公室抽烟、聊天，心情不错，耐心地听他说完，又掐着手指头算了算。由于赤脚医生培训完毕，哪儿来回哪儿，还是在村里拿工分，另外大概关系户也都走得差不多了，当时就满口答应下来。

会不会还有变故？陶正明和父母都悬着一颗心。

还好，这次没被顶下来。拿到入学通知书，陶正明悬着的心放了下来。

那个时候，学员们每天要花大量时间读报纸、学毛著、念文件，开会学习，搞大批判。

时间一天一天就这样过去了，陶正明心里很着急。中医看病的望闻问切、四诊八纲、经络穴位和针灸使用，中医中药的许多知识如中药的药名赋、汤头歌诀、十八反十九畏歌诀，那么多内容都要靠业余时间自学，医术如何能提高？

许多同学也和陶正明一样，都渴望多学一些专业知识，对学校这种状况很不满意，私下议论，意见很大。少数同学想不通，但表面上还顺着说好，不敢提意见。

课时进行到一半时，学院领导、工宣队、军宣队代表到班上开座谈会，征求学员们的意见。

培训班老师事先指定了几个同学统一思想，作重点发言。

座谈会上，有的同学拿着提前准备好的稿子，从头到尾，头都不抬地一直念完。另外几个说的也是大同小异，都是称赞课程安排得好，老师讲得好，又红又专，突出了无产阶级政治，用政治统帅了业务，收获很大。

陶正明在下面听着很着急，也很憋气。

被安排发言的同学一个个发言完毕，主持会议的工人代表段师傅问："还有没有同学想说说？"

陶正明举起手。

段师傅说："好，这位同学请说。"

陶正明站起来，不假思索地说："现在的情况与我刚来时想象的不一样，学政治占的时间太多了，学中医专业的时间比例太少了。如果我们学不到真本事，回去不能治病救人，怎么办？"

教室里空气紧张起来，段师傅说："嗯，接着说。"

陶正明继续说："比如，一个人得了急病，我们要能看出是什么病，用什么药、什么方法能治好才行。光学政治对病人的作用是不大的。”

说完，他觉得意犹未尽，就举了前一天碰到的一个事例，说：“前天，我们拉煤，车掉进河沟里，同学们都去推，大家用了好大劲才把车推上来，如果不下水，不用力，光站在岸边喊‘下定决心，不怕牺牲’，车子是不可能自己上来的。治病和推车是一个道理。”不知哪来的胆量，他把学员们不敢说的话，在工宣队和军宣队的代表面前一口气全说了出来。

他说到这里，台上领导表情严肃起来，开始交头接耳，台下也发出各种声音。大家觉得太突然了，主持人阴沉着脸宣布：“今天会议暂时就开到这里。”

陶正明虽然说出了大家的心里话，大家都从心里敬佩他，但也都为他担心。

果然，晚上学院一把手、军管会马主任让陶正明去他房间谈话。

陶正明心里直打鼓，不知自己的发言会不会被“上纲上线”。他忐忑不安地到了门口，站在那儿，半天不敢敲门。听到“进来”的声音，才回过神来，推门跨进门槛时脚都不听使唤，差点绊倒。

坐在领导对面，陶正明的双手还在不停地微微颤抖。

马主任盯着他，好一会儿才像长辈一样开了腔：“小陶，你不能在那种场合说那些话。今后要注意。”讲了一番大道理之后，话锋一转，拉起了家常，亲切地问他家里的情况，学习班伙食怎么样，气氛一下缓和下来。拉了半个多小时家常，马主任说：“小陶，培训内容多、时间紧，你回去抓紧学习吧。”

走出领导房间，陶正明轻松得像小鸟一样一溜小跑回到宿舍，和室友详细讲了和领导谈话的经过，大家帮他分析可能会产生的后果，说什么的都有。

连续几天，风平浪静。

一星期之后，同学们突然发现政治课减少了，业务课明显增多了。后来听说马主任专门组织学校老师和工宣队、军宣队开了几次会，统一了思想，修改了教学计划。

经过了8个月的学习培训，陶正明肚子里装了不少中医药的基础知识和应对各种常见病的药方。

回到了大队，他被安排在村卫生所。

当时村卫生所一共5个人：其中一个是地主分子，52岁；一个是“反革命”家属，52岁；还有一个是县卫生局下放管制的“右派”，46岁。3个都是有资历的老医生，是运动中遣返到农村接受改造的。还有一个是会计，负责财务。陶正明“根红苗正”，又刚刚从大学校门里走出来，算是“科班”出身，虽然当时只有16岁，大队还是任命他为卫生所所长，管辖方圆10多公里22个自然村，为3200多名老少乡亲提供医疗服务。

陶正明成为一名赤脚医生，背起药箱，信心满满，一心扑在了卫生所。

卫生所最初设在付家湾，借用了一套民宅，很不适用，村民看病也不方便，陶正明就建议把卫生所和大队中心小学建在一起。于是，20个生产队按人头分摊建房物资和费用，很快就建起了10间房，医疗条件因此提高了不少，乡亲们看病非常方便。

卫生所实行合作医疗制度，全大队每人每年交5分钱，用于购买一些常用西药。为了节约开支，多用中草药，闲暇时陶正明就分批带着各小队抽派的人，到深山老林里采药，还用鱼腥草、柴胡等试制出了针剂和药丸。后来，他还自己学会了部分兽医技术。老百姓家里有人病了要找他，家里的牛、猪、鸡、鸭生病了也找上门来，他也都出诊治疗。

一年365天，陶正明都睡在卫生所，几乎天天都有夜诊，只要有人在外面敲窗户喊“陶医生”，他就马上穿衣下床，随来人出诊，连大年初一也是背着药箱，奔走在田埂上、山谷中。

一年多来，在陶正明的领导下小小卫生所红红火火，口碑很好，先后被公社和县里树为先进典型。

10月是每年邮局报刊征订的月份，陶正明出人意料地用省吃俭用节约下来的钱订了三份报纸：一份《湖北日报》、一份《人民日报》和一份《参考消息》。三份报纸，都是日报，报费一交就是一年。对一个农民来说，那可是一笔巨款啊。消息传出，不仅父母不理解，舍不得花这钱，村里人更是议论纷纷，什么难听的话都有，有人还给他取了个诨名“陶飞机”，做梦飞上天啦！

除了听风凉话，他还与邮递员吵了一架。

邮递员说：“一个农村毛孩子，穷得饭都吃不饱，还订什么报纸？《参考消息》是领导看的，你看有什么用！订《参考消息》不行。”坚持不给他办手续。

陶正明不管这些闲言碎语，跑到公社文书那里，在订阅申请书上盖了公章，这才把三份报纸全订了下来。

订这三份报纸，陶正明有他的想法。一是当学习资料，二是能了解国内外大事：《湖北日报》能知省情，《人民日报》能知国情，《参考消息》能了解世界。

每天不论出诊回来多晚、身体多累，他都要把这三份报纸上的文章全部读完，然后把旧报纸拿去包中药，一举多得。

陶正明深情地回忆说：“现在回想起来，那时订三份报纸是非常正确的选择，让我知道了许多外面发生的事情，懂得了许多新鲜新奇的道理，也学了不少过去不认识的字。可以说，三份报纸，是三个老师，三个朋友。”

自费订报，确实是正确的选择，除了前面总结的“拜了三个老师”“交了三个朋友”之外，陶正明还有一个收获，就是养成了阅读的习惯。

因为是自费，所以就格外珍惜。陶正明说过，这么大的阅读量，每天坚持下去，与文字结缘，成为习惯，等于每天都在学习，每天都在进步，他的认知、他的眼界、他的写作水平，每天都在不知不觉中提高着。一个人想学有所成，一个重要的法宝就是让读书、学习成为习惯。

自费订报，其实也是一种投资，一种获得巨大回报的投资。德国促进阅读基金会理事长海因里希·克雷比施曾说：“给孩子读书和讲故事，是最不复杂也是最合算的对未来的投资。”

陶正明之所以一到部队没多久就能够成为一名优秀的报道员，之后成为一名穿军装的“笔杆子”，最后成为一名共和国将军，不是偶然的，他力排众议、坚持自费订报，为他以后的成长道路打下了坚实的基础。

出诊路上，“捡”来一个机遇

机会钟情于有准备的人。

1970年秋天，正当陶正明的卫生所搞得风生水起之时，一次出诊他“捡”到了一个梦寐以求的好机会。

一天下午，他在出诊回来的路上碰到一个干部模样的人，双手捂着肚子，弓着腰，脸上豆大的汗珠往下滴。陶正明一看就意识到他病得不轻，连忙上前说，我们卫生所离这里不远，去那儿让医生看看，喝点水，症状可能会减轻些。说完，他便扶着他一步一步走到了卫生所。

经过诊断，来人可能是胆结石急性发作，陶正明就给他喝了卫生所自制的排毒消炎水，扶他在自己床上躺下休息。

过了两个多小时，病人的疼痛缓解了，就开始和陶正明聊起家常。

原来他是湖北省物资厅金属公司的干部，名叫黄深，广东高鹤人，转业军人，这次是到大悟县来招工的，下了长途汽车，走着走着，肚子就剧烈疼了起来。

一听说是招工，陶正明来了兴趣，详细打听起来。

“黄师傅，你们这次招工都有什么条件啊？”

“我们这次主要是招下乡知青和退伍军人，大队推荐、公社批准，体检合格。”

陶正明眼里充满期待：“我是68年回乡的，也应该算知青！”

“不行。这次招工上级文件里专门有一条，不招民办教师和赤脚医生。”

陶正明顿时不吭声了。他知道即便没有这一条，这次机会也轮不到他。

陶正明转移了话题，又开始叮嘱黄师傅下一步如何用药，该注意些什么，再犯了怎么办。陶正明的认真和敬业感动了黄师傅，他说：“你是1968年初中回乡的，我也给你算知青。我看你不错，今天帮了我大忙，这样，只要你把大队干部的工作做通了，他们肯放你，公社以上的工作由我去做，我想办法把你带走！”

陶正明一听他的话激动不已，心想今天是遇到贵人了！改变人生的机遇来了，跳出“农门”，一下越过大悟县、越过孝感地区，直接跳到省城大武汉去了，太意外了！

但很快陶正明心里又矛盾起来，是这里的山水和乡亲养育了自己，给了他培训当医生的机会。一年多来，自己走村串户，与乡亲们建立了深厚的感情，真一拍屁股走了，良心上过不去。他把想法对招工的黄师傅讲了。

黄师傅说：“小陶啊，你们卫生所不是还有其他老医生嘛，这可是难得的机会呀，不要犹豫啦！”

“大队同意放我，你真的能带我走？”陶正明不放心。

“保证。我说话算数！”黄师傅说得很干脆。

陶正明当天就去找大队干部，书记先是不同意，什么村里培养一个医生不容易呀，什么卫生所不能没有你呀，理由一大堆，但经不住陶正明软磨硬泡，最终还是同意了，可两个副书记说什么也不同意。

书记只好说，晚上开全体生产队队长会，让大家决定。

那天晚上，陶正明看着一屋子熟悉的面孔，一句话也说不出来，只是用央求的眼神望着他们。

有的队长说：“小陶你的事我们知道了，都舍不得你离开，但有这么好的机会，也不能耽误了你的前途。”

还有的队长说：“医生可以再培养，可小陶到大武汉的机会错过了就再也没有了。”

最后，大队同意放人。

陶正明听到乡亲们的这番话，一颗悬着的心放了下来，扑通一声跪在地上，给伯伯和叔叔们磕头，连声说：“对不起、对不起！谢谢、谢谢！”

好事多磨。

由于村卫生所被县里树为先进典型，陶正明跟公社打过不少交道，和张书记也很熟，可就在陶正明去公社办手续的时候，意外发生了。公社张书记在办公室里对他大发雷霆：“公社推荐你们卫生所，让县里树立为一面红旗，你一走，剩下那三个都是……你就只会考虑你自己！”

陶正明的心又忐忑起来，他左右为难，把大队和公社的态度告诉了黄师傅。

黄师傅微微一笑，胸有成竹地说：“放心，大队同意了，这事就成了！”

年轻的陶正明那时不明白，一个手握招工指标的人会有多大能量。

事情的结果果然像黄师傅所说的那样，陶正明如愿离开了大山、离开了家乡，在省会武汉开启了他全新的人生征途。但他不会忘记乡亲们像大山一样包容他，如慈母一样呵护他，为了他的前途，他们牺牲了自己的利益……这让他深切体会到善良淳朴的人间真情，心中有一种愧疚感。打那之后，无论走到哪里，他都珍藏着这段宝贵的感情，坚毅向前，想着如何感恩和回报家乡的父老乡亲。

武汉，小荷露出尖尖角

1970年10月，18岁的陶正明告别家乡来到了武汉。

来到金属公司，在新的工作岗位上，陶正明适应得很快。他思想上进，吃苦耐劳，勤于学习，善于助人，很快赢得了同事和领导的好评。

工作不久，他的一个工友，是老乡，叫朱传文，意外得了伤寒病。在当时的医疗条件下，伤寒有非常高的传染性和致死率。

公司职工得了这个病，肯定需要陪护。当时他家里人听说是伤寒病，父母都不敢过来照顾他，公司领导只能安排员工前去看护。

因是烈性传染病，征求意见时都不吭声。

经理说："这样吧，小陶，你之前也当过医生，小朱又是你老乡，也是阶级兄弟，他生病了你代表公司去照顾他吧。"

陶正明知道这个病的危害性，烈性传染、死亡率也高，但还是爽快地答应下来。

陶正明和小朱是一起从老家到金属公司工作的，对于小朱的病情，陶正明非常心疼和同情。此外，自己当过医生，救死扶伤是医生义不容辞的责任，如果不冲在一线，谁还能承担这份风险？陶正明从小听父母的教导，养成好习惯，在家要听父母的话，在学校要听老师的话，在单位要听领导的话。再者，听从组织的安排，就像战士服从命令、听从指挥是天职一样，多大的困难也要克服，多大的风险也要承担！就这样，陶正明到医院做了一个月的护工。

那个年代，医院条件艰苦，病房只有一张床，上面铺一张草席。

在陪护期间，陶正明每天和小朱挤在一张病床上睡。小朱已经高烧40℃，浑身滚烫，处于半昏迷状态。当时也没有口罩，陶正明就这样在没有任何防护措施下，每天用冰毛巾帮他擦拭身体，在他腋下、腹股沟放4块冰给他降温，冰化了再去搬，周而复始。

夏天室内也没有电扇，陶正明就在小朱睡的床边也放上2块冰块给他降温。

病人身上和房间的冰都化了，导致房间里都是水，陶正明就用拖把吸，天天忙得满身大汗。

一开始，小朱因为高烧不退，整天迷迷糊糊，陶正明只能拿勺子给他喂点米汤。为了省钱，每天只买一份米饭，先喂病人，剩下的陶正明再接着吃。

每次护士都对陶正明说："你这个人，怎么可以吃病人的剩饭，你要小心传染啊！"

陶正明说："不要紧的。他迷迷糊糊的，我也不可能从他的口袋里去掏钱，给他买饭吃。照顾他花费太多，回去也不好让公司报销，所以我就只能两个人买一份饭，反正他也吃不多的。"

在这一个月的陪护期，每顿饭都是小朱先吃几口，陶正明接着吃剩下的。

经过一个月的照料，小朱开始慢慢退烧，痊愈了。

小朱比陶正明大两岁，后来还当了单位的保卫处长。

陶正明当兵以后，第一次回去探亲路过武汉，和他见了一面，他紧紧地抱住陶正明激动地说：“你是我的救命恩人！你是我的救命恩人！”

陶正明说：“我学过医，领导派我去，这是我的职责。再说，在家靠父母，出外靠朋友，你是我的工友，也是兄弟，照顾你也是应该的。”

陶正明的出色表现，领导和同事们都看在眼里，口碑越来越好，没用多长时间就担任了省金属公司团委副书记兼宣传部部长，还负责贵重金属物资如金、银、锰、铝等的保管工作，工资也由一级调到了二级，每个月能拿到36元。

陶正明留下生活费，把剩下的钱寄到家里，父母和弟弟妹妹都说不出地高兴。

但有一件好事，陶正明没有写信告诉父母。

由于陶正明无论是个头、相貌，还是人品、工作，样样出色，开始有人给他介绍女朋友，更是有姑娘看上了他。有个姓刘的女孩子各方面条件都不错，她爸爸是金属公司里的老员工，很满意陶正明，两人就交往上了，女方还送给陶正明一些小礼物。

到了征兵季节，金属公司所在街道武装部动员适龄青年报名参军，征兵对象主要是应届高中毕业生和单位青年职工。

公司的征兵指标是4人，却有16名适龄青年积极报名应征，经过政审、体检等筛选，符合条件的有10人，陶正明是其中之一。

当时，因为陶正明所在岗位比较重要，干得也出色，领导不太愿意放他走，可接兵干部又非要他不可。这个接兵干部在部队是个炮兵营长，名叫刘大贤，他找到公司的党委书记、总经理，当着陶正明的面说："小陶我是要定了的，其他三个人，你们给谁我们就带谁！"

公司领导的目光都看着陶正明，盼着他说出"不愿意"三个字来。

一边是公司领导舍不得，一边是部队领导非要他不可，怎么选择？

每当到了人生的十字路口，需要选择的时候，最能看出一个人的胸怀、境界、格局。

陶正明的内心的确非常矛盾，思想斗争也很激烈：好不容易从大山沟到了大城市，才刚刚一年，工资也刚涨。工作称心如意，待遇优厚，领导也很器重。无论是为他父母着想，还是从他的实际情况来讲，好不容易从挣工分到挣工资，一个月能有36元的收入，已经相当不错了，一家人都受益、都高兴。

陶正明兄妹8个，他是家里的老大。那时候家里很困难，父母需要钱，弟弟妹妹也需要钱，每月36元在农村不是小数目，肯定对家人能有很大的帮助。如果去当兵，一个月才6元，一下子少了30元，无法接济家里，经济账是没法算的；在单位各方面基础打得也比较扎实，当几年兵复员回来，还要重打锣鼓另开张、万事从头来。

一方面他算着经济账，另一方面他算着政治账：第一，他是适龄青年，参军入伍、保卫祖国是必尽的义务、应尽的职责。身为团支部副书记、宣传部部长的他平时总是说："革命青年是块砖，工作需要任党搬！"到了关键时刻不能打退堂鼓、不能逃避。第二，当兵的津贴和现在的工资收入差距的确很大，家里势必也会跟着他一起受苦。然而他想到钱总是可以再赚的，但是当兵这个机会错过了，那就没有了。他看过不少关于雷锋、黄继光等优秀军人的电影，对他很有教育意义。男子汉，当一次兵，是应尽的义务，也是一大幸运！再说，接兵干部情真意切，也打动了他。

于是，他咬咬牙，斩钉截铁地说："我愿意去当兵！"

公司领导看他决心已定，只得说："那好，那好！"

女朋友的父亲刘师傅第一时间知道了他要当兵的消息，迫不及待地找到他，说："小陶，你知道，我没有儿子，本指望你们结婚后，你就住在我家里给我当儿子。你去当兵，我也不能阻拦你，但我是等不起的，如果你非要走，你们俩的关系只能到此为止了。"

真是没想到，为了当兵，忍痛舍弃了高工资、舍弃了在公司的大好前程，还要舍弃感情、失去女朋友！

这一夜陶正明久久未能入睡，翻来覆去地想：如果去当兵，工作没有了，女朋友也没有了，今后在部队能怎么样也不清楚。可是，如果打退堂鼓，那像什么话？大道理、小道理来回在脑海里翻腾，最后，他还是下定决心报名参军，这才安然入睡。

第二天一早，陶正明一到公司上班就果断地办理了各项交班手续。公司给他们4个参军的员工放假3天，让他们回去和父母及亲朋好友告别。

回到宿舍，陶正明给女朋友写了一封信，说明情况，并把当时姑娘送他的一个喝水杯、一条毛巾和一支钢笔退了回去。

其他3个要当兵的工友都走了，陶正明却没有离开公司。一是家里困难，回去要花钱。来到公司第一个春节他也是留下来值班的，为的是把省下来的钱寄给弟弟妹妹交学费。二是他还不想这么早就把自己参军的事告诉家里。

放假3天他哪里也没去，和往常一样在公司里上班。

真是恋恋不舍啊，他看到什么都很亲切，见到谁都想落泪。

离开公司的当晚，公司领导欢送他们，先合影后宴请。

陶正明一口饭也吃不下，心想：当兵是要打仗的，万一“光荣”了就再也回不来了！

晚上8点，火车开动了，别人都有家人相送，依依惜别，唯独陶正明的父母家人远在大悟，还不知道他去当兵的消息。看到站台上到处是送别的场面，只有他形单影只，陶正明就赶紧钻进运兵的大闷罐车里，一直往里走。

1972年11月19日，是他到湖北金属公司一周年纪念日，也就是这一天，新兵启程，陶正明即将开始他新的人生之旅。

又是一次选择！

人生路上，每个人都会遇到一个或几个关键的选择，作出什么样的选择，也就拥有了什么样的人生！有时候，懂得选择比全力以赴更重要。

又是一次投资！

上一次是全年投资30元订阅三份报纸，这一次是每月“投资”30元，参军入伍……

不知道陶正明哪里来的眼光和自信！

第二章

连队的小兵

学雷锋标兵，事迹被制成幻灯片

与死神零距离

专为他下拨一个立功指标

一炮差点炸飞梦想

探亲轶事

在杭州学习写材料

用诗给在二连一班的日子作总结

学雷锋标兵，事迹被制成幻灯片

有在老家当赤脚医生、在城里当工人的经历和经验，陶正明对自己在军营的前程虽说没想那么多、那么远，但听领导话、踏实肯干、不负韶华和春光，还是满怀希望、很有信心的。

1972年11月19日，晚上8点，运输新兵的火车离开武汉。

陶正明一路心潮起伏，想了很多很多。父母知道他放弃了那么好的工作会怎么说？每月不能给家里寄钱，他们会怎样想？什么时候给家里写信告诉自己已经到部队了？一个个想过不止一次的问题又在脑海里过了一遍。

一天一夜多的车程他几乎没怎么睡觉。

21日凌晨，新兵一行在河南省商丘县下了火车，又换乘汽车，一个多小时后车停了下来。

陶正明顺着路灯看到一条“热烈欢迎新战友”的横幅，知道是到了。带新兵的杨班长告诉大家，这是中国人民解放军陆军第一军第二师炮兵团二连。

⊙与陆军第一军第二师炮兵团榴炮一营二连旗合影

到了部队大院，欢迎新兵的指战员已列队等候了。

陶正明刚想从汽车上跳下去，一个老兵伸手拦住了他，说："别，这样容易受伤！"接着，他给陶正明做了一个示范动作。只见他背对着陶正明，踩住车边的踏板，一只手抓住车厢上的挂钩，一只脚先着地，再放下另一只脚。陶正明照着他的动作，稳稳地落到地上。

老兵接过他的背包和旅行袋，轻声问："你叫什么名字？"

陶正明在夜色中看了老兵一眼，说："我叫陶正明。"

"我叫刘永贵，是一班班长。"

缘分!

陶正明迈进部队大门的第一步，刘班长就给他留下一个温馨、美好的印象。

后来正式分班，陶正明刚巧分在刘班长的一班。他从班长身上学到了很多，和班长成了知心朋友，后来还成为刘班长的证婚人，再后来他又接了刘班长的班……

到部队一段时间后，陶正明才听说，是带兵的刘营长专门交代把他分到炮兵团二连的，因为二连指导员庄正祥厚道实在，很爱才，连长郭玉武是全团最年轻的连长，才24岁。

第二天上午，连队干部、新兵排长分别来看望新兵。

班长教大家整理内务、叠被子，讲新兵注意事项，很是热闹了一番。

清静下来，新兵们有的说说笑笑，有的给家里写信，陶正明也伏在床上写，是给金属公司领导报平安，汇报到部队的见闻和感受。

写完后，他想了想还是决定暂时对家里保密，等过一段时间在部队干出点样儿来，再给父母写信，那时可写的就很多了，在“先斩后奏”的问题上也更容易过关。

大家刚刚认识，班里就有几个新战士找到陶正明，说他们没读过书，请陶正明帮忙代写家信。于是，陶正明按照他们的意思一封封写起来，都是些大同小异的内容。可轮到李瑞林的时候就不一样了。李瑞林是甘肃省静宁县人，已经结婚了，参军走的时候老婆哭晕了，让陶正明多写一些好听的话安慰安慰，让老婆不要担心。陶正明就写了：“在部队里吃得好、住得好，战友们关系好，干部对新兵照顾得也很好。”尽量写得长一点，写好了就念给李瑞林听。李瑞林有一肚子话，一会补充点这个，一会补充点那个，陶正明就照他说的写，直到满意了才把信封好，在信封上写上收信地址和收信人姓名。李瑞林接过信，犹豫着，好像还有什么要紧的话没写上。其实，陶正明知道，他还有心里话没好意思说出来，那就是：想家，想媳妇。一个人离开家乡，离开父母，离开熟悉的环境，离开刚刚结婚不久的妻子，哪有不想的？

晚饭后，4个没怎么上过学的战友又围过来，说："陶正明，今后你教我们认字学文化吧！学会了，就不用每次写信给你添麻烦了。"

"好、好，没问题。"陶正明爽快地答应了他们的要求。

新兵出发时陶正明身上有10多元钱，第二天他到县城的新华书店买了一本《新华字典》、一套范文澜编写的《中国通史》，还到文具店买了几支铅笔、几本稿纸，为闲暇时间帮4位不识字的战友学习文化做好准备。

过了几天，新兵复查身体的结果出来了，没有不合格的，大家高高兴兴领了领章和帽徽。

带上帽徽和领章，新兵们最迫不及待的就是照相。

星期日，杨班长带着他们到商丘县城关照相馆，每人照了两张相，一张坐着的，一张站着的，准备下次写家信时寄给父母和亲朋好友，每人都加洗了好几张。

李瑞林说："我的先各洗三张，寄给父母一张，寄给老婆一张，自己再留一张。"旁边的光棍汉听后都笑了。

陶正明这个"文化学习小组"很快就开始活动了，大家的学习热情很高。那时也没有电视看，也没有什么娱乐活动，业余时间大家大多在操场上打篮球，在宿舍里打扑克，陶正明就在连队俱乐部或宿舍里一本正经地当起老师来，教几个新兵学汉语拼音、读报识字，讲中国历史……

新兵训练结束后正式分班。很巧，或许是连队领导特意安排，"文化学习小组"的成员被分到了同一个排、住在同一个宿舍。这样，大家学习和交流起来就更加方便了，学习成果显著。

陶正明被分到一班，班长刘永贵，就是他到部队认识的第一位老兵。刘永贵是河北省玉田县人，当兵前当了3年的大队书记，能说

⊙青年陶正明

会道，工作很有想法。陶正明对班长印象不错，关系很好，班长睡下铺、陶正明睡上铺，班长的一举一动他都看在眼里，班长就是他身边的学习榜样。

炮兵团下设4个营，一个营一个炮种，陶正明所在的一营配置的是122mm榴弹炮。一门炮配置8个人，班长、副班长各一人，剩下6个人的分工是：一炮手是瞄准手，二炮手是装填手，三、四炮手是大架手，五、六炮手是弹药手。

陶正明的岗位是四炮手，是炮手中最苦最累的，两根炮架有400多斤重，移动起来很吃力。

有一个顺口溜是这样描述的："班长一声令下，三、四炮手扛大架，五、六炮手提提把，还有两个顶轮卡，出发！"

火炮用东风汽车牵引行军，到了阵地和撤出阵地时，全靠8个兄弟扛着、提着、抬着、推着，前进、后退、左转、右转，是个重体力活。不用说路途远，就是近，这么重的炮架肩扛人抬，也会让人气喘吁吁。

一开始还好，苦点就苦点、累点就累点，算不了什么。既然来到部队，就做好了吃苦受累的准备。陶正明后来一打听，他们这批分到炮兵团的武汉城市兵，要么分到汽车班、要么分到指挥排，有的学侦察和计算、有的学有线电话和无线报务，唯独他一个人分到不需要多少文化的炮班，还当了最苦的四炮手，当时心里就不平衡了，有不少想法，脸上也表露了出来。

刘班长发现他情绪不对，就找到他说："陶正明，这两天怎么看你不大高兴啊？"

陶正明故作无所谓地说："没有啊。"

班长说："算了吧，你骗不了我。"

“真没有。”

“是想家了，还是累坏了？”

陶正明不吭声。

刘班长向他透底，说：“让你当四炮手是连长和指导员的意思，是准备让你当连队的理论骨干和文化辅导员，帮文盲战士学文化。下一步连队还要让你去炊事班做饭、养猪。先到各个艰苦的岗位去体验、去锻炼，这对你以后的发展有好处！知道吧？”

当时，部队有一个不成文的规定：战士入党，一般要有在炊事班当班长的经历。一个连，几十号人来自天南地北，口味各有不同，能把连队的伙食调剂好，让战士满意，那是需要点能耐的。

是这样啊！还是刘班长有眼光，3年大队书记真不是白当的！

听了班长的一番话，陶正明一下明白了，原来这是连队领导有意识地把他放在最艰苦的岗位上考验他、培养他、锤炼他。

他从心里感激班长的点拨，就更加自觉地严格要求自己，一丝不苟地把分内、分外的事一件件努力做到更好。

他每天都比其他战友早起个把小时，要么到俱乐部看书，要么到菜地劳动。星期日不是替战友站哨、到炊事班帮厨，就是帮战友洗衣服、教战友识字。自己还每天坚持写日记、写读书体会。

在家乡养成的阅读习惯，在部队里就更方便了，书、报、杂志什么都有。当兵第一年，他就通读了《毛泽东选集》（四卷）、《中国通史》和每期的《解放军文艺》。

陶正明通过学习和浏览军史资料，知道了他所在的第一军是一支大名鼎鼎的王牌军，是贺龙元帅创建的老部队。红军时期，是诞生于湘鄂边的红二军团，抗战时期，是一二〇师三五八旅，解放战争时期，是席卷大西北的“天下第一军”，打过许多大仗恶仗，参加过抗美援朝，涌现出贺炳炎、廖汉生、余秋里、黄新庭、梁人芥等诸多著名的开国将军，闻名全军的“红军团”“百将团”“硬骨头六连”，都是出自这支英雄部队。

⊙时任中央政治局委员、国务院副总理、解放军总政治部主任余秋里在京接见陶正明

在这么一支有传统、有荣誉的响当当的部队服役，陶正明很满意，决心好好干，为这支部队的建设作出自己的贡献。

有一天早上，陶正明去菜地干活，看见路上有一堆新鲜牛粪，还冒着热气，这在家乡可是好东西，白白丢在路上，实在可惜。不过，身边没有合适的拾粪工具，怎么办？看了看，这里正好离连队的菜地不远，他就用手把牛粪捧起来，送到菜地旁，然后返回来再捧，就这样来回捧了好几趟。

早起晨练的副团长正好经过这里，看见一个战士用手捧牛粪往菜地里送，就走上前问：“你是哪个连队的？”

“二连的。”

“叫什么名字？”

“陶正明。”

“捧这个干什么？”

“肥料啊，可好了！”

副团长点点头，继续他的晨练去了。

没想到，早晨营房广播室居然就播出了“二连新战士陶正明用手捧牛粪种菜”的表扬稿，很快，连队黑板报也登了这件事。晚点名的时候，连长还就这件事表扬了陶正明好几遍，弄得他很不好意思。

领导越是器重他，他就越有压力，老想着要干更多的活，多出成绩，多受表扬。

一天上午，团里突然通知陶正明到军务股保密室去一趟。他很纳闷，不知道什么事，就跑过去了。

两个干部上下打量他，问了一些他过去的情况，都干过什么、学过什么，挺详细的，然后就让他走了。什么事也没有！

陶正明更纳闷了。

当天晚上，指导员找他，说是武汉军区一位副司令员想挑一个公务员，派人下来找，我就把你的情况介绍给他们了，首长听说你学过中医、会推拿，很感兴趣，指定调你去。

陶正明一听，好事啊，又可以回武汉了，心里很激动，但脸上很平静。

这时指导员说：“你在连队干得挺好的，我们也舍不得你走，但我们又不能说不让你走。你自己可以跟他们说，刚从大城市来，想在基层多锻炼锻炼。”

指导员都这么说了，陶正明还能说什么，只能点头说：“行，行。”

后来，不知道指导员怎么向上面汇报的，这事就没了下文。

又过了几天，碰到团里军务股保密员，他小声对陶正明说："小陶，你真傻，去武汉给大首长当公务员，肯定比在连队有出息多了。"

一个新兵，能说什么呢？好在连队事情多，过几天陶正明也就把这件事忘了。

到了11月份，部队行军拉到河南省禹县训练。

那天正在听"硬骨头六连"张连长作报告，李锋排长把陶正明叫出来，说团里通知他去接新兵，让他赶紧整理东西，马上坐车回团部。

回到团部，立即开会，分配任务。

陶正明被分到河南新兵团任营部书记，负责信阳地区商城、固始和驻马店地区几个县的征兵工作。

商城县是革命老区，那天他到一个公社走访新兵对象，足足走了一上午，午饭后马上找小队、大队干部座谈了解情况，又到新兵对象家里走访，还到左邻右舍询问。

山高路远，不能赶夜路，陶正明住在了老百姓的家里，大队民兵连长竟然抽调了八个民兵站哨，保护他的安全。

第二天早上陶正明知道这件事，十分感动和不安，说："我是一个战士，一个小小兵娃子，不用辛苦大家。"

民兵连长却说："你是解放军，是老百姓的心头肉，你们天天为老百姓保安全，到了我们村，也要绝对保证你的安全，我们必须为你站岗放哨。"

听了这话，陶正明忽然懂得了很多道理，知道解放军在老百姓心里的分量竟然有那么重，老百姓对解放军的感情竟然是那么深！

这件事让他一直牢牢记住，自己虽然只是普通一兵，但代表的是整个军队的形象。

接兵回到团里，年终总结结束了。刘班长高兴地告诉陶正明：“团里把你树立为学雷锋标兵，记三等功一次。”

陶正明很意外，荣誉来得太快了！

刘班长叮嘱说：“可别骄傲啊，要继续努力！”

陶正明用力点点头。

这天晚上，操场上放映电影，放正片之前，先放映一段幻灯片。

一束彩色的光柱打到白色的幕布上，陶正明一愣，幻灯片的题目竟然是“学雷锋标兵陶正明”。

陶正明立刻浑身不自在起来，这太突然了，一点心理准备也没有！虽然周围一片黑暗，他还是不由自主地低下头，不好意思看，只觉得周围的战友观众不是在看幕布，而是都歪头看着他。直到正片开演，他才抬起头来。

其实，抬头直视有什么呢？他有些后悔，也不知幻灯片上的他被画成了啥样儿，像还是不像？

初战告捷，陶正明的努力获得回报，心情不错，他对自己的要求也越来越严格。

很快，他又被提升为副班长，被连党支部确定为党员发展对象。

与死神零距离

就在陶正明一路顺风前行的时候，病魔击倒了他。

咳嗽，发烧。开始他没在意，以为是感冒，本身就是医生，吃点药，多喝点水，顶顶也就过去了。可一连几天高烧不退，症状越来越严重，他不得不到师医院做检查，结果是染上了肺炎，要住院输液治疗，至少需要一个星期。

住院的第一个晚上，部队操场上放映电影。那个年代，娱乐活动很少，看一场电影是难得的精神享受。值班的小护士舍不得放弃眼前的机会，她来到病房跟陶正明商量。

病房里陶正明正迷迷糊糊地睡着，小护士小心地挂好输液瓶，轻轻叫他：“醒醒，输液了。”说着拿过陶正明的手，小心地把针头插进血管里。

陶正明闭着眼睛，半睡半醒。

“哎，你醒醒，我跟你说呀，你现在正输液，我都给你弄好了。”

陶正明微微点了下头。

“我跟你说呀，大操场正演电影，我去看一眼，一会儿就回来。你手别动啊。”

烧得迷迷糊糊的陶正明又点点头。

小姑娘到了操场，开始站在人群后面看，一会又往前挤了挤，接着又挤到一个不错的位置。她瞪大眼睛，沉浸在电影的情节中，忘了还有病人在输液。

高烧中的陶正明在护士走后就睡着了。

电影快结束时，小护士提前退场，快步赶回医院。

一进病房，小护士大吃一惊。映入她眼帘的是：病人的一只胳膊耷拉在床沿边，原本插在手上的针头和输液管掉在了地上，血水、药水流了一地……

小护士还算冷静，她先把陶正明的胳膊放到床上，找来纱布匆匆处理好地上的血水，做完这些后，她叫醒沉睡的陶正明，向他道歉，央求他不要把这事告诉别人。

陶正明明白了是怎么一回事后，安慰她说：“没事，放心，我保证不会告诉别人。有人问，我就说是自己弄掉的。”

“太谢谢你了，太谢谢你了。”

“不用谢，本来也是嘛。”

小护士心里过意不去，第二天拿来一瓶罐头悄悄送到陶正明床前。陶正明笑了，说：“我不是向你保证了嘛。另外，我也没事啊。这个你拿回去。”

后来，陶正明从其他护士嘴里知道，这位小护士是一位师长的千金。

又过了一天，刘班长到医院来看陶正明，告诉他一个消息，说这个星期五要讨论他的入党问题，刘班长和李排长做他的入党介绍人。只剩下3天时间了，如果这次不讨论，就要等下一批，要到下半年了。

陶正明一听他的话，“咯噔”一下坐了起来，说：“那我马上出院！”

刘班长担心地问：“出院，你身体行吗？”

“没大事。”说完，陶正明喊来小护士把输液管拔了，说连队有紧急任务要出院。随后，他和班长一起见了主治医生，开了几天的药，办了出院手续。

回到连队，正赶上烧砖营建，拉架子车运土。他不顾战友和班长的劝阻，来到工地上，和大家一起干起来。由于高烧未退，身体虚弱，陶正明干活的时候眼里直冒金星。他就加大剂量吃药、多喝水，硬撑着和大家一块装土、推车。可能是劳动出汗多了，又喝多了水，病情见轻，身体状况一天一天好起来。

转眼到了星期五下午，连队党支部召开党员大会，讨论陶正明的入党申请。

陶正明对自己的表现很自信，本来在家乡当赤脚医生那会儿，他就是入党积极分子了，要不是执意跟着黄师傅去武汉，早就是党员了。然而让他没想到的是，十几个党员先后发言，竟然给他提了很多意见。有的说他骄傲自满，走路时脖子都一晃一晃的；有的说他对辅导战士学文化不耐烦；甚至有的说他入党动机不纯、考察时间太短。

那些批评的话火药味真浓，平时是听不到的，有的话说得像针扎似的疼得钻心，陶正明脸上火辣辣的。

他老老实实坐在那里，低着头听着、记着，虚心接受意见。

大家发言完了，大会表决。

那时，举手表决时入党对象可以在现场。17个支委，15票同意，2票反对。

少数服从多数，陶正明的入党申请获得通过。

陶正明深深体会到，那时候的批评和自我批评，真可谓叫“武器”呀，真是解剖人的思想和灵魂的手术刀！那次会议使他明白了许多，受益终身！

此时，陶正明不知道的是，厄运已在前面等着他。

4月下旬，部队到河南确山县刘沟靶场进行实弹射击训练。29日晚10点多，夜训结束撤出阵地时，新驾驶员倒车，刹车没踩实，车向后滑，火炮后移，陶正明被撞个正着，当场倒地不起，不省人事。

当他醒来时，已是事发第3天了。

躺在驻马店159医院骨科33床上的陶正明缓慢睁开眼睛，惊奇地发现他的父亲、母亲、妹妹和小弟瞪着大眼睛站在床前，妈妈的脸上挂着泪珠，她不停地用手帕擦，爸爸也忧容满面。

陶正明不知发生了什么。

团里卫生队周医生躬下身，轻声对他说：“你不知道，你伤得很重，腰椎被撞裂，当时很危险，送到医院来抢救时，已经快不行了。医院要求部队给你家人发了病危通知书，家里人才赶来的。”看陶正明没什么反应，周医生赶紧补充道：“你的手术很成功！”

陶正明的眼泪哗的一下流了下来。他没想到，参军后和家人的第一次见面竟是以这样的方式！

他本想参军后通过自己的努力，给父母、给家人更多、更好的回报，让他们为自己的儿子、哥哥高兴、自豪……

他没想到竟让父母怀着忐忑的心情千里迢迢来到这里，看着昏迷不醒的儿子担心痛苦着……

陶正明在医院住了40多天。

部队训练结束要返回商丘营房，他出院了，随部队离开了他的“伤心地”。

专为他下拨一个立功指标

6月份，连队指导员调整，军政治部宣传处李干事来接替庄指导员。

那时，武汉军区要组织“小战士上大讲台”授课比赛活动，要求是经过层层筛选，一个军挑选出一个优胜者到军区，给军区首长和机关干部作报告。为了以防万一，每个军选一个正式人选，几个预备人选。

陶正明所在的炮兵团挑选了4位战士到师里去比赛，陶正明位列其中。题目由选手自己定、资料自己找、讲稿自己写。

其他3位战友去商丘市委宣传部找材料，陶正明另辟蹊径，跑到商丘中学去找。

学校里碰巧有位姓梅的女老师的父亲刚从广州军区转业，在文化系统工作，喜欢买书、藏书。陶正明就到她家向老前辈说明来意，征求老前辈的意见，请求借一些相关的书籍。

老前辈很客气，还给他出点子，指点他说：“大讲台比赛，就跟打仗一样，要出其不意，要出奇制胜！”

老前辈推荐给陶正明一本新书，其中有一篇是讲太平天国运动时期的妇女不裹脚、不信神，做事像男人般风风火火的故事。陶正明觉得这个故事很新鲜，于是就据此写了一篇文章，由于题材新颖、故事奇特，人物性格鲜明，比赛中一路绿灯，大获全胜，最后成为第一军的战士代表，参加武汉军区的“小战士上大讲台”的赛事。

陶正明来到武汉，住在东湖国宾馆。军区政治部宣传部的同志帮他把稿子改了又改，让陶正明反复练习演讲。

正式开讲那天，一共有5位战士参赛。站在主席台往下一看，杨得志司令员和军区其他首长坐在第一排，陶正明很兴奋，多次登台讲演，已经积累了一定的舞台经验，他对自己很有信心。

效果果然不错！演讲之后，首长登台接见几个宣讲员，一一和他们握手照相。

第二天，武汉军区《战斗报》刊登了《小战士台上讲，军区首长台下听》。

陶正明打擂成功，声名远扬了！

接着，陶正明又随宣讲团到其他部队作巡回报告。

那时候，部队领导特别重视新闻宣传报道工作，军政治部有专职新闻干事，师、团、营都有报道组，连队还有报道员。军政治部要求每个连队每年都要登报纸、上广播，年底要分出名次，张榜公布，挂在宣传橱窗里。如果新闻报道“剃了光头”，连队干部既没脸面，还要挨批评。

1973年，陶正明所在的炮兵连在宣传报道上就是“剃光头”的，原因是连里既缺少“笔杆子”，又没有高手指点。

1974年，李指导员上任后，特别重视新闻宣传报道，在连里专门抽了3个人搞报道，由陶正明负责。指导员还身体力行，经常和他们一块研究选题和写作方法。

版面是有限的，竞争是激烈的。陶正明的报道小组先后写了几十篇稿子都石沉大海，杳无音信。陶正明虽然很沮丧，但心里不服气。

李指导员也不责怪他们，反而继续给他们打气鼓劲，还帮他们分析稿件不能见报的原因，一起研究如何在标题上出效果，鼓励他们坚持不懈。

功夫不负有心人。终于出现了曙光，光芒还真够亮的！

到了年底，武汉军区《战斗报》、《河南日报》、河南广播电台等媒体竟然接连刊登、播发了他们二连的稿子，一共4篇：《团长为我来理发》《治病又送宝》《睡在花生炕上，不吃一颗花生》《今天握锄把，不忘明天拿枪杆》。文章素材都是来自连队生活中的生动故事，光看题目就够吸引眼球的。

虽然见报时的署名是连队报道组，但这4篇稿子都是陶正明写的，都记在陶正明的名下。三家新闻单位重复计算就是9篇，在团里、师里都名列第一。

按照团里的奖励规定，在省级以上媒体登稿一篇给予表扬、发表两篇给予嘉奖、上稿三篇记三等功一次，重复刊登的只算一篇。

发稿见报由“剃光头”到全师名列第一，这个变化可太大了，团里直接拨了一个立功指标，经连队党支部讨论、上报，团里给陶正明记三等功。

没想到的是，陶正明再次立功的消息在连队里炸开了锅。

有的说陶正明去年就立了功，今年又立功，功劳不能让他一个人包了。

有的人还拿一篇稿子说事，说写卫生员的动机不纯，利用治病机会和女青年“挂钩”拉关系。闹得满城风雨的，还传到了卫生员的耳朵里。那姑娘很生气，矢口否认，还找到陶正明，埋怨他把那件事写出来。

战士反应这么大，怎么办？当时连队干部的思想也不够统一，有人认为群众的反应有一定道理，毕竟连里表现好的、够立功条件的不止一人。陶正明去年已立了一次功，这次再立功，好事都由他一个人得了，会对其他战士有负面影响，思想工作难做。

当天下午党支部开会，统一了思想。晚上召开大会，李指导员说："报道组的同志很辛苦，经常加班加点写连队的好人好事，登了9篇稿，很了不起，记三等功是团党委的决定，是作为单项立功，与先进模范不一样，不影响连里的评选指标。"这样一解释，大家明白了，不再嘀嘀咕咕，气也慢慢消了。

隔了几天，李指导员把三等功证章、证书和喜报私下交到陶正明手里。

陶正明知道，自己的每一点进步离不开班长刘永贵的帮扶，他从心里感激自己的好班长。

可是不知什么原因，刘班长当兵4年，就是提不了干。

有一天晚上，班长突然找陶正明，让他陪自己到外面转转。两人肩并肩向菜地走去，班长说："陶正明，你当兵快2年了，干得很好。"说完班长沉默了下来。

陶正明没吭声，他知道这只是开场白，班长心里有重要的事要说。

班长长出了口气说："下半年我打算退伍。"

陶正明一惊："定了？"

"差不多。"

陶正明心里顿时一阵酸楚，喉头有些哽咽，不知该说些什么。

班长沉吟着说："我跟你未过门儿的嫂子商量，因为双方家里条件不好，准备在部队办个结婚仪式，节约、简单。她本也想来部队，看看你们这些战友。”

“好啊！这样好。”

“她来了以后啊，你带班里同志到招待所登记间房子，买几张大红纸，你帮忙写副对联和几个喜字，晚上我把排长、其他班长请来，再请几个同志来，你当证婚人，你同意吗？”

陶正明说：“你这样信任我，请班长放心，我一定办好。”

第二天，陶正明开始考虑班长结婚这个对联该怎么写，怎样才能最恰当地表达战士们对班长的心意。几个战士凑了好几遍，最后定了下来。

上联是：王嫂嫂羞羞来军营当新娘。下联是：刘班长心心盼威武生兵宝。横批：皆大欢喜。

刘班长听后一拍大腿，说：“好！说到我心坎上了！”

这是陶正明第一次当证婚人，证婚词该怎么写，心里没底。唯恐写得不得体，改了好几遍后，拿给班长审阅。

刘班长双手一推，说：“我不看。你讲什么，我和你嫂子都爱听！”

嫂子到部队的第三天，让班长把班里战士的脏衣、脏袜、脏被子轮流收过去，洗刷干净，一天几大盆，累得满头大汗。

陶正明说：“嫂子胖了，比刚来时更漂亮了，刘班长好福气！”

嫂子说：“部队伙食好，你们班长每顿打那么多，不吃完剩下怪可惜的！”

一个战士操着四川话说：“今后我找老婆，就找嫂子一样的！”

嫂子低下头，不好意思地说：“比我好的多得是，要好好选一个。”

到了老兵退伍的日子，刘班长果然在名单里。

临走的那天晚上，连队欢送退伍老兵仪式过后，陶正明作为一班班长提议，班里同志再坐一坐，请刘班长给大家再传传经验。

大家围坐在一起都哭了，好难受啊，好难舍。陶正明断断续续地说："请老班长放心，也请各位战友放心，我一定努力做到像老班长那样，把一班带好……"

陶正明是这样说的，也是这样做的。

不久后的一天，李指导员告诉陶正明，师里通知他到师读书班报到。

到了读书班才知道，参加"三支两军"的干部陆续从地方返回来了，一个单位有好几个同级别的干部，没法工作，只好把他们集中起来办读书班学理论。

这是一个信号，说明陶正明的工作能力和工作上的表现已经引起了师部的重视，因为参加读书班不是让他去学习，而是去当教员。

参加读书班的都是各级指挥员，团级、营连、连级都有，文化水平参差不齐，岁数从30多到四五十岁。读书班的住房是四团临时腾出的一个营的房子。两个月一期，一期30来人，4个团加上师直属队基本上一个单位一期，主要讲马克思、恩格斯、列宁和毛泽东的著作。教员以干部为主，另外抽调了4个战士。要是比出身，4个战士中，除了陶正明，其他3人都是干部子弟。他们见多识广，能说会道，陶正明的背景与他们相差甚远，连普通话都说不好。但他能吃苦、肯干活、肯动脑子。

读书班的领导分给陶正明讲的科目是列宁的《国家与革命》，要先备课，试讲一个月，然后正式上课，每堂课讲两个小时。

这任务不轻松！

《国家与革命》是列宁系统论述马克思主义国家学说的经典著作，从国家的产生、特征及其作用等方面论述了国家的本质和消亡等重要问题。宣讲这么重大的理论问题，对一个只有初中一年级学历的年轻人来说无疑是一个极大的挑战。

陶正明除了天天找资料、请教老教员外，还经常到学员中去找老师，请他们帮助，空闲时间，他就帮这些干部跑腿干些杂活。

这第一堂课的讲稿，陶正明不知道改了多少遍，也不知对着墙壁、对着镜子试讲了多少遍，力求烂熟于心。

正式上课那天，他先把大小标题用粉笔工工整整地写在黑板上。等大家坐好后，他走向讲台，给大家敬了礼，开口说："各位首长，今天由我和大家共同学习革命导师列宁的著作《国家与革命》，这是我第一次上讲台，讲得肯定不好，请各位首长批评、指正。"

接下来，陶正明站在讲台上一口气讲了两个多小时，学员们听得十分专注。

下午讨论时，陶正明一个小组一个小组地去征求意见，大家反映都还不错，他心里的一块石头总算落了地。

由于部队换防，陶正明只在读书班工作了8个月。

这8个月，陶正明系统地学习了马克思、恩格斯、列宁和毛泽东的部分经典著作，特别是有关马克思主义政治经济学、马克思主义哲学和科学社会主义的著作，积累了一定的理论素养。同时，也从学员身上学到了许多读书学习、做人做事的好方法。

8个月虽短，收获却不浅！

一炮差点炸飞梦想

1975年7月，奉中央军委命令，陆军第一军和陆军第二十军调换防务。第二十军的3个师原来分别驻扎在杭州、宜兴、金华，第一军的3个师分别从许昌、商丘、明港换防到对应的地方。

这样一来，超编的干部留在原地，等待离、退休或转业。师读书班也随之解散了。陶正明依依不舍地告别了教员和学员，又回到了原部队炮兵团一营二连。

当他回到连队的时候，4个炮班的班长都已确定好了人选，连队党支部决定让他到一班任第二班长，有的战士就跟他开玩笑，称他是“班政委”。

很快，运送部队的火车开向太湖之滨的江苏省无锡市。

火车到站，专列卸载的轨道是个终点，由于车速太快，火车失控撞上了轨道尽头的挡墙。巨大的惯性造成不少官兵和家属受伤。

当时一个营一个专列，有官兵，有装备，还有家属和小孩。这次事故初步统计有80多人受伤。列车撞墙的一刹那，巨大的惯性把陶正明从车厢后头摔到前头，腰和腿都撞肿了，还有磕碰的外伤，但他一声没吭，像没事人一样。所以领导不仅没有把他算成伤员，还让他留下来站哨，等公安部门、铁道部门来人处理事故。

经过一段时间，事故处理完，陶正明和战友坐汽车到了宜兴县营房。

新任一班长叫周保阳，河南唐河人，比陶正明多当2年兵，大他一岁，班里的战士叫他周班长，叫陶正明陶班长。

那时候实行两年兵役制，和陶正明一起入伍的武汉兵，大部分都退伍了。

1975年初，部队从广州来了一批新兵，一班分来两个。一个叫邓水添，小陶正明2岁；一个叫陈巨权，小陶正明3岁。

小邓喜欢玩泥巴，捏成各种小人和小动物形状，玩得手脚都是泥巴，有时等集合号吹了他才慌忙去冲洗，免不了有时会迟到。

排里干部和周班长老是说他不务正业，没有当兵的样子，经常批评他。小邓不服，有时用广东话回击他们，对抗情绪很大。

小陈长得小，一张娃娃脸，看上去只有十二三岁，挺招人喜欢的。

两个来自广州的城市兵与陶正明很快就混熟了。怎么带好这两个新兵呢？

陶正明给小邓出主意，让他把自己的爱好用在连队建设上，用泥巴捏雷锋、黄继光等英雄模范人物的形象，还带着他出黑板报、墙报，尽量发挥他的特长。

这下子小邓的情绪好多了，大家看他也顺眼了。小邓的作品还引起了其他连队的关注，营、团首长听说之后也来观看，夸奖他、鼓励他。

后来，小邓退伍回到广州，进了一家工艺美术厂，在部队的业余爱好全都派上了用场。

小陈生性怕冷，到了冬天，10个手指头都冻肿了，像10根胡萝卜，不能弯曲，吃饭拿不住筷子。陶正明见状就主动喂他，有时候把他的双手放在自己的上衣里面，贴着他的胸膛，温暖他的手指。

陶正明还主动向连队干部请示，给他买了个热水袋，外出时小陈就戴着军用手套，捧着热水袋。晚上轮到小陈站哨，陶正明就自己去顶替他。

看到小陈的确不适应寒冷气候，陶正明就跟连队干部建议，让小陈提前退伍。

尽管陶正明和小陈相处的时间不长，但结下的感情非常深厚，小陈对陶正明给予他的关怀和帮助一直念念不忘。他复员到地方后，40年间，无论陶正明担任什么职务，他总是信里、电话里叫陶正明“陶班长”。他说，叫“班长”这个称呼亲切，叫其他的别扭。陶正明说：我就当过你的陶班长，永远就叫班长，或者叫老陶也行。

后来，陶正明调到江西省军区任军区政委，小陈也变成了老陈。一次，老陈来南昌看他的班长，想到各个地方去转转，陶正明就亲自逐个给军分区打电话嘱咐：“广东的陈巨权到你们那儿转转，一定要接待好啊。”

陈巨权到了下面军分区，有的领导问他和陶正明是什么关系，他说陶正明是我的班长啊！他们开玩笑说，陶政委亲自打电话嘱咐，我们起码要按军区“副政委”的标准接待呀！老陈哈哈大笑，连声说那不行！那不行！

天有不测风云，陶正明在班长任内遇到过一次“严冬”，成为他军旅生涯中一件意想不到的重大事件。

1975年换防后，南京军区抽测和检验部分新调入部队的战斗力，明确陶正明所在的炮兵团到安徽省广德县杨山顶靶场进行检验性实弹射击。

刚换防到新的军区，各级领导对这次抽考都十分重视。

陶正明所在的一班代表营里执行基准试射炮任务，因为周班长回家探亲，陶正明就担任班长。瞄准手有两个，一个是副班长王绍金，一个是新兵孙阿龙。到连里受领任务时他俩都去了，副营长明确瞄准点是左后方的制式多色标杆。

王绍金是老兵，他感到标杆太细太低，看得不太清楚，就自己选定了后面一座民房的屋脊当瞄准点，按规程是可以的，但他没跟陶正明和孙阿龙讲。

他们共发射了七发炮弹，前六发都命中了目标。

营、连领导都很高兴，团首长还通过电话当场给予了表扬。

可是，意外发生了。

王绍金说口渴要去喝水，就让孙阿龙顶替。他离开时没有向孙阿龙交代已经改变了瞄准点的标志，孙阿龙也没有问，上去就把瞄准镜里的十字移动到了左后方的多色标杆上。

负责阵地的副连长、排长和班长陶正明都没检查，他们认为前面六发炮弹都打中了，剩下一发炮弹照着打就行了，实际上炮口偏了100多密位。

“轰”的一声，第七发炮弹呼啸而出！

远处的硝烟还没散尽，站在后面观察的郭副连长就连声颤抖地说：“坏了！坏了！打偏了！打偏了！”

过了几分钟，从指挥所传来命令：“二连炮阵地全体人员，向后转，向前十步走！”

这个口令是让阵地上的干部战士远离火炮、防止私自改变瞄准镜中的错情状态。

不一会来了10多个人，先检查火炮瞄准镜、高低机、方向机，又询问王绍金和孙阿龙射击瞄准的经过，很快就查清了原因。

由于失误和疏忽，酿成大祸！

炮弹落在了偏离目标1000多米的地方，炸死了老百姓的一头黄牛、炸断了几棵松树，没有伤到人算是不幸中之万幸。

这可是重大责任事故！

工作组走后，曹副营长把副连长、李排长和陶正明叫到一起，大声训斥："你们一到南京军区就把咱炮团的牌子给砸了！人丢大了，每个人都回去写检查！"转身走的时候还在不停地责骂。

问题出在瞄准手身上，班长粗心失职当然要负主要责任。

等副营长走远了，负责阵地的副连长对着排长、班长接着骂，话更难听！

副连长骂完了、走远了，排长更是直接朝着陶正明骂，吼得更响！

陶正明被骂得抬不起头来，牙齿咬得紧紧的。

王绍金和孙阿龙吓得号啕大哭，陶正明一只手拉着王绍金、一只手拉着孙阿龙，说："没有你们的事，一切都是我的错，要处分就处分我！"

这天晚饭，他们三个人都没有吃。陶正明一夜都坐在车厢里，心情沉重。

这一炮，把自己在部队3年来的努力、成绩、梦想炸飞了不说，还炸飞了班、排、连、营、团、师的荣誉，这让他感到深深的内疚和自责。

第二天，在野外召开全营大会，营长在会上通报了这次事故，营长说，南京军区考核组已认定，二师炮团不具备完成任务的能力，等回到营房再处理责任人。

过了不久，听说刚上任一年的龚团长被确定转业了，陶正明心想，龚团长是代他们受了过。

后来，陶正明因工作调动离开了炮团、离开了二连之后，很少再回连队。因为由于自己的粗心失职，损失了人民群众的财产，抹黑了炮团的荣誉，也影响了龚团长的前程，他感到愧对老单位，愧对领导，心里总是有一种强烈的负罪感！这件事对他的教训是刻骨铭心的，是一辈子的！

有道是：一炮误射定乾坤，炮团名声难翻身！

那段时间，只要是营里或团里开大会，就总是有领导提起这件事，什么难听的话都能说出来。有一次在大礼堂，一位首长讲起这件事火冒三丈，一边用拳头捶桌子，一边用手指着二连方向，口里骂着："就是你们这些混账东西，把炮团的牌子砸了，让我们一到南京军区就背上了黑锅，成了没有用的窝囊废！"他用劲过大，坐在台上的好几位领导的杯子都倒了，滚到了地上。站在一旁的公务员跑上去捡杯子，下面有人笑出声来了。这位首长用手指着发出笑声的队伍，大声吼道："是谁在笑？还有脸笑！你给我滚！滚！滚！"

时隔不久，李指导员调回军政治部宣传处去了，团保卫干事吕振宇来当指导员。连长找了个县委书记的女儿结了婚，回到连队要求转业。

连队不让陶正明回班里了，调到连部当文书。

陶正明心想，不就是过渡几天，反正当了3年兵，也该退伍走人了。

过了几天，营部王教导员找陶正明谈话，说："你早是干部苗子，营部肖书记（正排）要转业，你去与他交接一下。"

陶正明一愣，怎么炮打错了，没受处分，还要提干？不会吧？

陶正明带着满腹疑问来到肖书记的宿舍兼办公室找他。

肖书记是湖北汉川人，过去两人就熟悉。他拍着陶正明的肩膀说："陶正明，前几天营党委讨论，又把你报为提干对象了。你是个人才，尽管打错了炮，但不是你一个人的责任，再说，也不是思想品质的问题。营长和教导员想让你接我的班，你就好好干，再不能出事了呀！"

太意外了！

陶正明连声说："谢谢！谢谢！"

不仅没受到处分，还要提拔！这让陶正明一百个没想到。看来，这次重大事故发生后，上级只处理了各级干部，对几个负有直接责任的战士网开一面。

陶正明感慨不已，下决心以实际行动弥补自己的过失。

谁知过了一个多月，上面下达了精简整编的命令，撤销迫击炮营，迫炮二连与榴炮二连合并成为新的榴炮二连，迫炮营部梁书记到榴炮营部任书记。

计划赶不上变化。

这下子陶正明提干暂时成了泡影，又回到了连队。

陶正明提出退伍要求，吕指导员说干部苗子没有超过24周岁、身体没有大毛病的不能退。他又很不情愿地留了下来，继续做他的连队文书工作。

连队文书除了要负责连里文字工作，还有许许多多杂事缠身。

这期间，连队有6个干部，陶正明平日里要负责2个连长、1个指导员的生活事务。

两个连队编制上合并，可关系却是尚需"磨合"，连部工作就显得"复杂"些，有时稍有差池，就会遭白眼、挨批评。

如果连队的干部家属来队，住在团招待所，陶正明还要用饭盆打好饭菜，给他们端过去。

那段时间，真是忙，一个人恨不得变成两三个人。通信员小杨对陶正明说："文书，我们要是孙悟空就好了！"陶正明听后哭笑不得！

好在这样的日子只过了半年，陶正明在连部的工作总算轻松了一些。

然而话又说回来，这半年里繁杂的事务，谁说不是对陶正明的又一次磨炼呢？

探亲轶事

陶正明当兵快到4个年头时，连队批准他第一次休假。

陶正明穿着干净整齐的士兵服，背着军用挎包，里面装着牙具、一套衣袜、两本书，从上海十六铺码头登上开往武汉的大客轮。尽管是大通铺，但回家的喜悦仍然溢满全身。

上船不一会儿，陶正明就听到广播里喊："各位旅客，晚饭开始了，有需要用餐的请到船后舱三层餐厅去。"

陶正明看了看手腕上才从司务长那里借来的半钢上海牌手表，下午5点整。他从挎包里拿出军用瓷缸和筷子，跟着人群挤进餐厅排队买饭菜。好不容易挤到窗口，发现右边挂着的小黑板上，写着多种酒和小咸菜的名字和价格，最上面是茅台，一斤瓶装13元，零买一杯1元。

陶正明很好奇，问一杯多少量，售货员说大约7钱。

茅台酒，他常听人起说，却从未见过。什么味道？要不要尝尝？

简单转了一下脑筋，决定过把瘾。

买一瓶要花掉两个月的津贴，好舍不得，那就买一杯吧！

陶正明小心翼翼地把一杯酒倒进缸子里，端着盛满饭菜的塑料碗，回到客舱，坐在自己的铺位上吃开了。

他先用鼻子嗅了嗅缸子里的茅台酒味，又香又辣，直冲鼻子，头好像也有点晕了。

不该买的，他有点后悔，倒了又可惜。怎么办？

陶正明先吃了几口饭菜，然后就用筷子从缸子里蘸蘸，放到舌尖上舔舔，尝出酒里有苦辣味了，感觉不到好在哪里。不管酒的味道再怎么不适应，为了不浪费，他只好用筷子蘸着酒，一点一滴地抿了下去。

饭吃完了，酒没减多少。

陶正明坐在铺位上，一边看书一边用筷子蘸点酒，抿着玩。

没想到，这种看书的方法收到了意外的效果，既排除了船舱嘈杂的干扰，又驱走了阵阵袭来的睡意。

茅台酒浓浓的香味充满了船舱，引起了周围旅客的好奇：喝酒不用杯子用缸子，还用筷子蘸着喝，不到开饭时也喝，他们觉得陶正明这个军人特别有趣。

旁边一个旅客实在忍不住好奇，就问："你们当兵的是不是酒量特别大？"

陶正明不好意思地笑了："不是。我不会喝！就买了一小杯，七钱。太辣了，扔了可惜，我这用筷子蘸着，慢慢喝。"

周围的人听了都哈哈大笑起来。

从上海到武汉是逆水，需要六七十个小时，陶正明一共在船上吃了8顿饭，尽管用筷子不停地蘸酒抿，但缸子里没见少多少。

最后一顿是早饭，陶正明从食堂买了稀饭、馒头和咸菜。

他决定把剩下的酒喝光，于是，先吃了馒头，然后将稀饭和咸菜倒进缸子里，再用筷子把酒和稀饭咸菜搅和在一起，咕噜一下一口气喝了下去。

不一会儿，酒劲上来了，陶正明全身发热，有种轻飘旋转的感觉。等广播响起“各位旅客，武汉关码头到了……”他突然感到眼睛格外明亮，脑子特别清爽。

陶正明正了正军装，背起挎包，随着人流下船了。

他先到原来工作的公司，看望了黄师傅、小朱以及各位领导和工友们。

告别了公司，坐上回家的客车，陶正明心里涌上一丝不安。父亲交代的一件事，尽管他努力去办，3年过去了，到现在还是没有着落。

原来，当兵后的当年春节前夕，老家大悟县要给每一位新兵家发一块军属光荣牌，悬挂在大门口。公社、大队的干部敲锣打鼓挨村给每个军属家挂牌，还赠送慰问品。

挂牌那天，陶正明的父亲站在家门口，满心欢喜地迎候着敲锣打鼓的队伍。奇怪的是，别人家有参军的都挂了牌子、发了慰问品，可是慰问的队伍到陶正明家门口时，并没有停下来，径直向前走了过去。

父亲愣住了。

追上去，问：“我家老大也参军啦，怎么没有我家的光荣牌？”

带队的公社干部说：“哦，你们家老大不是从村里走的，县人武部没登记，就没有。”

父亲急了，嚷起来：“从哪走的，都是参加解放军！这还能假？”

干部耐心解释：“你写信去问问儿子吧，让他跟单位联系一下。”

父亲特别着急，就让弟弟写信，问这到底是怎么回事，该怎么办。

陶正明接到家里来信，一方面写信安慰父亲，另一方面给原单位写信说明情况，寻求解决办法。

事情一时没有进展。

父亲是急性子，心里盘算着，上面不发，就自己做一块。

乡亲们听到了，就说："你傻呀，自己做的是假的，上面不承认。"

"什么假的？我儿子这有信，有照片！这还有假？"说着，父亲拿出儿子的家信给人家看，是部队专用信封。

"反正，逢年过节上边不会上你家来慰问的，也不会给你发东西。"

"牌子是假的，但我儿子当兵是真的！慰问的东西我们不稀罕，有没有无所谓，光荣军属牌儿可是个大宝贝疙瘩，比什么都值钱，旁人看了眼馋，我就是图这个。就这么定了！"

父亲说干就干。第二天，他把家里用过的锄头、镰刀等废旧钢铁背了一袋子，到附近集市上的铁匠铺找到师傅。

他拿出一张在家请人画好的纸板，有长、宽和厚度，一边解释一边比画，用一袋废铁打了一张铁板，让师傅在四个角上各钻了一个眼儿。

铁板做好后，父亲找到油漆店，先涂上金黄的底色，晒干后又让人用红漆写上"军属光荣"四个字。

最后这一步，干活的人有点儿不敢了，说："这样的牌子都是政府发的，你这么私自造是不是违法呀？"父亲又拿出信封，说："反正我的大儿子当兵去了，别人家门口都挂着，我家没有，问过好多遍都不回话，我只好做一块，暂时先挂着。等他们发了真的，我就把它摘下来。"

那人听他说的也有道理，就把"军属光荣"写上了。

父亲回到家，就把自己做的光荣牌子挂在大门框顶端，比公社发的可大多了，黄底红字，分外醒目，老远就能看到。

村里的人走过看到了，有的议论纷纷，有的会心一笑。

父亲进出大门总要停一停，抬头看一看、笑一笑，心里十分高兴。

每过一段时间，牌子上的油漆脱落褪色了，父亲就到集上再去刷一遍油漆，等晾干后再写上字，牌子总是保持干净鲜亮。

陶正明休探亲假，提前给家里写了信，眼看要到家了，光荣牌的事上面还没个说法，为了这事他已多次与单位和武汉相关部门沟通，事情仍杳无音信，父亲问起来，该怎么向他解释呢？

父亲到公社汽车站接他，一边走一边将他做光荣牌的事告诉了儿子。

陶正明心里很自责，也只能好言安慰父亲。

站在家门口，父子俩都凝望着门楣上方的光荣牌，一个脸上充满了骄傲，一个心里一阵酸楚……

这件事一直压在陶正明的心头。

直到2010年，陶正明到江西省军区当政委兼任省委常委，他指示各县（市、区）人武部统计烈士家庭、现役军人家庭数，共有近30万户。他又请省民政厅与省军区政治部联名向省人民政府请示：以江西省人民政府、江西省军区联名为每户烈属悬挂“光荣烈属”牌，每户军属悬挂“光荣军属”牌。当时省政府一次性下拨了100多万元。统一挂牌那天上午，陶正明与常务副省长分别给烈属、军属亲自挂上。这是新时期开创性的拥军工程，也可能是陶正明对已故父亲的告慰吧。

⊙陶正明父亲

在杭州学习写材料

1976年，是陶正明当兵的第4个年头。

下半年，军委号召全军开展“党委学航空兵一师、基层学‘硬骨头六连’、个人学雷锋”的“三学”运动。

年底的一天晚上，吕指导员找到陶正明，说团里让他们连队整理一份如何开展向“硬骨头六连”学习活动的材料。师和团里能写的“笔杆子”都抽走了，团里说他们连队的材料只能自己写，写好后送到杭州市一团的驻地，让“材料班子”修改把关审定。

说实在的，陶正明对这个任务不怎么感兴趣：一是感觉是老生常谈，没什么新鲜东西可写，翻来覆去就是那么几条，再怎么使劲，也难以“画出花”来；二是自己准备年底退伍了，在部队的心气没那么足了。

但是，既然接受了任务，就要努力完成好，这是陶正明的一贯风格。

晚上，陶正明躺在床上开始在脑子里拉提纲：写什么、怎么写、要参考哪些资料、成绩怎么概括、不足写哪几个方面、哪些具体事例可以用在材料里……翻来覆去地想啊想，心里一点谱都没有。

第二天，陶正明翻出连队近几年的总结材料从头到尾看了一遍，主要是参考上报材料怎么写、导语怎么写、正文怎样结构、结尾如何画龙点睛等，接着再把连队的好人好事又仔细地想了想，排排队。经过几天的回忆和琢磨，终于理出了一个让他自己满意的思路。

陶正明把材料分成四部分：第一部分写党支部怎么学；第二部分写战士怎么学；第三部分写外出训练怎么学；第四部分写后勤保障怎么学。每部分尽量多罗列出几条，再把连里生动的事例一个一个加进去。

写了改，改了写。10多天过去，他自己感觉不错了，又想了一个能叫得响的标题：《人人学六连，连队才过硬》。

陶正明写好后，满怀信心地送给吕指导员看。

指导员把稿子拿在手里，看了一下题目，还念出声来："'人人学六连，连队才过硬'，不错，不错，这个题目很带劲！"

指导员嘴唇翕动着默念完第一页，停下了，又向后翻了几页，说："就这么回事，你送去吧，到杭州快去快回。"

陶正明从指导员的表情上看出来，他对材料很满意，就趁着指导员的高兴劲儿，跟他提条件："指导员，我已经当了快4年的兵，马上又到了退伍时间，今年肯定要走了。这次去送材料，到了杭州很难得，你多批我几天假，让我好好玩几天，说不定今后去不成了呢。"

指导员听罢，停顿了一下，似在思索。

"哎呀，指导员，我这几天实在是累坏了，你就批了吧。"

指导员说："我和连长商量一下。"

等到吃中饭时，指导员告诉陶正明，批一个星期假，来回7天。

第二天一早，陶正明背着装有材料和洗漱用具的军用挎包走到丁山镇汽车站，买了到杭州的长途车票，7点钟上车，下午3点左右到了杭州汽车站。

在营房的时候，陶正明就打听好了，“硬骨头六连”是一团的，驻地留下镇。

陶正明到了杭州下了长途汽车，可能坐久了，头有点晕，竟然把“留下”说反了，他问一个有点岁数的男同志：“‘下留’怎么走？”

那人白了他一眼，说：“杭州附近没有‘下留’，只有‘留下’。”

陶正明不好意思地笑了，连忙说：“对不起，我说反了！”

那人耐心地告诉他：“从这儿乘电车到古荡，再从古荡转6路车到终点站。”

陶正明按照指点，花了近两个小时到了留下车站。杭州的小镇极具特色，与家乡、与驻地的小镇有很多不同。陶正明无心观赏街景，下车后四处张望了一下，直接走向身边最近的几个人，问：“同志，请问一团在哪里？”

他们认真地说：“穿过这条街，过了小河，顺着山边走，看到围墙就是！”

太阳已经落山了，天暗下来。

陶正明谢过他们，按照他们说的走了不远一段路，果然看到一堵长长的围墙。

陶正明来到大门口，掏出证件，说明来意，走进一团大院，看到不远处有门口挂着一块“管理股”的牌子。一个先吃完饭的干部走出来，陶正明迎面走到他跟前，说明自己的身份后，问：“师宣传科的副科长在哪里？”在陶正明临出发的时候，吕指导员告诉他找谁联系，说这位副科长已经调到军报当记者，眼下正深入一团，是总政派下来指导撰写学习六连材料工作组的成员。

这个干部回过头，用手指了一下：“看见了吗？左边桌子坐在中间的那位就是。”

陶正明看到那人边吃饭边和其他人讲话，谈兴正高，就站在门口一边等他。

过了一会儿，副科长走了出来，陶正明赶紧走向前去，一边喊他，一边向他敬礼，接着介绍自己的名字和单位。

副科长热情地伸出手，与陶正明握了握，说：“天这么冷，先进去吃饭，团里有安排。”

陶正明还是早上出发时吃的饭，下午到杭州舍不得花钱，就没再吃，此时又饥又渴。

来到饭堂，尽管是剩饭残汤，他也吃得很香甜，吃了两碗米饭，又喝了两碗汤，感觉比连队的伙食好吃多了。

吃完晚饭，陶正明把材料交给了军里的徐干事后，一个干事安排他住宿。

干事说：“这阵子，到团里来的人太多，招待所的房间都住满了，连团首长的办公室都腾了出来，暂时用于接待。你们3个战士就住在政委的办公室凑合一下吧。”

里面先来的一个战士边帮陶正明拿包，边自我介绍：“我是三师的，昨天才到，还有一个也是你们师的，他吃饭还没回来。”

不一会儿和陶正明同一个师的战士吃饭回来了，3个人兴高采烈地聊了起来。陶正明逐渐明白了这次任务的大致情况。

军委发出“三学”号召之后，总政治部立即派工作组到全军了解基层英模连队的情况，最后经过反复比较，还是认为“硬骨头六连”全面建设过硬，特别是政治立场站得稳，树起来能够叫得响，部队也服气，于是军委决定把“硬骨头六连”作为基层建设的一面大旗重新树起来。

总政治部亲自组织工作组，以最快速度把六连的基本经验、先进事迹总结出来。

另外，为了避免走过场，避免形式化，增强学习六连的针对性，总政还在第一军挑选好、中、差三种不同类型的连队作对比，看是如何学习的。

挑选的结果是：一团四连作为先进连队，某团八连作为后进连队，而陶正明所在的连队被确定为中游连队。

陶正明还从两个新室友的口中得知：工作组还在赶写六连的经验材料，一时半会还顾不上下面连队送来的材料。

政委办公室里加的一张双人床，陶正明来前他们两个人睡，一边一个，现在又增加了陶正明，稍微蜷一下腿睡起来也不感觉挤。

第二天上午，军里徐干事来到临时宿舍，说：“你们的稿子现在顾不上看，你们可以先到杭州转一转、玩一玩。什么时候腾出手来会通知你们的。”

陶正明一听，心里就乐了。太好了，真是老天爷帮忙，可以名正言顺地在杭州玩一玩了！

一个当兵的一个月就那点补贴，身上没带多少钱，就是把积蓄都带来，也舍不得花。

陶正明听说翻山过去，40多分钟就能到灵隐寺景区。

他就翻山过去，再翻山回来，省下车票钱。3天时间围着西湖转，专门挑不收门票的地方看。早饭在部队尽量多吃一点，到了中午能挺过去就不吃，跑得实在累了，就吃最便宜的蛋炒饭，要么吃一碗面，杭州人叫“片儿川”。后来在杭州住了20多年，也不知道为什么杭州人把普通的面条叫这么个名字。

第四天吃完早饭，工作组的同志站在饭堂门口的空地上吸烟、聊天，陶正明站在一边怀着好奇的心情听。

三句话不离本行，大家还是在谈论如何学习“硬骨头六连”的事，都是什么主题、结构、内容，等等。显然，他们的工作还远没到结束的时候，还可以接着继续玩几天。

陶正明刚要转身离去，副科长抬头看见了他，连忙大声喊：“哎，小陶，你过来一下。”

陶正明走近副科长。

“这几天干什么去了？”

陶正明没有思想准备，不敢说去杭州游山玩水了，就支支吾吾地说：“帮连队和战友办事去了。”

副科长又问：“办好了没有？”

陶正明连忙说：“办好了，办好了。”

接着副科长又问：“你钢笔字写得怎么样？”

陶正明回答：“一般吧。”

副科长说：“你跟我来一下。”

陶正明就跟着到了副科长住的房间，只见桌子上、茶几上、床上到处都是书和材料。

副科长顺手递给他一支“中华”牌铅笔，又递给他一份材料和几页稿纸，说：“你把这几句话抄下来。”

陶正明就坐下来，一笔一画地写：“硬骨头六连战旗红，为什么这样红？”

副科长站在陶正明身边，歪着头，看得很认真。

刚抄完一小段，副科长说：“可以了，可以了。你就帮工作组去抄稿子，抄稿子也是学习嘛！”

原来是这样啊！

从那天开始，陶正明每天的任务就是用钢笔抄写材料，或者用圆珠笔复写材料。有的材料要复写三四份，要求隔一页稿纸垫一张复写纸，下面的一页要看得清楚，上面的一页还不能划破，难度挺大的。

第一天，他把第一页划破了好几张，后来慢慢摸索，均匀用力，第二天就熟练多了，很少再出现划破稿纸的情况。

上午抄、下午抄，吃罢晚饭接着抄，手酸痛，脖子僵硬。

正如那位副科长讲的，抄也是学习。工作组的成员多为那个时代军内写作战线上的名家高手，后来绝大多数成为军级以上干部，其中不乏中将和上将。

陶正明誊抄他们的稿子，从标题、结构、内容到语言，都感到新颖、奇妙，真是篇篇是美文，受苦受累再多也值得，更觉得这次到一团真是不虚此行。

整天誊抄，忙忙碌碌，不知不觉过了20多天。

有一天吃过早饭，徐干事通知陶正明：“小陶，今天上午讨论你们连队的稿子，你准备好了没有？”

陶正明回答说：“与领导的要求还相差十万八千里，需要领导多指导。”

上午参加讨论的有解放军报社的范记者、李记者，军区前线报社的王处长，军宣传处的徐干事，加上陶正明，一共5个人。

他们对陶正明写的材料是好是坏什么都没说，范记者上来就开始讲：“我们选这三篇上游、中游、下游三个连队的稿子作为衬托，从另一个侧面说明，六连经验的普遍指导意义，要有很强的针对性。我们先议个题目，下面文章还是要你们来作。小伙子你是连队来的，最有发言权，你先讲讲！”

事实上，自从那天晚上知道自己的连队是被确定为中游的典型后，陶正明除了游山玩水、誊抄材料之外，每天躺在床上，就是想他们连队的稿子该怎么改、怎么写，有了好多奇思妙想，有的还很生动、很形象。但他感到，无论怎样，肯定也达不到工作组要求的高度。他反复想过几个侧面和几个题目，都记在了本子上。

陶正明一听范记者要他先说，马上站起来，说：“向各位领导汇报我的想法。关于处于中游的连队如何学六连，我想这样写——”

“你说。”几个“秀才”都很专注地盯着他。

陶正明沉稳地说：“第一个是，中游不是马、不是牛，是头驴。”

几个“秀才”都笑了。

陶正明接着说：“这句话实际上是从报纸上看来的，‘不骑马、不骑牛，骑着驴子中间悠。’我顺着想，把骑着驴子比作中游的形象不要改，但可以‘以驴为本’，大胆想、抽重鞭，逼‘驴’争先！”

“接着说！”“秀才”们一个个眼里露出兴奋的目光。

“第二个是，中游连队好像老和尚的帽子，平塌塌的。学六连、争先进，就要让老和尚的帽子顶起‘尖’来。”

几个“秀才”又笑了，有一个还笑出了声。

陶正明继续说：“第三个是，树活一张皮，人争一口气，这是从精神状态上讲的。我就暂时想了这三个方面，全讲了，请各位首长指教！”

范记者左右看了看，说：“我听着不错，小伙子挺聪明，也肯动脑子，三个题目都有点意思，有的很形象。”

他一边说一边哈哈大笑，大家也都跟着笑起来，陶正明倒是被夸得不好意思起来。

他接着说："我看学六连不能躺在沙发里学，因为沙发软乎乎的，人坐进去就没有精神。大家看怎么样？"

范记者是解放军报社的大笔杆子，闻名全军，他说了，大家都附和，都认为这个题目好，形象、贴切。

范记者边起身边说："这样吧，就按照这个思路，你们先去写。"说完就端起茶杯走了。等他出了门，徐干事说："小陶，你就按照你刚才说的，写几层意思，每层里面要有鲜活的事例，语言要生动。两天后交稿，行不行？"

陶正明连忙说："行！行！"

回到住处，陶正明一会儿坐下，一会儿站起来，一会儿又躺下。从连长、指导员到每一个战友，每一个人都有什么特长，做过什么感人的事情，说了什么生动的话，在他脑子里像演电影一样过了一遍，把他认为有用的人和事，用语言罗列在纸上，按写文章定好思路、搭好架子、用好例子的模式，写了改，改了写，写了又改。

晚上睡不着，满脑子都想着怎么写材料，用什么样的事例，好不容易睡着了，梦里也是和工作组讨论怎么改好材料的事。

天还没亮，陶正明提前醒了，就再也睡不着了，头昏昏沉沉的，就起来用冷水洗头，早饭吃得也没有胃口，上午又重复昨天的事情。

就这样折腾了两天，好不容易写出来了，自己看了又看，念了又念，文字是通顺的，但总感觉不是那个味道。

第三天早饭后，陶正明把稿子送给徐干事，谦虚地说："我思想和文字水平都有限，也就这样了。领导看看，不行，我再改。"

徐干事接过材料，说："快过春节了，工作组的人陆续都回去了，你呀，也先回去，需要的时候，我再通知你。"

陶正明当天就返回了连队。

离开部队一个多月，陶正明回到连队向指导员报到，汇报了在杭州写材料前前后后的经过。

指导员说："陶正明，退伍工作早就结束了，研究退伍工作时，团里通知说今年你不能走，所以也没有叫你回来，我看你再安心干一年吧！"

已经当了4年"大头兵"的陶正明能说什么呢？

说心里话，真要他离开部队，他还有点舍不得！

在部队干了4年，有成绩，也有失误；有喜悦，也有失落。他感觉自己在部队这个大熔炉里，得到了锤炼，长大了不少，成熟了许多，在自己人生的起跑线上积聚了向前的能量，浑身有使不完的劲啊！

用诗给在二连一班的日子作总结

几十年以后，陶正明在回顾自己的军旅生涯时，用一首打油诗总结了自己年轻时在二连一班的日日夜夜——

当兵第一班

我的连队我的班，
弹指一挥四十三。
血气方刚小青年，
从军来到红炉间。

地方小伙到军营，
眼里看啥都新鲜。
被子叠成豆腐块，
走路都得成直线。

吃饭睡觉听军号，
一举一动有人管。
走到哪里都唱歌，
口号喊得嗓子干。

虽说当兵挺新鲜，
很多事情不会干。
班长手把手来教，
战友互帮不算难。

连队是个大家庭，
小家就是咱们班。
五湖四海到一起，
战友情深不一般。

你来帮我洗衣被，
他来教我做针线。
想家班长找谈心，
生病战友问冷暖。

军姿站直踢正步，
老兵前头做示范。
军体器械翻飞上，
投弹射击敢争先。

新兵最是开心事，
家信来了文书喊。
接信如同见爹娘，
一人念信全班欢。

新训半月再体检，
帽徽领章亮闪闪。
照张相片寄回家，
遥想父母乐开颜。

专业训练一展开，
任务一环套一环。
全连训练掀热潮，
一班一班比着干。

炮兵专业两大块，
指挥计算数最难。
初生牛犊不怕虎，
蚂蚁列阵可移山。

基础练习从头越，
炮手分练是开端。
手摇方向高低机，
融会贯通苦钻研。

预习场上枪代炮，
比例缩小天天练。
严格要求不马虎，
腰酸腿疼满手茧。

我在抬炮正向前，
战友开车轮打转。
击中腰椎失知觉，
半夜送到军医院。

治疗三月回到连，
全休能吃不能干。
推荐去了读书班，
要给干部当教员。

部队换防到江南，
超编干部留原地。
只好解散这个班，
我又回到我的连。

班长担子扛在肩，
训练中间遇哑弹。
主动要求去排险，
危急时刻冲在前。

带着另外一战友，
一气跑了十里远。
小心翼翼四处寻，
排除险情气不喘。

记得夜间头班哨，
后班睡过没来换。
回去叫人或不叫？
思想斗争好半天。

山沟传来狼嚎声，
磷光悠悠鬼火闪。
要说不怕是假的，
但知责任重如山。

擅离职守是逃兵，
坚守岗位胆气添。
一站就是一整夜，
只为炮场保安全。

还有一次吃午饭，
新蒸馒头多了碱。
战士嫌弃不好吃，
一把扔出几米远。

排长看到没说话，
一个箭步往回捡。
弹去灰尘擦了擦，
三口两口全吃完。

排长行为太感动，
战士羞愧红了脸。
晚上战友帮助他，
班务会上检讨念。

年底接兵到商城，
家访回城天色晚。
来到一个小餐馆，
四菜一汤作晚饭。

几个班长抢付账，
连长却把大家拦。
一边买单一边说，
谁的官大谁掏钱。

连队有了好传统，
职务高的要买单。
一件小事看本质，
连队风气如清泉。

九位班长好教头，
一班冲为尖子班。
尖子班里出尖子，
两大标兵出一班。

连里一对好主官，
素质过硬很全面。
连队带得嗷嗷叫，
军区表彰先进连。

连队是座大熔炉，
淬火加钢勤锤炼。
干部班长举锤人，
锻造学兵红又专。

人生路上第一步，
班排生活最关键。
连队打下好底子，
艰难困苦若等闲。

戎马倥偬几十年，
回想最多是一班。
那里有我领路人，
是我人生起跑线。

农民到将军

第三章

报道组当学徒

“秀才”群中，从勤杂工开始

赴京送稿，事不避难

练笔头，功夫不负有心人

上头版头条，“两手”都要硬

悟出报道工作“六字诀”

“秀才”群中，从勤杂工开始

1977年的春节是陶正明在连队过的第4个春节。

每逢佳节倍思亲，陶正明想念父母，想念弟弟妹妹，想念黎家湾的乡亲们，想念金属公司的师傅、工友们。他想，也许明年的春节就会在家乡和亲人们过了。

一天午饭后，吕指导员叫陶正明到他宿舍去。

陶正明一进门，指导员就跟他说：“这次你去杭州写连队材料，他们发现你文字上的特长，字也写得不错，师报道组要调你去。”

“师报道组？”陶正明感到有些意外。

指导员语重心长地说：“你是干了四五年的老兵了，去了就好好干，别给连队抹黑丢脸。”

陶正明点点头。

这样的话，他听得太多了，战士出差休假，部队干部都是这样提要求的。

但这一次，显然不同。调到师报道组，这可是一个不同寻常的信号！

陶正明意识到，这次写学习六连的材料可能成为他命运的转折点。

事实也确实如此。

尽管陶正明第一次把留下说倒了，说成了“下留”，但能在部队工作到退休，真的应该感谢“硬骨头六连”。是这支英雄的连队让他结识了那么多名人大家；是这支英雄的连队让他错过了退伍时间而留了下来；也是这支英雄的连队让各级领导认识了他，将他调进了机关。

陶正明与六连是很有缘分的。在军里当干事时，他曾请求到六连当政治指导员，领导说他不是步兵出身又不是一团的，没让他去。如果真让他去六连工作了，也可能早就转业了。

但陶正明总是把没能到六连当兵看作终身的遗憾！六连是他一生魂牵梦萦的单位，留下是他一生魂牵梦萦的地方。

师报道组就在师部大礼堂进门右侧的耳房里，共两层。楼下两间房，一间办公室，集会议、值班、阅览于一室，另一间是活动室。报道组的人员不固定，有时集训住大的房间，2至10人不等。

开始，是两个排长和陶正明一个兵住在一起。过了一段时间，领导让他兼管内勤工作，就搬到楼下住值班室那间。

那时候，师党委特别重视新闻报道工作，据说是从一位师政委开始重视的，在全军出了名，还开过现场会。

部队的官兵都知道，师里“三队一组”是领导的心头肉，要人给人，要钱给钱。三队是电影队、演出队、篮球队，一组就是报道组。

师首长重视新闻报道工作的故事和传闻很多，陶正明有所耳闻。

据说，有段时间武汉军区《战斗报》有一个星期一版没登师里的稿子，师政委急了，要求全师以班为单位，每个班都写一篇稿子，装在麻袋里，派人坐火车送到报社。社长被感动了，结果，一张报纸4

个版全是师里的稿子。

陶正明还听说，政委每天让宣传科负责新闻报道的干事把报纸上稿情况像作战值班室汇报战备情况一样上报。后来，他提升了，但他的做法仍然传承了下来。

还流传一个说法，甚至师司令部、后勤部、师政治部自己的同志都说，报道组是师“第二政治部”。

还有人发现，在报道组的篮球上写有“师政治二部”字样，保卫科还追查了一阵子，后来也不了了之了。

师首长重视报道工作，还体现在领导力量和人员配备上。副政委分管、一名政治部副主任主管，他们天天到报道组督查或坐班。

报道组没有编制，正常情况下四五个人，最多的时候有10多个人，副团、正营、副营、正连、副连、排长、士兵，各个级别的人都有，一年调进调出非常频繁。

师政治部秘书、组织、干部、宣传、保卫、群工、敌工、文化8个科，大部分干部都是从报道组调去的。从这个角度上讲，说报道组是政治部的后备军、二梯队一点不为过。

报道组除了陶正明穿“两个兜”，其他都是穿“四个兜”的。他从侧面了解到，这些报道组成员个个身手不凡、功绩显赫，除了发稿数量多之外，稿件质量也高，有的还在《解放军报》上发过头条，不像他只在报纸上发过四篇“小豆腐块”。他从心里敬佩这些同行，仰慕他们，把他们视为老师。正是因为如此，报道组里打杂的事全落到他的头上，他才感到理所当然，任劳任怨。

报道组的内勤事务比较繁杂，说起来有十几项。陶正明把内勤工作职责归纳为“四大员”：

一是管理员。稿纸、信封、铅笔、钢笔、墨水、橡皮……一切与写作有关的文具，都放在一个柜子里。东西缺了要先写“呈批件”，批准后才能预支款，购买回来要清点造册，领用时要详细登记，半年向领导汇报一次。后来稿子见报有稿费了，他又有了一项新任务，就是稿费管理。

二是资料员。订的报纸、杂志，每天收发室送来后要清点，各省市的报纸要夹好，摆在放报纸的桌子上，杂志也是一样。报道组刊登稿件的报纸、上电台的稿子要登记。那时全国都在破除名利思想，写稿人不能用自己的名字，每个写作班子都有一个笔名，连中央一级都是这样，比如“仲祖文”其实是中组部。上行下效，师报道组对外称“鲁尔政”，陆军第二师政治部的简称，内部都知道稿子是某人或某几个人合写的。陶正明要登记上稿报纸的名称、日期、版面、写稿人，这个登记本等于是报道组的功劳簿，奖励、提干、荣誉都以这上面登记的为凭证。大家经常会来对“台账”，他一点也不敢马虎。

三是修理员。主要是修自行车，二师除了1个团在70多公里外的湖州，其他3个团和师直属队都在师部附近。报道组的同志下去调查找线索，基本上都是下到附近的单位去，自行车成了主要交通工具。报道组共有5辆自行车，都是很破旧的，就放在楼下大房子里。有时有的同志骑回来，往礼堂前厅墙边一靠就不管了。陶正明只要在单位，就把5辆自行车都看一看，再骑一骑，如果发现哪里有毛病，就抓紧修理，拧紧螺丝、上机油、擦拭泥巴灰尘、打气……这些小事都是自己干。需要补内胎、换零件，就送到1公里外的修理铺，等修好了再骑回来。车少人多，有时还要到政治部其他科室里去借用。他曾经骑自行车到无锡和军部送稿子，来回100多公里，裤子都磨破了。

四是保洁员。主要任务就是冲洗厕所、打扫值班室卫生。那时候抽烟的人比较多，到研究稿子的时候抽得更凶，烟灰缸、茶杯和地面上到处都是烟蒂、烟灰，打扫起来就是“一倒二抹三拖”。

这“四大员”的工作，陶正明基本上都是在早上起床之后干，有时也觉得很烦、很累、很委屈，直到有一天副科长对他说了一席话，他才对这些工作有了特别的认识。

这天早上，副科长过来，看陶正明在捣鼓自行车，说：“小陶，你在一团那会儿抄稿子，我虽然和你说话不多，但我认为你有毅力，能吃苦。我从北京一回来，就叫他们通知调你来报道组。一个人干不了小事，也就成不了大事。报道组的内勤工作，就是我让你兼管的。你记住：苦，是磨刀石；苦，是聚宝盆；苦，是登云梯！”

这位副科长个子不高，水平可是真高啊！陶正明心里暗暗惊讶和佩服！

副科长接着说：“到了报道组，就要靠笔头子。共产党人就是紧紧抓住了枪杆子和笔杆子，才夺取了政权，稳固了政权。我们握笔杆子的，有空就要往部队跑，官兵人人都是一本书、一本人生的大书，要与他们交朋友。活读书、快读书，绞尽脑汁，苦思冥想，做人做文，要先人一步，棋胜一筹，文高一山！”

一席话，字字珠玑，句句精到。

陶正明连声说：“谢谢首长，我听进去了，我一定努力干好！”

在这种人手底下工作，是一种幸运。

赴京送稿，事不避难

凡从事过通讯报道或文学创作的人都知道，给报社邮寄投稿见报率远不如亲自到编辑部送稿，个中原因不言自明。

在师报道组，到北京给《解放军报》送稿，对陶正明来说是一项艰巨的任务。

首先，基层的稿子登上中央级报纸就很难，再就是出差要花钱，一个当兵的身上没钱。

第一次领导让陶正明去北京送稿，走之前领导特意交代说，稿子登不上，路费自理，不给报销。

陶正明不知这句话是真是假，出公差，可能给报销，也可能不给报销，还有这种事?

要是完不成任务，真不给报销，那这一趟出差的火车票、住宿、市内交通、吃喝的费用，可不是一个当兵的能负担得起的。但从领导那严肃的态度上看，这话不像是随便说说的。

陶正明带了三篇反映野营拉练中军民关系的稿子，忐忑不安地乘火车到了北京。这种没点深度的小稿子往《解放军报》这样的中央级报纸送，见报的可能性能有几成？

临行前，黄干事告诉陶正明到报社去找一个姓苏的编辑，只找他，不要找别人。原因是，苏编辑是黄干事的老乡，黄干事还告诉他说，苏编辑的老婆是陶正明的老乡。有这双层关系，能与本人见面是没问题的，稿子能不能上，就看你的能力了。

陶正明重任在身，心理压力巨大，一再请教黄干事，把送稿子要注意的事项反复问了几遍，他又默记了几遍，生怕漏掉了重要内容。

为了确保完成任务，出发前，陶正明用纸箱子装上一些土特产，主要是当地的紫砂壶和花盆，以备不时之需。

一路上，他心里翻来覆去想着送稿子的事，那么大的报社，凭这点老乡关系就能发稿？

到了吃晚饭的时间，为了省钱，他只用茶缸接满水，咕咚咕咚喝了下去。坐特快列车，比普通客车票价高出不少，要是报不了销，那可亏大了。

火车到北京站的时间是第二天早上6点多。早饭还是没舍得吃。

按照黄干事说的，他乘103路电车到阜外西口下车，34号门牌就是解放军报社的大门。

陶正明到了大门传达室，要进去必须给里面报社的人打电话，得到同意才能放行。填完会客单后，值班室的人让他自己打电话联系。

报社内部通话用的是内线号码，这个黄干事早已交代，陶正明都记住了。

陶正明战战兢兢拨打了军事处苏编辑的电话，一听对方拿起电话，他用几乎颤抖的声音说：“喂，你好，请问你是苏编辑吗？”

对方很客气，说：“是的。你是哪位？”

陶正明生怕他把电话挂了，赶紧说："苏编辑，我是陆军第二师报道组的陶正明，是黄干事派我来的。"

电话那头一听，声调立刻就变了，很不耐烦地说："不是让你们通过邮局把稿子寄过来就行了吗？告诉你们不要派专人来送，你们为什么还是要来呢！"

"我们想……"陶正明想说，我们想当面听听意见，还没等他说完，那边就打断了他的话。

"这样吧，你把稿件投进门口的邮箱里，你就回去吧。稿子我会收到的，有什么事电话联系！"啪的一声，电话挂了。

完了！陶正明一听头就发蒙了！送稿之前，有同志就告诉他，军报传达室是送稿的第一关，很多人在这一关就被挡住了。

怎么办？一个普通的外地战士，在这里只知道黄干事介绍的苏编辑，没有任何熟悉的人，真是万般无奈。

就这样回去，怎么交代？

他站在大门口左顾右盼，也不知在等什么，反正不能就这样回去。

真是天无绝人之路，陶正明在报社门口呆呆地站了个把小时，有辆卡车满载着一车东西驶过来，哨兵把报社的大铁门打开，汽车到了门口突然熄了火，发动了几次也打不着。

驾驶员一脸茫然地下了车，钻进车底下检查故障。

陶正明见状乘机也往车边靠，蹲下身子，这看那看的，假装帮忙。

大概哨兵和门卫师傅都以为陶正明是副驾驶，没有任何反应。

陶正明在车边转了一圈，等到了车头，立刻起身，快步走到大院里。他站在围墙边，心里砰砰乱跳，发现哨兵完全没注意到他，便装作若无其事的样子朝军报办公大楼走去。

站在大厅里的一块公示栏前，他看到"军事处"在四楼。

快步走上四楼，他在一间开着门的办公室门口停下来，敲了一下门，打听苏编辑办公室的房间号。

在苏编辑办公室门前站定，他犹豫了，很是紧张，苏编辑明明在电话里不让他来，他竟然还是来了，该和人家说些什么呢？怎么解释？但他马上打消了这种畏难情绪，既然来了，就厚着脸皮闯关。不等考虑好，就敲了几下门，喊了声“报告”！

苏编辑打开门，吃惊地问：“你怎么进来了？”

陶正明委屈地站着，不吭声。

“我不是让你把稿子投进门口的邮箱里面吗？明天就能收到，是谁让你进来的？”

陶正明就像一个犯了错的小学生，不吭声，任由老师责问。

“你是怎么进来的？”

陶正明还是不语。

苏编辑不再追问，说：“你把稿子拿来。”

陶正明一听，赶紧从挎包里拿出稿子，双手递给他。

苏编辑看了一下题目，皱起了眉头，说：“这种稿子还想登军报！”说完，又直接把稿子塞回了陶正明手里。

这时，陶正明再也控制不住了，近20个小时粒米未进，也未曾合眼，稿子又不能用，饥困交加，真是无奈无助，两眼的泪水直往下流。尽管他拼命地咬紧嘴唇，但抽泣声还是让苏编辑听到了。

大概苏编辑也有过类似的经历吧，明显被陶正明打动了，态度软了下来，说：“你先进来吧。”陶正明走进办公室，坐下后，苏编辑语气平和地说：“这样吧，你与部队联系一下，看你们那里有什么和当前形势合拍的素材，再写一篇。写好，你再来。”

陶正明坐着不走。

“你可以走了。”

“我的出入证你还没签字，我是……”

苏编辑苦笑了一下，顺手从桌子上拿出一张出入证，填了个日期递给了陶正明。

陶正明用袖筒擦了擦脸，连声感谢。

有了点柳暗花明的感觉。

陶正明走出大门，在马路对面的饭馆里，花了两毛钱买了4个馒头、一条腌萝卜皮，又用两分钱买了一碗菜汤，四顿饭凑成一顿，狼吞虎咽地吃了下去。

身上有了力气，苏编辑也联系上了，好像又有了些信心。

他决定先找一个地方住下来。

稿子登不上，路费自己出，陶正明心里算了算，总共要60多元！这一趟至少得花掉半年的津贴，真是好心疼。

晚上住宿哪里会更省钱呢？对，到八宝山去，和送葬的家属一块住，肯定便宜，而且坐地铁顺路。

第一次乘地铁挺新鲜，不一会就到了复兴门外。从复兴门外到八宝山还有几站路，还在修。可以坐公交车，但要打票。步行呢，一站路也就是十来分钟，走过去要半个多小时，他出了地铁站就一直向西走。

到了八宝山，买了个大通铺，里面可以住几十个人，两角钱一晚上，床单、被子都很脏，怪味大。他实在是困极了，也顾不了那么多，和衣躺下就睡着了。

出出进进的人不断、哭哭啼啼的声音连绵，他一会儿睡着，一会儿又被吵醒。

早上醒来，他觉得睡在这里休息不好，暂时将就一个晚上可以，时间长了可不行。特别是这里没有地方打电话，与部队没法联系，要是重找地方住旅店，不仅花不起那个钱，打电话也不方便。

怎么办呢？陶正明满脑子想北京的熟人。终于想起来通信营有个战士小韩，爸爸是总参通信兵部的，是个师级干部。

陶正明知道小韩的名字，但不知道他爸爸的名字，他决定去闯闯。看到一个机关大院有解放军站岗，就上前打听通信兵部在什么地方。哨兵见他也是穿军装的，很热情，说就在前面，马路对面，坐地铁3站路。

时间还早，陶正明舍不得再花钱坐，走了半个多小时，到了通信兵部大院传达室。他对里面的收发员说："我要去韩××家，我是他部队的战友，给他家捎带点东西。"说完，他把手里的纸箱往高处举了举。

因为小韩父亲是师级干部，加上他家里经常收到邮包，收发员一听就知道了他要找的是个二级部的副部长，就把门牌号给了陶正明。

敲开门，只有小韩的姥姥在家，小韩的爸妈都上班了。陶正明就用他家的电话接通了小韩的爸爸，说明了来意。

首长还真客气，说不要走了，中午就在他家吃饭。

陶正明正求之不得，嗯嗯地答应着。

首长家是通信部的，打电话很方便，陶正明赶紧接通了报道组黄干事，把送稿情况简要说明了一下，商讨师里有哪些与当前形势合拍的素材，也没商量出个什么结果。他又赶紧拨了小韩的电话，先主动和他联系，告知情况。因为小韩是干部子弟，家又在北京，陶正明和他并不是很熟悉，只是在一块打了几场篮球。

没想到，小韩还挺讲义气的，答应得很爽快，还大包大揽地说："没事，你要是继续在北京，有什么事就找我！"

中午，小韩的爸爸回来了，边吃饭边问陶正明部队的情况，兴致很高。

首长家的伙食真不错，陶正明故意吃得很斯文，不敢放开肚皮吃。

吃完饭，陶正明从纸箱里拿出一只紫砂壶、一个花盆，说是地方特产，送给首长。

首长把紫砂壶拿在手里，很高兴，连连感谢，还顺便问了一下陶正明住在哪里。

陶正明灵机一动，说："我一下火车就来了您家，还没找地方住下。"

首长说："别去外面住了，你就住小韩的房间吧，反正时间也不长。"

首长人真好！陶正明心里乐了。这下又卸掉了一个包袱，住宿的钱省了。

下午，陶正明来到解放军报社。这次有了出入证，就大大方方地进了大门，很快进了苏编辑的办公室。

苏编辑问："与单位联系上了没有，有什么好的素材？"

陶正明趁机把心里的苦衷讲给他听："我是个战士，当了4年兵，刚到报道组，领导派我第一次到北京送稿子，如果不能见报，路费要自理。要是那样，再省吃俭用，也得花掉我半年多的津贴费，我家在湖北大山里，家里生活非常困难，这次一定请编辑老师多帮助。"他特意把"湖北大山"几个字说得很真切，意在提醒对方：咱们是半个老乡。

也不知苏编辑听明白了没有，他让陶正明坐下，然后翻了翻桌子上的资料和一大堆稿件，思索了片刻，问："你们那里有部队野营训练吗？"

陶正明赶紧说："有，有。"

苏编辑又问：“那你们在野营训练中搞没搞叶副主席提出的‘十个应该不应该’的教育？”陶正明赶紧说：“搞了，搞了。”

苏编辑继续说：“如果部队进行了这方面的教育，有什么好的做法，可以从这个角度写篇稿子，千把字就够了，越快越好，内容要突出野外特色，突出肃清‘四人帮’流毒。”

陶正明忙不迭地说：“好，好，明天中午之前我一定把稿子送来。”

告别了苏编辑，陶正明心情一下轻松了许多。

回到小韩家，陶正明马上给报道组擅长写消息的余干事挂了长途，余干事听后叮嘱说：“这个稿子只能写你们老团队，不要把团首长的名字写错了。野外教育要突出野外特色，要突出党委班子，要突出肃清‘四人帮’的流毒，要突出对部队训练的重大促进。”

陶正明把连队党支部放大到团党委来写，先列提纲，再想事例，一层意思一层意思地写，一直写到第二天凌晨3点半，大概数了一下，有2500多字。作为作者，总想多写一点，好让编辑有删改的余地。然后开始誊抄，一直忙到天亮。

吃早饭的时候，首长说：“小陶你真能吃苦，熬了一个通宵，眼睛都红了。”

陶正明说：“还不知道行不行呢。”

首长说：“不行再改，我的材料都要改好几遍，军报上登个稿子可不容易呀！”

吃了早饭，陶正明就往报社赶，把稿子交给了苏编辑，他一看，说：“不是让你写千把字？你写这么长干吗？放这吧！”

他又问陶正明：“你毛笔字写得怎么样？”

陶正明说：“算是一般吧。从小父亲送我读书，一是要让我学写毛笔字，春节好写对联；二是写好钢笔字，记账、写个信、打个条子方便；三是练好算盘，会算账。”

苏编辑把陶正明领进另外一个房间，这个房间里毛笔、砚台、纸张都是现成的，好像都刚刚用过。

苏编辑指着桌上的纸笔，说：“你写写，我看一下。”

陶正明拿起笔，蘸好墨，抬头问：“写什么？”

“你随便，写什么都行。”

陶正明拿起笔，端端正正写了“感谢苏编辑”5个字，还要继续写“你辛苦了”时，苏编辑伸手拦住了他，说：“还行、还行。”

他马上出去，拿来一篇材料，递给陶正明，说：“你用毛笔抄，就是贴墙报那种。”

陶正明点点头，看了看底稿上的字没什么难认的，就抓紧写起来。

苏编辑临出门前说：“中午不要回去了，一起到食堂去吃饭。”

这一切仿佛又回到当初去一团送稿子，上午抄、下午抄、晚上抄的日子，只是钢笔、圆珠笔换成了毛笔。

抄了两天两夜，晚上还不让他回住处，就睡在值班室长沙发上，简单对付一下。

这期间，不时有人进来看看又出去，有的问他是哪里人、哪个部队的、多大年龄，陶正明停下笔一一回答。

到了第三天，刚上班，苏编辑递给陶正明一张报纸。

他打开一看，哇！署名“鲁尔政”的稿子上了头版头条！

那个高兴劲就别提了，真是霹雳一声震天响！忙不迭地说“谢谢苏编辑……”他自己都感觉声音变了，好像是在发抖，眼泪又快流了出来。

不仅上了军报，还是头版头条！那种激动的心情真是难以言表！多少年过去了，陶正明一想起这事来依然心绪难平！

陶正明努力平复自己激动的心情，继续抄材料。

午饭后，陶正明把报纸铺在桌子上，把原稿和报纸上的文字仔细对照着看了几遍。苏编辑真是下了大功夫，将内容进行了大调整，看着看着，他又惭愧起来。

下午陶正明又抄完一篇。苏编辑进来笑着说："小陶，明天你不用来了，路费也可以回去报销了。"

"谢谢苏编辑。"

"你的基础还行，要记住，写报道是个苦差事，写稿子要抓'一碰就响'的问题，语言要精确精练、生动活泼，不要用那么多形容词。这几天你也辛苦了，我们处几位同志的墙报都是你帮忙抄的，我带你去认识认识他们。"

苏编辑带着陶正明去见了6个人，有处长、副处长和编辑。

这可真是意外的收获！陶正明把他们的名字、职务和联系电话一一记在本子上。

认识报社这么多老师，今后写稿、送稿、上稿就方便多啦！

几天来的辛苦真值！

走到报社大门口，陶正明向传达室望了一眼，腰板挺得直直的，登上了稿子像王子，当"孙子"的时候过去了！

晚饭后，陶正明赶到首长家，一进门，首长就嚷开了："小陶，你写的稿子我看到了，头版头条，真了不起。我家的小韩能像你一样就好了！"

陶正明说："是几个人共同写的。首长，打扰您几天了，稿子也登了，明天我就回去了。谢谢您的关照。"

第二天吃过早饭，陶正明离开了首长家，坐地铁到了王府井附近的煤渣胡同，在总参四所找到了老部队调去的卢管理员，登记了住宿，这感觉真好！

这下，他要好好在首都转一转、玩一玩了。

7天后，陶正明返回了部队。回去的路上，他满脑子里都是：我上了军报头版头条！我上了军报头版头条……

⊙进京送稿子

回到驻地，到食堂吃晚饭时，他感觉大家看他的眼光都变了，周围都是笑脸。到财务那儿报销时，他感到会计的眼光都是柔柔的。

他又想起了副科长的话：到了报道组，是靠笔杆子说话的。

练笔头，功夫不负有心人

陶正明的勤奋人尽皆知。

在报道组开始写稿子，不是跟着干事去学调研，就是去连队挖事例，回来把听到的内容整理成小故事作为素材提供给报道组，这是当徒弟先干的活。而组里其他老同志都是师傅，各有擅长，有写言论见长的，有写通讯见长的，有写经验消息见长的。陶正明只是写些小故事，干些这样打下手的基础活。

战士报道员工作是个苦差事，但锻炼人。

陶正明通过自身的亲身经历，用“四子”来形象地比喻战士报道员工作的酸甜苦辣。

下去调查像狗子——东闻西嗅，到处钻门子、挖例子。

写起稿子像猴子——坐立不安，抓耳挠腮，有时半夜三更躺在床上，想出了一个好构思或几句好话，就赶紧爬起床写下来，有时说梦话还在讨论稿子。

报社送稿像孙子——给人倒水提包，编辑走到哪儿，送稿的人就跟到哪儿，生怕编辑跑了。

登上稿子像王子——那个得意劲儿别说有多高兴了。

陶正明刚去报道组时，年纪轻，没名气，穿着两个兜的战士服，下到部队调查，碰到冷面孔是常有的事。比如找连队干部了解情况，刚要开口自我介绍，对方瞄他一眼，常常说：“我们连队忙，你去别的连队吧！”

这种尴尬的情况出现的次数多了，陶正明就摸索出一套对付的办法。他对你不客气，你也不能太温文尔雅，毕竟你是师部报道组的。要么坚持要采访，要么让对方定时间，总之不达目的不罢休。

有的老干事给他出主意说，你下去采访，找连长、指导员中的老乡，他们会好好接待你的，这一招果然好使。

下连队找战士聊，倒是相当顺利。当兵的与当兵的心有灵犀，相互体贴。不觉到了吃午饭的时候，陶正明就把挎包里的碗拿出来，让战士帮着把饭菜打在一个碗里，三口两口吃完，用袖子把嘴一抹，就不用再赶回师部吃饭了。

时间长了、下连队次数多了，关键是写的稿子登上了报纸，名气也就稍微大点了，再到连队去就不一样了。毕竟连队干部也想出名，碰到豪爽的老乡，还会加几个小菜喝几杯小酒，犒劳犒劳。

一次，陶正明在调查采访中又发现了一个司务长典型，觉得很好。到连队去了好几次，事例挖得差不多了，就开始研究路子，动手写作。可写来写去都感觉陈旧老套，没有新意。

可不是，一个连队司务长，整天干农副业生产，与柴米油盐醋打交道，调剂伙食，管理账目，干的都是些平平常常、琐碎细小的事情。怎么把一个平凡的人物写得不一般，写出亮点，把人物写活呢？

陶正明整日挖空心思，搜肠刮肚，憋着劲儿想整出一篇像样的人物通讯来。

大年三十晚上，报道组的“秀才”们到食堂去吃年夜饭，陶正明才知道是过年了，他的心思都用在了讨论稿子上。

报道组平时写稿都是一个人拿出初稿，然后群策群力，大家找不足，想点子，互相帮助。事迹就那么多，那么平淡，要想写出新意来，出路就在文章的思路上，这一点报道组各位的看法是一致的。

首先讨论大小标题，你说一句，他说两句。当时有副科长、有干事、有排长，还有陶正明这个兵，大家很兴奋，思路也很活跃，讨论时有说正经的，也有打诨的。

讨论中，有的人说司务长用得最多的是算盘、账本和钥匙，马上就有人建议标题在“铁算盘”“铁公鸡”上作文章。接着反对意见出来了，说“当司务长不能光会抠门，‘铁’字叫起来缺乏灵活性……”大家又从钥匙想到锁，司务长房间门上有锁，房子内柜子有锁，桌子抽屉上有锁，那个司务长不就是连队掌管钥匙最多的嘛！大题目就叫“锁”，这下，意见统一了。

接下来讨论稿子内容，大致可以分为4块：一是计划开支，精打细算；二是民主管家，群众监督；三是按章办事，遵守制度；四是严以律己，以身作则。

可这样的小标题又太老套、太平庸，与“锁”对不上，新鲜、形象的又想不出来，真是难啊。那两天，大家白天争、晚上吵，杀伤了大量脑细胞。退回去，按照老套路写，又确是老生常谈，没有什么味道，多数同志不甘心。

紧扣“锁”这个大题目，再做小题目，又要贴切形象，还能表达出意境，的确像是遇到了拦路虎。脑子总在原地打圈圈，跃不上新高度，打不开新思路。副科长看大家的脑子都僵化了，就说休息半天，大家放松放松，到外面去看看，搞搞娱乐活动，说不定分散注意力，大家的灵感就来了。

正月初二，上午又集中讨论。休息了大半天，大家头脑真的清晰多了，讨论起来也顺畅多了，主要围绕“锁”与“钥匙”发表自己的想法。

有的说，司务长首先要计划花钱。一个好的司务长要会算账，每笔开支都事关计划，先拨拉拨拉算盘，或者先拍拍脑袋，或者先扳扳手指。

“好！”副科长说，“扳扳指头再‘开锁’好，第一块内容就用这个题目。”

有的说，锁有多种，有卡子锁、弹子锁、弹簧锁，还有最新出现的密码锁，每个司务长装备一个。司务长要开支，必须符合上面的规定和群众的利益，这两条就是密码，这一块内容就叫不对“密码”“锁”不开。

前两关攻破了，之后的标题很快出炉了：“锁”人先得“锁”自己。比喻司务长以身作则、严以律己。

最后一块内容是发挥连队经委会的作用，民主监督，管家理财，从“钥匙”联想到大家来管。

至此，大标题“锁”，副标题“标兵司务长陈友安”，4个小标题“扳扳指头再开‘锁’”“不对‘密码’锁不开”“‘锁’人先得‘锁’自己”“一把‘钥匙’大家管”，都定下来了，大家都感觉它们形象、直观、生动，富有新意。难关终于攻克了。

1978年的春节，过得特别有意义，胜过多少顿美味佳肴。

稿子写好了，领导又让陶正明第二次进京送稿。这次，他愉快地接受了任务。

由于有了第一次送稿的经验教训，记事本上又有好几个编辑老师的名字和电话号码，连谁负责什么版面都记得清清楚楚。到了北京，陶正明直奔军报分管军事后勤版面的顾伯良编辑处。因为上次陶正明也帮他用毛笔抄过“大字报”，给他省了很多时间，陶正明回部队后顾伯良还主动跟他联系过几次。

顾编辑一见陶正明就热情地问这问那，还特意给他倒了杯水，很是客气。

陶正明说明来意，把稿子从书包中拿出来，恭恭敬敬地放到顾编辑面前。

顾编辑把稿子大小标题看了一遍，情不自禁又念了一遍，连声说：“写得好，写得好，特别是标题好，题好一半文啦。”

陶正明端坐着，不露声色，顾编辑对稿子的反应在他预料之中。

顾编辑接着说：“稿子长了点，我压一压，配个插图，再加个编者按，放在重要位置用。”

陶正明忙不迭地说：“谢谢编辑老师，谢谢编辑老师！”

顾编辑端详着手里的稿子，意犹未尽，想了想说：“小陶，你再写一篇体会，题目就叫《标题是文章的“眼睛”》，我把它发在《解放军报》通讯上，让更多的部队新闻工作者了解你们构思文章标题的过程，肯定对大家有启发、有帮助。”

陶正明喜上眉梢。

在《解放军报》通讯上刊登经验介绍文章，这可不是一般通讯员能做到的！

陶正明住在西直门总政招待所，离报社不远。回到住处，他就把从发现陈司务长这个典型到写成稿子，特别是反复推敲大小标题的过程写成一篇体会文章。

第二天，按照顾编辑吩咐的，陶正明把稿件送到通联处，一位编辑告诉他，这期已经发排，赶不上了，放到下一期用。

陶正明这次送稿收获颇丰。包括这篇通讯《标题是文章的“眼睛”》，他在军报重要位置登了两篇稿件，又认识了军报的好几个文字高手，并记下了他们的联系电话。

另外还有一大收获，就是与军报“活跃的练兵场”“愉快的星期天”“怎样当好连长指导员”等几个栏目的责任编辑联系上了，还约了稿。

这一下，回到部队有稿子写了，再也不用愁上稿难了！

上头版头条，“两手”都要硬

1978年初，陶正明等来了久违的提干，被任命为连队的一排长，成为军官。至此，在师报道组里陶正明从小徒弟变成了小师傅。

稿子发多了，报道组的目标变了，追求也不一样了。报道组不再追求发稿数量，把目光盯在了军报的头版上，甚至盯在了头版头条上。

专程赴北京送稿几乎成了陶正明的专利，后来，多次去军报送稿子，他发现和遇到不少新的难题。

有段时间，由于宣传需要和某种约定俗成的规定，每年“八一”建军节前夕和1月22日“硬骨头六连”命名纪念日，军报都要发一篇“硬骨头六连”建设的经验事迹。

两个日子相差半年，一个普通连队在这么短的时间里，哪能做出那么多新鲜事？官兵哪能产生那么多的新思想、新语言？连队哪能创造出那么多新鲜经验？可是，军师领导要求每次必须发一篇，篇幅还不能小，还要放头版，最少大半版，更完美的是再加个社论，最低也要有编者按。

每次，领导都亲自点名要陶正明参与到写作班子中。

硬骨头真是难啃，但再难啃也得啃。报道组经常挂在嘴边上的话，就是用“硬骨头精神”写好“硬骨头六连”的稿子。

一次，“八一”节前几天，陶正明和报道组的夏干事到军报送稿，正好碰到兄弟军区《战友报》的报道干事也在报社，他们推出了一个重大个人典型——模范指导员，这是与陶正明争抢头版版面的强劲对手！而且他们有军报驻军区记者站杨站长带队，军区新闻处、军宣传处副处长“站台”，而这边只有陶正明和师里的夏干事，显得势单力薄。

7月25日上午，报社政工处长把两家“秀才”集合到一起，说：“两个大典型，一个是连队，一个是个人，稿子都想在建军节前见报，你们知道，这段时间，军报版面特别紧张，社领导明确指示一个节前上，一个节后上，节前看29到31日这3天哪天能排得开，就在哪一天登。哪家稿子先通过，发哪家。”

陶正明心想，坏了，“八一”前发稿的希望不大了，看人家那阵势，非抢在前面不可啊！完不成任务怎么交代？

陶正明和夏干事有点不知所措。

两家的报道人员都住在西直门总政招待所，不在同一座楼，但有时吃饭能碰到，人家是轻松自如、笑声朗朗，陶正明和夏干事则是默默不语，心事重重。

陶正明和夏干事昼夜不停地找例子、凑素材，一个人说，一个人写，写一段改一遍，念一遍抄一遍。28日上午稿子写好，两人一块送到军报去。最终关于“硬骨头六连”的稿子在八一节前登上了头版头条，还加发了编者按。

还有一次，也是到军报送稿子，一共3人，其中一人是一师的廖光声，他是一师新闻报道战线的老兵，干这个工作有几十年了，在该师农场任副政委。

一团招待所安排住房，把他的名签“廖副政委”中的“副”字写漏了，他一进门就发现了，马上把名签撕下来，揉成一团丢进垃圾桶里。

有人不解，问：“怎么了？”

他说：“南京军区廖汉生政委，知道吧。你们把‘副’字去掉了，别人以为我要与军区廖政委平起平坐。”

大家听了哈哈大笑。

他挺认真地说：“这个玩笑不好开的。”

这下大家明白了。廖副政委是新中国成立前入伍的，家庭出身不太好，经历政治运动多，也挨过整，所以顾虑多一些。

廖副政委在军报有许多老朋友，有的打了20多年交道。他上北京有个习惯，带些部队农场自制的小茅酒也叫高粱烧，晚上约几个朋友在房间里喝两盅，多数时间他是把酒带到招待所饭堂，自斟自饮。

这一次，他看人多，估计改稿时间会长一些，就用塑料桶装了20斤酒带上了，没想到这酒派上了大用场，成了上稿子的催化剂和润滑油。

3个人一到军报社，就把一篇通讯、一篇评论送给了军报的范副总编。

范副总编因业务强而闻名，是被破格提拔的，刚刚上任，一副春风得意的神态。

他把两篇稿子翻了好几遍，皱着眉头开始对廖副政委说开了：“老廖哇，我们是老朋友啦，就直说了啊，这两篇东西都过不了关，写得太平、老套，与新的形势不吻合，要推翻重来。”

大家与范副总编也认识多年，对他也有个大概的了解，他看中叫好的时候不多。

既然派3个人送稿子，其实也做好了“重起炉灶，另做饭菜”的准备。但一般人认识问题的水平和理论高度是达不到他的要求的，重写也是白费功夫。

姜还是老的辣。回到房间，廖副政委不慌不忙地说：“黄干事到街上去弄几个熟菜，花生米、猪耳朵、海带卷、泡大蒜头、酸大白菜、皮蛋。小陶吃完饭到食堂借几个盘子、几只碗、几双筷子，晚上咱们请范副总编到房间坐坐，顺便请他喝两盅。我现在打电话和他讲好，免得晚上他加班抽不了身。”

他到隔壁房间去打电话了，个把小时才过来，说范副总编开始说没时间，经不起他劝，又说八九点钟后过来坐坐。

黄干事把菜买回来了，廖副政委逐一过目，说马马虎虎，反正范副总编这个人喝酒也不大讲究菜的。

在食堂里吃完饭，陶正明就去借了10个盘子、5个碗、5双筷子，付了100元押金。

回到屋子里，廖副政委又发话了：“黄干事你去准备好本子和笔，把范副总编的谈话尽可能地记全，潦草没事，只要你认识就行。小陶和我就陪他聊天，当然小陶喝酒的任务要重一些，要做好喝高的准备！”

直到这时，陶正明才明白廖副政委为什么不急于重写稿子，而是在酒菜上下大功夫！

陶正明笑了，说：“廖老你真是‘料老’，江西人厉害，真能‘赣’，真有两下子。”

廖副政委说：“这么多年了，跟他玩点雕虫小技，一举多得嘛！”

范副总编果然不食言，晚上快9点真的来了。

他一看桌上的摆设，连声说：“老廖啊老廖，我估摸着叫我来就是陪你解解乏。”说着就坐下了，拉开架势，要痛饮一番了。

因为范副总编与六连打交道也有10多年了，每次到部队都要喝几杯部队土制的军魂酒。他说这种酒有红星二锅头的味道。

廖比范大7岁，他俩喝酒是一对一。陶正明敬范时也要敬廖，否则范说不公平。黄干事有时也礼节性地敬一杯。

酒喝开了，范副总编主动说到稿子，说通讯应该写什么主题，小标题怎么破，分几层意思，用什么例子，评论立意要高，对全军带有方向性、指导性，题目也要有号召性。

这时，廖副政委赶快给陶正明使眼色。

陶正明刚要举杯敬酒，廖副政委说：“小陶你年轻，3杯敬范总编1杯”。

陶正明站起来，自斟了9杯，一一倒进碗里，一口干光。

范副总编一看这阵势，不屑地说：“那我也要多喝一点！”

廖副政委笑着说：“3杯就行。”

范副总编说：“四四如意嘛。”

范副总编连干了4杯，满面红光，连脖子上的筋也一鼓一鼓的！酒是差不多了，他越说越来劲，也越说越具体。

一旁，小黄的笔记得飞快。

时间很快到了深夜2点，范副总编说要去操场散散步，吹吹风。

听说范副总编“惧内”，酒喝多了回家会挨老婆骂，就回办公室躺沙发，现在提了副军职，报社有卧室了。

陶正明跟在范副总编后面，沿着操场跑道一圈一圈地走。范副总编也不说话，只是大步地向前走，走了个把小时，清醒了一些，说要回去休息。

陶正明就把他送到办公室，给他倒了一杯温水让他喝了。之后，道声再见，回招待所了。

黄干事一夜未眠，把范副总编的讲话整理出来，早上交给廖副政委，廖副政委用了一天时间，这里加加，那里改改，晚上陶正明和黄干事又分头抄写。

一天两夜的流水作业，两篇稿子都写好了，送到范副总编那里。

他一看，眼睛就亮了，连声说："这下子改得不错！有气势、够分量，写出了'硬骨头六连'的新发展、新经验、新特点！你们辛苦了！"

稿子第二天就在军报头版头条发表了，评论也放在头版右边加框，而且是以军报评论员的名义属名，分量就更不一样了。

想上头版头条，真得是"两手"都要硬，一个是稿子要"硬"，一个是点子要"硬"。

通过这次经历，陶正明深深体会到，写作是一门大学问。在饭桌上，范副总编透露的写稿技巧，让陶正明对"学无止境"有了进一步的理解。

悟出报道工作“六字诀”

陶正明至今依然深深怀念在师报道组工作的那段日子。尽管一开始下部队走访往往被看不起、遭呵斥，有时还要饿肚子；尽管写稿子时苦思冥想，甚至头撞墙、捶桌子、扔笔头、撕稿纸，近似发疯发狂，歇斯底里吼叫；尽管他从此落下了失眠的病根，几十年来不断增大安眠药剂量……但是他从没后悔过，因为这段日子在他人生中留下了深深的印记。

在总结师报道组那一段人生旅途时，陶正明深有感触地说：通讯报道工作就像是鞭子，时时抽打着懒惰的身心；像是扳手，时时修理发黄的脑闸；像是磨刀石，时时打磨毛糙的思维；像是聚宝盆，时时装进众人的智慧和优点。那两年，他收获了许多做人做事的真谛和财富，饱尝了为人处事的艰辛与甘苦，踩实了成人成事的基石和沟坎。

离开师报道组，他多少有些不情愿。他也曾冷静地思考：为什么这个没有编制的单位，这个令人压力巨大、痛苦异常的单位，会使他这么恋恋不舍。

思来想去，陶正明用6个字概括他所从事的通讯报道工作。这6个字是：走、干、讲、读、写、想。这6个字不仅决定了报道工作的优劣成败，也贯穿他一生所有的工作领域，所有的岗位。

每个人每天眼睛一睁开，都在做这几个字的一个方面。6个方面连在一起就是一个人一生的大系统，可能随着岁月的推移、工作的变化、职务的升迁，这6个字会伴随你一生，受用终身。

走。要看到真实的情况，获得新鲜的素材，听到生动的语言，就必须迈开双腿，走到各个部队去，走近大自然，走近训练场，走近军营的角角落落，还要到附近的工厂农村去，和战友聊，和军人家属聊，和工人农民聊，甚至和路人聊。通过走，可以看到不同的景色，听到不同的声音，即使天天走，感受也是不一样的。

干。就是多实践。那时一个师有步兵、炮兵、工兵、通信兵、卫生兵等十几个兵种、上千个专业。陶正明是炮兵中的炮手，炮兵中还有侦察员、计算员、测绘员、无线员、有线员、炊事员、饲养员、种植员等。写一个步兵连，就要把步兵的五大技术学一学、练一练；写一个司务长，就要跟在他后面种菜、买菜、调剂伙食、熟悉各地人员的口味、打算盘、记账目，这样写起来就有亲身体验，不会被一些常识性问题所难倒，也不会说外行话闹笑话、出洋相。被写对象对你也有一种亲切感、信任感，“纸上得来终觉浅，绝知此事要躬行”，干部干部，先干一步；报道报道，先干后报。

讲。一个称职的新闻工作者，首先应该是一个演讲家、鼓动家。要把自己要写的主题与你所写的对象有机融为一体，充分体现党的政策规定与大政方针，与大的政治气候、政治环境同频共振。讲出你写的稿子对部队、对单位、对个人的重要意义，他们才会为你的稿子出谋划策，把你的思路变成单位和个人的行动。写好后讲给他们听，他们会条分缕析，提出许多你意想不到的意见，说出许多生动的语言来，使你茅塞顿开。所以，陶正明每到一个连队采访，喜欢给他们讲一讲，说明来意，碰到有的指导员让他代上政治课，他会觉得求之不得，认为是一举多得，既锻炼了口才，又减轻了别人的负担，还增进了与指导员的友谊，更提高了自身的威信。

读。至今陶正明还清楚地记得，有个专家说，稿子也是一部乐章，一首歌曲，写出来了要大声地读，读出抑扬顿挫，读出高低平仄，开头、过渡、结尾都有不同的旋律和音调。读起来通畅悦耳，起码要写得文通字顺。写好一篇稿子要大声读、反复读，这本身就是在发现毛病、开发思路。读，对他这个小时候读书少的人来讲，还有更特殊的作用，先天不足，后天就要苦读恶补。那时候，陶正明读《新华字典》，读报刊上的文章，好的文章反复读，有时也读《解放军文艺》上的作品，偶尔也读大部头书。读，的确是一门苦差事，关键是耐得住寂寞，稳得住心神，使自己进入另一个美好的世界，从读中获得心灵的充实和内心的愉悦。每天读完了，仿佛自己脚下升华了，自豪感增强了不少，自卑感消除了许多，站在人前不再那么矮小了，就连做梦，胆怯之境也少了许多！

写。新闻报道主要途径是写。写，是反映客观事物，表达观念，认识思想情感，传递知识信息的创造性脑力劳动过程。走进生活、走进工作，读书学习是写作的热身准备和基础条件，写作则是这些前提的合成表现，是集中创造的过程。一个伟人曾经说过，用笔领导是领导的主要方法，下笔如有“神”，神就是实践，就是社会活动的精华。由不会下笔、离题万里到笔下生花，甚至达到笔是匕首、笔是利剑的境界，都来源于生活的阅历，笔只不过是脑子里伸出的“手”。由不会写到学会写，由写不精到写得精，这个过程的长短，视人的悟性而定。

想。就是勤于思考，学而不思则罔，思而不学则殆。朱熹说：“读书有三到，谓心到，眼到，口到。心不在此，则眼不看仔细，心眼既不专一，却只漫浪诵读，决不能记，记亦不能久也。三到之中，心到最急，心既到矣，眼口岂不到乎？”陶正明在写报道过程中逐步觉察到，凡是想好的、成熟的、几乎能讲出来的东西，就上手快，写得顺，出手的东西让他感觉也是满意的。反之，事倍功半，甚至得从头再来。最关键的是思考这个加工厂要精准到位，稿子的主旨、题目、段落、语言、开头、结尾、重要过渡意思，都要反复推敲。思考成熟的，写出的东西也有用。后来，陶正明在做领导工作时归纳出三种人。第一种人，想好了再干，代价小成功率高；第二种人，边想边干，通常是拍脑袋干事，不完善，欠缺的地方多，付出代价大，留的遗憾多；第三种人，是干完了再想，通常是无目标、无计划、无组织，脚踩西瓜皮，滑到哪里算哪里。要重用第一种人，慎选第二种人，淘汰第三种人。

走、干、讲、读、写、想，这“六字诀”伴随着陶正明，几十年周而复始，形成习惯，直到退休后还乐此不疲。

陶正明对报道组有感情、对新闻报道有感情，是因为这里、这个岗位、这项工作锻炼了他、成就了他。在陶正明看来，新闻报道工作是其他岗位无法相比的。可以说，没有这个岗位的锻打，他走不到今天。

陶正明这样认为，新闻报道工作是党的宣传舆论工作的大阵地，是提升单位、个人影响声誉的大平台，是培养造就人才的大学校，是博采众长的大宝盆，是联络各方、协调关系的大桥梁。

这是他从事这项工作的切身体会和感受，刻骨铭心，永生难忘！

陶正明认为，一方面，一个有责任心的、聪明的领导必须高度重视新闻报道工作。不仅要鼓励、支持从事这项工作的同志，当好他们的坚强后盾，而且对那些凭本事和毅力写出好稿子的同志，领导要了解、要帮助，与他们交朋友、交真心，共同商量写什么、怎么写。特别在使用上要一视同仁，缺少经历的要让其补上，使他们有光荣感、责任感、安心感。

另一方面，也要坚决维护新闻报道的真实性。真实是新闻工作的生命。不要光写好的，也要写差的，但绝不能写假的，一滴水分都不能掺。这是个原则问题，是底线、是红线、是高压线。

写好的经验，报道先进典型，也不要说满话。任意拔高，像做饭，米不够，多加水，自欺欺人。不能搞“高、大、上”那一套，一个单位、一个人，只能是一个方面或几个方面好那么一点点，先进是睡在竹席上的，只比躺在地板上高一点点，是相对的。千万不要把经验典型当作缺点的避丑布，当作批评的挡箭牌，当作个人升迁的敲门砖。

陶正明离开师报道组后，无论在什么岗位上，始终遵循着他总结出来的对新闻工作的体会和原则，同时，对新闻报道上新出现的一些不良现象，进行坚决的抵制。比如在评比上，一张报纸只有一个头条，有人却别出心裁，称什么左头条、右头条，还有报肩，如同一个人长了三个脑袋。这在陶正明看来，简直是笑话，违背常识常理。对此，别人怎么看、怎么干，他不管，也管不了，但当年在他的管辖范围里，只能用精品好稿说话！宁可一篇稿子不登，一个镜头不上，也不违背事实和原则。他曾说过，如果年底这项工作评为倒数第一，不要去争，不要难为情。如果领导批评，全归我负责，检讨我做，一个处分左肩扛，两个处分双肩抬。做政治工作的，当干部的，就是靠本事、靠汗水进步。

新闻工作锤炼了陶正明，成就了陶正明，他对新闻工作的贴近性、重要性、真实性有自己独到的理解，在走上领导岗位之后一以贯之地体现在他的工作实践中。

第四章

机关里的一颗心

倔脾气，当众顶撞师政委

从师部到军部

被催提前结婚

敢为下属遮风挡雨

为六连争来一面军委颁授的锦旗

倔脾气，当众顶撞师政委

1978年底，组织上通知陶正明到师政治部宣传科当干事，由于他在报道组管过内勤，科长仍然分配他负责内勤工作。

因为当时部队大力提倡学习文化知识，各单位开办了初中、高中、大学补习班。师里部门以上领导想去补习班的自己去、不想去的自学，从年轻有文化的机关干部中挑一个当辅导员。课本由解放军出版社印刷，各级宣传部门分发。首长的书都由陶正明一个一个送，有的送到办公室，有的送到家。虽只是一种简单的事务性工作，陶正明却格外认真仔细。

没想到意外发生了，陶正明与师政委当众顶起来了。

政委是刚由副政委提升的，他要为学文化的事给官兵做一次动员。

这天，科长给陶正明留了一个条子，上面写着："政委指示，明天下午3点钟，师机关直属队全体党员干部到大礼堂集合，听政委讲话。小陶，这次会议组织由你负责。"

陶正明按照电话簿名录立即打电话，一个单位、一个单位下发通知，并记下接电话者的姓名、职务，为了不出差错，还让对方复述一遍电话记录。尽管他在师部大礼堂里面住了两年，对师部各个单位情况熟悉，但仍然不敢马虎。

第二天上午一早，陶正明就到大礼堂找到负责管理的老师傅，请他把礼堂彻底清扫一遍。又叫电影队写好会议横幅，检查无误后，悬挂在舞台上方，然后又在主席台上摆好桌椅。

一切准备工作就绪，陶正明心情不错。

下午3时，政委由宣传科长陪着走到主席台前面，陶正明看准时机高声下口令："全体起立，整理军容！"然后向政委敬礼报告："政委同志，师机关直属队全体党员干部集合完毕，应到××人，实到××人，请指示！政治部宣传科干事陶正明。"

政委向人群扫了一眼，也没按惯例说请大家坐下，脸拉得老长。

陶正明不知怎么回事，有些愕然。

政委阴沉着脸，问陶正明："你从哪里调来的，来了多长时间？"

政委明知故问。他当副政委时分管新闻报道工作，早就认识陶正明，调任政治部宣传科也需他同意、签字。

陶正明站得笔直，大声回答："报告政委，我是从报道组来的，刚一个星期。"

政委眼一瞪，厉声问："你是怎么通知的？我说是党员、干部参加，怎么才来这么点人？"

陶正明一愣，随即明白了，首长是要求所有的党员和所有的干部参加，但科长的字条上分明写的是"党员干部"，中间没有顿号，也没有"和"字，那这四个字该怎么理解呢？在陶正明看来"党员干部"就是入了党的干部。这样在通知时，就少了党员士兵这个大头和没有入党的干部这一块，自然到会的人就少了很多。

至于科长给他写的这个条子，是政委没说清楚还是科长没问清楚或没写明白就不得而知了，但错不在自己。

陶正明心里委屈，也不敢解释，就不吭声。

政委将嗓门提得更高，一字一顿地说：“一个刚进机关的干部，工作马马虎虎，我看你当到家了！”

一看政委也不问缘由，当着这么多人的面，不分青红皂白就发火，陶正明十分生气，火一下上来了，脑子一热，冲口而出：“我当到家了，你就让我转业！”

这句话，太冲了！台上台下谁也没想到，一个新干部竟敢当众与新政委顶嘴，胆子也太大了！

科长马上解围，他先下口令让大家坐下，然后说：“我们欢迎政委作重要讲话。”

陶正明走到座椅前，一屁股坐在那里，脑子嗡嗡的，政委讲的一句话也没听进去，一门心思想着后果是什么——给处分？回连队？转业？如果让他选择，那就转业，回武汉去，反正入伍前有不错的工作岗位，趁年轻转业回去同样可以发展。想到这儿心里轻松了一些。

等政委讲完，大家鼓掌，陶正明脑子也清醒了许多。

陶正明站起来，转过身，喊：“全体起立！”向政委报告后，组织大家有序走出礼堂。

回到科里，干事们有的替他担心，劝他以后遇事冷静点，遇到什么事儿忍一忍。有的跟他开玩笑：

“小陶，这下你出大名了！”

“小陶，你吃了老虎肉啦，这么大的胆？”

“小陶，你就等着被修理吧！”

第二天上午，科长把陶正明叫到他办公室。

陶正明很忐忑，不知政委到底会怎么处理他。

科长说：“昨天晚上我去政委家，给首长解释了，是我没交代清楚。”

陶正明静静地等待着下文。

科长并没有细说是如何与师政委沟通的，也没提师政委态度如何，他停了一下，轻声说：“陶正明，今后不能这样了。有什么意见可以事后说嘛。”

陶正明如释重负，说：“谢谢科长，谢谢科长。”

这件事就这样过去了。过了一段时间，大家的态度又恢复到老样子。

陶正明的个性是倔脾气。尽管为此吃了不少苦头，但本性难改，一遇到事就会冒出来。类似这样的事情，在这之前就曾发生过几次。

第一次发火，发生在他当班长的时候。有天早晨，大家出操回来，拿着脸盆去洗漱间接水洗脸刷牙。

班里有个山东诸城的新兵小顾，正在用陶正明旁边的一个龙头接水，汽车班的张班长进来，一把扯开小顾，口里还说着：“新兵蛋子，等一会儿。”

陶正明一听就来气了，说：“老张你等一会儿不行吗？”

张班长瞅了他一眼，不屑地说：“嗬，又来个新兵蛋子。”

张班长比陶正明早入伍4年。陶正明听他又来了一句，就更冒火了。

陶正明从入伍开始就对部队老战士说新同志是“新兵蛋子”很反感，这次可让他找到反击的机会，他反唇相讥：“你老兵有什么了不起，不就是多浪费了农民种的粮食，到茅坑里多拉了几年屎？一个

‘老兵油子’！”说完，他一下把一盆水倒到他头上。

老张没有想到陶正明会来这一招，赶忙去向指导员哭诉。

指导员找到陶正明，听他说了来龙去脉后，安排晚上两个党小组开会，各解决各的问题。

陶正明在党小组会上，讲了对“新兵蛋子”这种称呼的不满，认为这不利于增强战友感情和团结，同时也对自己的不冷静作了自我批评。

不知道汽车班那边党小组会是怎么开的，反正从这以后，连队再也没有人喊“新兵蛋子”了。

一个人的个性是藏不住的，一有适当气候就会显露出来，尽管陶正明不止一次地提醒自己，要改改脾气，要有涵养，要学会包容，但一遇到事儿，还是会忍不住火气、会发脾气。

就在发生当众顶撞政委的事情后不久，师党委决定对某团进行整顿，原因是班子不团结，人心比较散，风气也不好，为此还成立了工作组。

工作组由师政委亲自带队，科长不知是否有意，派陶正明参加工作组。

工作组先下去作调查，陶正明根据大家调查的结果写了一份材料，也是政委开全团整顿大会时的讲话稿。第一次给师首长写讲话稿，陶正明心里没有底，特别是有顶撞首长的“前科”，心里更是不停地打小鼓。

首长拿着材料，表情严肃，看得很仔细。看着看着，表情就松弛下来，看到最后，点了点头，说：“好，就这样。”

没表扬，也没批评，但陶正明从政委变化的表情上看出来，他还是满意的。

第二天政委来到团里，按材料里提供的要点和内容发表了讲话，讲完话，接着与正营以上干部逐个谈话。

晚上团里安排工作组成员洗澡，也许是故意给团里难堪，也许是故意逗弄陶正明的火气，有人把他的军帽拿走了。

洗完澡出来穿衣服时，陶正明发现自己帽子不见了，就叫喊起来。

陪同的副团长忙摘下自己的帽子给陶正明："没事，先戴我的，看合适不。"

陶正明脖子一歪，说："不要，我就要我的帽子。"

因师首长在小池子洗，开始不知道，等洗完澡出来一起往招待所走时，看着陶正明光着头，就问："你的帽子呢？"

陶正明说："洗澡这工夫，让人偷去了。"

首长一听就批评开了："你看看，你看看，风气真是不好！连师工作组的帽子都敢偷。"

团里怕把事闹大，到军需仓库拿了一顶新帽子给陶正明，他还是不要，非要自己那顶不可。

陶正明偏偏不戴军帽去开会，去连队调查，很是刺眼，很快风言风语传开了，说工作组同志的帽子被人偷了。

师政委自从陶正明上次当众顶撞他后，始终也没和他谈过话，再没有提过那件事，还要钦点陶正明参加整风工作组，写讲话稿，写整顿总结报告。整顿结束，师政委在总结讲话时还以陶正明丢帽子为例，说明团里风气要从点滴抓起。陶正明从心里暗暗敬佩首长的胸怀。这也是为什么他后来担任各级领导，能够包容下属、为下属遮风挡雨的原因之一。

从师部到军部

1979年4月，一天晚饭后，师政治部干部科王干事悄悄告诉陶正明："军政治部干部处来了通知，要调你到军干部处去工作。"

陶正明不相信："你在开玩笑吧？"

王干事认真地说："是真的！你去了可要多关照我们，不要摆架子哦。"

陶正明仍然半信半疑："这是真的？"

王干事是干部科的主力干事，工作内容就包括干部的任免事项，他不会随便开玩笑的。

第二天，干部科科长正式通知陶正明，4月29日到军政治部干部处报到。

记得29号那天下大雨，师管理科陈科长派了一台解放牌大卡车，装着陶正明的唯一家具——一个炮弹箱，送他到军部报到。

直到好几年后，组织处郭处长才告诉陶正明，是师首长和干部处任处长推荐他到军部工作的。

组织处管内勤的曹干事来接他，说是马主任又把他调整安排到组织处。还告诉他：听说你写材料很有两把刷子，今后就好好“刷”吧，明天整整家，后天就随工作组下部队，第一站到金华三师去。

4月30日下午，工作组就去会议室集合，由带队的郭副主任动员。说是第三季度，军里要召开训练中的思想政治工作会议，我们到各个部队去跑一跑，摸准情况，主要是发现做得好的，总结经验，互相交流一下，再就是看看还存在什么问题，拿出解决的办法来。

开会时，军副政委和政治部主任都参加了，还提出了具体要求。

军部到底是高级机关，工作组由组、干、宣三个处的副处长以及五个干事组成。陶正明所在的组织处是蔡副处长、杨干事和陶正明。

5月1日从三天门火车站先坐火车到杭州，再从杭州转火车到金华。

一到金华火车站，就见站台上已经站了几位军人，最前面的一位人高马大，脸盘大大的。

杨干事告诉陶正明：他是第三师政治部李副主任，原先也在他们处当过干事、党委秘书，他们都是来接我们的。

出了车站，李副主任陪着郭副主任坐吉普车先走了，剩下的人坐大解放车，直奔三师招待所。

在三师开的第一个座谈会，工作组就抓到一个反面典型。

有个团参谋长，外号“铁嘴”，在发言中讲：“政工干部到训练场没有用，耍嘴皮子调动不了训练的积极性。”

郭副主任听后很恼火，狠狠地批评了这位干部。郭副主任还说：这充分证明，我们召开这次会议很有必要，当前就是要解决好有的干部的认识问题。

陶正明了解到这个参谋长很有能力，年轻，有个性，但有傲气。本来他若收敛一点，发展将是很顺利的。谁知就是因为这一句话，被领导反复批，他也不认错，仕途也就一直受到影响，与同时期的人相比，差了一大截。他的才华被耽误，真是有些可惜。

这件事情也使陶正明震惊不小，有时候一句话就能改变人的一生，“祸从口出，病从口入”，古人的话的确有道理。

在陶正明看来，个性不能改变，方法可以改变，棱角可以打磨。但作为领导，也要宽容下级，发现过错，严肃批评教育是应该的，但不能记账，抓住不放。

工作组从三师到一师、二师，再到军直属队，用了半个多月时间，开了十几次座谈会，各个层次的人都有，收集到正反两面的不少情况，因为担心回军部写材料会有杂事干扰，工作组就住在二师四团写材料，四团位于一个偏僻的山窝里，离师部只有20多公里，来去很方便。

材料的框架结构习惯按“三三制”安排，一个材料分3个部分，3个副处长各负责一部分。3个部分又各分3块，陶正明分到1小块，就是全部材料的1/9。

开始用一天时间讨论大小标题，选素材，对要用的正反例子一个一个反复推敲，主要是考虑单位平衡，关系轻重，顺序先后。

组织处负责写的材料由副处长和杨干事唱主角，陶正明只是听。研究到了最后，副处长才转向陶正明，问：“你有什么要说的？”

陶正明摇摇头。他知道这只是走个过场而已，有些话不能说，说了也没人听。

第二天上午，陶正明就领导确定的内容写了1000多字，交给了杨干事。

下午陶正明边看书，边等着杨干事改。

晚饭前，杨干事把改好的材料还给了陶正明。他一看傻眼了，整篇材料只留下他写的几十个字，其他部分都被划掉了，稿纸两边空白的地方被杨干事写得密密麻麻，等于他重写了一遍。

陶正明简直无地自容，自尊心、自信心受到了极大的打击。晚上他先认真看了一遍，越看越不服气，但也只能忍气吞声，把杨干事改的稿子誊抄了一遍。

等送到副处长那里，谁知又被改得面目全非，陶正明看得出来，杨干事心里也不是滋味，吃饭时他一改平日的谈笑风生，一声不吭。

陶正明又把副处长改的稿子看了一遍，工工整整誊写一遍。

在当时的陶正明看来，副处长改的稿子除了语气架势大一些，其他也没有什么独特的地方。

带着疑惑的心情，陶正明悄悄地向宣传处的乔干事请教。乔干事说话听起来挺实在的，似乎解除了陶正明的困扰："你小陶是新干事，写的东西如果老干事不改，等于他认可了，那他水平不是和你一样吗？送到副处长那里，也是一个道理，他不改，就是干事的水平，怎么当处长呀！送到部首长那里还要准备再改，一级就比一级的水平高。小伙子不要想不通，徒弟就要崇拜师傅，才能服从师傅。'十年媳妇熬成婆'，等你当了'婆婆'就明白了。"

陶正明点点头。

然而，后来陶正明也成了老干事，还成了副处长、处长，他就没有这样做。

下面送来的材料，只要过得去就不改，有些不妥的，提点建议让他们想想再改，这样既调动了下面同志的积极性，自己也少吃苦受累。

陶正明在军机关工作了15年，主要是与文字打交道。这15年的笔耕生涯，充满了艰辛和奉献，历练了他的人生，在他的生命过程中至关重要。

有位领导说过，政治机关干部相当于思想库、智囊团，是首长的外脑，要做到这些是要付出代价的。

陶正明体会到，在报道组和组织处，同样都是写材料、做文章，但感觉是不一样的。写新闻稿件，脑袋是自己的，自己做主的多，写机关公文或给领导写讲话稿，是把首长的脑袋安在自己肩膀上，要与首长同步思考，不同首长有不同的文化层次，不同的思维方式和语言习惯。机关干部要适应每个首长的“口味”，舍得“喝墨水，费脑水，出汗水，流泪水，尿黄水（上火）”，能够做到这几点，让领导满意，才能够干出名堂来。

刚到组织处时，除了下部队写材料，陶正明还不是很忙，但种菜的任务重，每人每年要向食堂交500斤菜，组织处编制9人，超配2人，共11人，种菜任务是5500斤。

军部在湖州山沟里，各处都有一大块地，尽管种的都是普通菜，但农活还是很多，要翻地、施肥、锄草、浇水。处长几乎天天凌晨5点叫陶正明起床，挑着粪桶跟在他身后到各家厕所后面的蓄粪池掏粪，但收获很少。一是动静大了怕影响别人睡觉，别人不欢迎；二是掏粪的人多。

6点钟又要出操，到了下午4点多，处长又吆喝手头没事的去菜地劳动。

处里同志的思想觉悟参差不齐，有的人一到这个时候就借口有事情开溜。

陶正明是个新干事，有事也得放下，跟着处长到菜地。有时劳动量大、人又少，只能推迟吃晚饭的时间，把活干完。

政治部也抓得很紧，有个副主任经常讲，我们是在南泥湾住过的部队，参加过大生产运动，自力更生、丰衣足食，这不仅是种菜，更是发扬光荣传统。

郭金华是党委秘书，对种菜很积极，经常是他和陶正明一起干活。处长岁数大，只能干些轻松的事。记得刚去的那一年，他们种了十几块地的萝卜，遇到干旱，天天要浇水。陶正明就和郭秘书天天从下午一直挑水到夜里，看不见就用手电照明。深秋有点寒意，陶正明就穿着毛衣，毛衣经不起扁担来回磨，两肩毛线断了，一下子破了两个大口子。

每当带着疲倦的身体回到宿舍时，陶正明累得真的就不想在军队干了，听到处里干事背后说处长是个“周扒皮”时，陶正明也觉得挺解气开心。

一个周末，陶正明到四团看老乡，老乡在炮连当指导员。吃午饭的时候，陶正明突然想到炮连拉炮是用马拉的，有马粪。陶正明就跟他说：处里种菜没有肥，你们连队马粪给我们点儿。老乡满口答应，当天下午就派了一台车，拉了满满一车马粪堆在菜地边上发酵。有了肥料，再也不用起早去家属房掏粪了。

到了年底，组织处上交的菜平均数量最高。部里评陶正明为劳动模范，奖励了5元钱，他买了烟和糖分给大家。

通过老乡解决肥料问题后，陶正明一下子开了窍。一有大的劳动和其他困难，陶正明就去找这位老乡帮忙。

有次种樟树，要求一人种两棵，全处共22棵的任务。陶正明去老乡那里要了一个班的战士过来帮忙，不一会儿就种好了。处里同志都很高兴。

陶正明唯一能回报老乡的就是利用周日到连队了解情况，写篇报道，至少也能在军区报纸上登一下，他们看到了也挺高兴。

3年后，菜地交给了连队，下部队开会、写材料的事情就更多了。

到军组织处的第一年，陶正明还完成了结婚成家这件人生大事。

被催提前结婚

陶正明到军部后，特别是走上领导岗位后，多次参加过战友的婚礼，每次他的内心都有一股愧欠感，因为他欠妻子一个婚礼！

1979年4月，陶正明正式调到军组织处。

那个时期，改革开放刚刚揭开序幕，窗口一开，一些外来电影、书籍、思潮冲击着人们的传统观念。人们的文化生活丰富了，眼界开阔了，思想解放了，社会一片生机勃勃的景象，但也随之产生了一些消极、负面的影响。

在陶正明之前，机关里有几个同志犯了错误，他们基本上是不要农村定好的对象，到军队某医院找个女医生、女护士或城镇姑娘，那时被叫作“当代陈世美”。部队上级领导把这种行为看成是很严重的错误，处罚最重的是撤职、留党察看，领导也会受到连累。

军部直属各处都吸取教训，未雨绸缪，不仅思想工作要做在前面，还要把工作落到实处。陶正明到处里不久，处长就找他谈心，谈完工作上的问题，很快转到个人恋爱婚姻问题上。

处长关切地问："有对象没有？"

陶正明大大方方地说："有了。"

"对象是哪儿的？做什么工作呀？"

"老家的，是同学，在县供销社工作。"

"组织上外调过吗？"

陶正明说："在师里提干时已外调过了。"

处长也不征求陶正明的意见，用毫无余地的坚定语气说："那你就抓紧时间把婚结了，你看是在部队办，还是回家办？"

陶正明没听出处长话里的意思，说："我们俩商定好了，明年办。"

"小陶啊，别等了，早办对你有好处。你定一下，是在部队办，还是回去办？"

陶正明不语。处长的话让他觉得很突然，完全没思想准备，想了想，说："我跟家里商量一下。"

处长的意思再明白不过，既然说了，就得执行。

陶正明抓紧与父母及未婚妻联系，把部队领导的指示转告他们，挺顺利的，两家倒是都没什么意见。

谈话的第三天，陶正明给了处长一个肯定的答复：回家办。

处长雷厉风行，让陶正明立即到政治部给未婚妻单位县供销社发了函，让未婚妻一个人提前去办理结婚证。

陶正明的打算是回去结婚，可以不办婚礼，能省点钱。因为身上确实没钱。一个月工资53元，给父母20元，供弟妹上学，几乎没有积蓄，参军这么多年，提干没多长时间，他只攒了100元钱，除了给未婚妻买礼物的钱，剩下的钱办婚礼远远不够。

9月中旬，陶正明带着军政治部马骥良主任送他的4条香烟，回老家完婚。

到上海转车时，他按计划在商场买了10斤大白兔奶糖，花了20元；给未婚妻买了一条涤卡布裤子、一个提包，又花了10多元。

9月19日，陶正明到了大悟县城。

9月20日，他到未婚妻的单位给她请婚假，给她的工友们发了喜烟喜糖，说回农村老家去办酒席。

回到家又给父母40元，请老人转交给未婚妻，作为见面礼。给村里乡亲发了糖和烟，说酒席到女方家里摆。

因为实在是没钱办喜酒，只好两头敷衍。

在农村住了4天，回到县城妻子单位，不知从哪里走漏了消息，有人知道他们在农村也没摆酒席，晚上剪了只大公鸡，贴在他们的门上，寓意“铁公鸡”。

第二天早上，一开门，夫妻俩看到了，真是哭笑不得！

人没钱连腰都伸不直，说话没有底气，这张画对陶正明刺激很大，觉得很对不起妻子和她父母。

⊙结婚照

假期结束，回到部队见了领导和战友，分发喜烟，给几块喜糖，就好歹对付了过去。

春节快到了，妻子来信，询问是在娘家过还是到婆家过。至于她本人的意见，说是想到部队来。

妻子要来部队，陶正明作为新郎官当然高兴。可是，陶正明结婚期间把钱花得一干二净，妻子来部队的来回路费不说，到了部队怎么也得宴请身边的战友们，哪有钱？

陶正明只好委婉地动员妻子，要她回婆家过年。

春节期间，妻子在婆家住了3天，天天夜里流泪，把枕巾都湿透了。

第二年3月，妻子单位批了她探亲假，陶正明不忍再让她伤心，同意她来部队。

就是这一次，妻子怀孕了，反应强烈。

妻子的探亲假转眼就要结束了，陶正明找领导请假送她回去。春节过后，处里工作很多，领导只批了他两天假，让他把妻子送到上海坐船。

第二天，夫妻俩从湖州坐长途汽车到上海，由于路上颠簸，又不敢挤公交，陶正明只好扶着妻子一步一步地挪。

过了一会儿，她难受得实在受不了，陶正明就让她坐在马路边石坎上，他去找住的地方。大点的旅馆太贵，不敢进，找来找去，找到最近的一家澡堂旅馆，但只能住男客，大通铺，一间房子38人，全订完了。

陶正明万般无奈，反复讲明他们的原因，苦苦哀求，前台的女服务员动了怜悯之情，同意在旁边加一块塑料布，又拿来一张草席，一块布单，让他们住下了。

住房的旅客发现男客房来了个女的，向他们投来异样的目光。

陶正明见大家有疑问就解释，什么怀孕了走路不方便，身上带的钱不多，说了些原因，大家听后都很同情。听说他是当兵的，室友又都来安慰他们，有的还送来慰问品。

这一夜，妻子流泪抽泣，又怕别人听见，陶正明说伤心影响胎儿发育，妻子才不哭了。

次日，同室的有个好心人找了辆三轮车，送他们去了码头。

妻子慢慢上了船，与丈夫挥手告别，转身走进船舱，陶正明才赶晚班车回到军部……

过了一段时间，妻子写信告诉陶正明，预产期是12月底，要提前做好准备工作。

8月，陶正明去解放军报社送完稿，请假一周，回家帮助妻子做好产前的各种准备。

正是计划经济后期，好多物品仍然凭票供应。首要的是要把半年的蜂窝煤准备好，那时县里只有一个蜂窝煤加工厂，每人每次排队只能买5块。陶正明就请妻弟妹几人利用周日帮忙排队购买，妻子挺着大肚子也加入了排队行列，好不容易买了750块，按一天5块计划，够烧100多天的。

陶正明接到通知，参加了全军党的知识培训，给妻子写信说，自己可能无法请假陪她生孩子，到时让母亲去照顾她。

谁知妻子产期提前了。

12月18日凌晨，妻子腹部坠痛，她没想到会这么快，婆婆还没来，半夜三更，又不好意思去打扰同事，她就一个人去医院，走走停停，停停走走，一公里多的路走了近两个小时。

到了县人民医院，医生一看吓坏了，连声说这太危险了。

检查后，医生说要立即做剖腹产手术。

手术必须由家属签字。

医生问：“你爱人呢？”

“在部队里，请不了假。”

“那谁来签字？”

妻子再也控制不住泪水，泣不成声，说：“你们帮帮忙吧，字等孩子爸爸回来再补签吧！”她的话感动了医生，也是军人的称号感动了医生，医院破例了。

女儿平安生下来了。

陶正明欠妻子、女儿的，一辈子都在心里记着，他暗暗发誓，无论今后是平平淡淡，还是风风光光，一辈子要对妻子好，对女儿好……

敢为下属遮风挡雨

陶正明性格豪爽，心直口快，属下有人因耿直、敢言而遭遇不公对待时，他敢于出面，敢于担当，敢于为部属挡风雨，争权益。

1980年夏天，陶正明带某师张干事去北京出差，抽时间到军事博物馆参观1979年对越作战事迹展览，被战士们的英勇壮举感动得热泪盈眶。走出大门口时，张干事忽然发现两边人物浮雕没有修缮，油漆脱落，他气愤地说，这太不对称了！当晚，他便写了一篇批评的稿子寄到军报，没等他们回到部队，某师就接到来自北京的电话，决定给予他处分。

张干事对上级决定不理解，把这件事讲给了陶正明听。

陶正明安慰他说，你不要怕，我是军机关的，你是师机关的，我们一块来北京，稿子是我让你写的，如果有问题，责任也应由我来负。

陶正明当即打电话到某师，找到政治部胡副主任，说明了情况，帮张干事开脱了责任。陶正明在正反两方面的经验教训中，深深感到，当领导就要当一座山，敢为部属撑腰壮胆；就要成为一把伞，为部属挡风避雨；就要当一块铺路石，为部属铺沟平坎；就要当一架梯，助部属登高望远！

类似的事情在陶正明身上，不止一次地发生过。

那是他在报道组提干不久，听说某团组织干部学习“硬骨头六连”回来，照葫芦画瓢，各连都修了一个晒鞋台，比照六连朝一个方向，大小同一个规格，结果多数连队晒鞋的地方整日见不到阳光，有个从外单位刚调来的战士写了一篇批评稿子，《解放军报》以《不见阳光的晒鞋台》为标题，登在头版，还配发了学先进要反对形式主义的评论，很是显眼。

团里本应吸取教训，举一反三，在破除形式主义上狠下功夫，可是这个团的领导却对写报道的战士非常恼火，要把这个战士退回原单位。陶正明听说后，当晚写报告让主管首长批示，把这位“闯祸”的战士借调到报道组。

这个写了批评稿的战士十分感激组织，一直勤奋写作，一年后提了干，后又被调入军里、军区，一直升到正师级。

当领导，不管大小，为人才遮风挡雨，就要善于发现人才，爱惜人才，保护人才。

陶正明在师部时，某团青年工作开展得好，被推荐为全军典型。这年的五四青年节全军要召开青年工作会，指定这个团的团工作委员会作口头汇报。

南京军区组织部派来一名干事来指导写材料，陶正明和师里唐干事参加。此时，这位军区干事正与军区总院一个姑娘热恋，可团里通信线路不好，有时电话好不容易接通了，喂了几声，快进入正题又断了。这位干事很恼火，但又没办法，就给恋爱对象写情书倾诉衷肠。

有时，同大家讨论完素材后，他又抓紧时间写信去了。

对这种情况，陶正明表示理解。年轻人正在热恋当中，电话多，写信频繁，正常。于是，陶正明和唐干事以及团里张股长就在一块凑材料，写好了让军区干事审定，就算定稿了。

张股长从三连抽调来一个班长帮忙誊抄。

这个班长头比较大，肯吃苦，字也写得不错，还是团里的报道骨干，上了不少稿子。抄稿之余，大家聊聊天，陶正明发现他耿直、爱憎分明，许多细节给他留下了深刻的印象。过了一段时间，听说这位“大头”班长被选拔去南京军区新闻骨干学习班学习，准备提干，大家都为他高兴。

谁知时隔不久，他打电话给陶正明，说是他写了一篇批评副团长的稿子被军区报纸登了，副团长要处理他。

陶正明了解了一下事情的经过。原来，三连到师农场劳动，天寒地冻，很是辛苦。一天，分管后勤的副团长到农场检查工作，在三连吃饭。副团长不顾影响，要了好多菜，脸也喝红了，对此连队官兵很有意见，议论纷纷。这位班长一气之下，把这件事写成稿子投了出去。副团长不仅受了批评，作了检查，还补了饭钱，于是恼羞成怒，私下说非要收拾他不可。

陶正明感到事情非同小可，这位班长是个人才，需要保护，当即向处长汇报。

处长说：“我们机关就是需要这样爱憎分明的人。”

结果，“大头”班长结业后，军组织处下了通知，不用回团里去，直接到处里报到。

后来，陶正明当了处长，军区机关点名要调这位同志，他担心自己性格不适应，不愿意去，要陶正明打电话帮他推辞。陶正明不同意，他就大吵，当着大家面说陶正明不想要他，要把他推掉，什么难听的话都说出来了。

年轻人火气大，说几句难听的话在所难免，再说他不想上大机关也是留恋这里的表现。

晚上，陶正明找他谈了心，最后他还是去了军区。后来，陶正明到某师当政治部主任，他又主动要求调到下面来工作，被提拔当了科长。

为六连争来一面军委颁授的锦旗

1984年1月22日，是国防部命名“硬骨头六连”的20周年纪念日。

⊙代表军长、政委到前线给“硬骨头六连”十六勇士壮行

从年初开始，军、师、团、营、连各级都在为纪念“硬骨头六

连”命名活动做各种准备工作，大家有一个共同的心愿：请时任中央军委主席的邓小平给“硬骨头六连”题个词。陶正明在一军组织处工作，分管“抓基层，学六连，学雷锋”工作，南京军区指示陶正明进京办这件事。

陶正明拿着南京军区党委的请示件到了北京，找到主管这项工作的总政组织部。他们对六连很熟悉，办事很热心。一边呈总政首长签批，一边准备题词的内容，拟了好几条，供邓小平同志参考。接下来，他们又呈报军委办公厅办理。

陶正明就在招待所静等下文。

几天过去了，没有音信，部队领导焦急万分。如果邓小平同志没表示，20周年纪念活动规格和影响都会大大降低。军区领导打电话催个不停，又不敢追问总部机关。陶正明守在招待所客房电话机旁，一步也不敢离开，连吃饭都装病号请服务员送到屋里。离命名20周年纪念日越来越近，陶正明在招待所里坐立不安。到了18日上午，总政组织部的同志终于来到他的房间。陶正明被告知，邓办答复了，说因1964年后国防部给连队授予称号较多，时间上六连是第一家，如果开了头，其他部队都会仿效，一是不符合领导人一般不题词的规定，二是增添了首长的负担，让他回去给部队说清楚。

此话如同晴天霹雳！等了这么多天，眼看就到20周年纪念日了，却等来这么一个结果！回去怎么交代？这件事办不成，会有多少人失望？会显得自己多么无能！

绝不能空手回去。

很多时候，路是逼出来的。

陶正明冷静地想，此路不通寻他路，此法不行找他法。他独自来到军委办公厅，找到以前见过面的一位秘书，恳切地说：“首长题词有难处，能否改个方式？”

秘书问：“什么方式？”

陶正明说：“六连官兵人人都知道我来北京拿邓小平同志的题词，如果空手回去，官兵的心全凉了。我想，首长批准军委给六连送面锦旗也行。”

秘书沉思了一下，说：“你等等，我请示一下。”

一会儿，秘书从内间出来，喜笑颜开地说：“首长同意不以他个人名义送，而以中央军委的名义送锦旗。”

陶正明喜出望外：“是吗？！锦旗上内容写什么？”

“‘发扬硬骨头精神，开创连队建设新局面’，怎么样？”

“好！好！”陶正明高兴得差点蹦起来，停了停，说，“时间很紧了，能不能现在就把批文办好，我好立刻去制作锦旗。”

⊙1984年1月中央军委批准给陆军第一军一师一团六连送的锦旗

秘书雷厉风行立刻去办，陶正明望着他的背影心生感激。

中央军委办公厅的批文很快拿到手里，兴奋万分的陶正明立马拿到指定专做锦旗的店铺，守在那里，让工人师傅连夜加班做了一式两面锦旗，一面给军事博物馆存档，另一面他抱着赶回部队。

已经是2月20日了，离纪念日活动仅仅还有两天的时间。正是春运铁路运力紧张的时候，又是临时买票，火车票特别难买。陶正明买了张站票挤上车，站了一个晚上，从北京站一直站到无锡站。下了车，不巧天下大雪，无锡到湖州的长途班车停运。紧急电话沟通后，军里通知无锡驻军炮九师派一辆牵引车送陶正明回湖州军部。

到了驻地，军长、政委一班人看到锦旗，爱不释手，一个个喜笑颜开，当即向南京军区汇报了这一喜讯。

21日雪下得更大，公路无法通行，军长干脆下令军坦克团派一辆装甲指挥车把陶正明送到杭州留下的一师小招待所，南京军区首长人人过目这面光荣的锦旗，连声说“好，好，好！”

22日上午9时，南京军区庆祝国防部命名“硬骨头六连”20周年纪念大会在暴雪中按时召开。尽管室外天寒地冻，室内却是春意盎然，一面中央军委颁发的锦旗点燃了纪念大会的热烈气氛。

陶正明为军区干了一件大事，为“硬骨头六连”干了一件大事！

第五章

“留下”部队的印迹

“成功三号”，大演习中的小细节

用包容的眼光看人、看事

肾癌，沸沸扬扬的虚惊

九江，吃睡趸船指挥抗洪

忙中出错，两次挨批

“过河卒”的来历

家教、传承、择婿

把军嫂捧上“天”

“成功三号”，大演习中的小细节

细节，也许只是一滴水，一股风，一片树叶，但是这些看似微不足道的细节，却能决定一件事的成败。

细节不是细枝末节，而是一种认真的态度和责任心。

1993年春天，陶正明被调到第一集团军第一师，担任政治部主任。

第一师是甲种师，历史悠久，人员齐全，装备精良，自1975年从中原地区移防江浙一带以来，一直作为战备值班部队，战备任务十分繁重。

年初的南京军区党委扩大会上，军区命令第一师进行一次军事演习。这次演习具体而言，就是通过一年的训练，在年底完成“成功三号”的演习任务。此次演习由第一集团军首长机关负责组织实施，南京军区全程检查指导，监督考核验收。

为了保密的需要，当时的演习都编有代号，如“东海”系列、“成功”系列等。随着部队的高科技装备越来越多，后来又增加了“砺剑”系列。“成功三号”的这次演习，主要是演练登岛部队完成渡海登岛之后，向陆上发起进攻，直捣敌军指挥部这个战役科目。

南京军区通过多次勘察选点，决定将演习的地域放在江西省上饶市境内。演习的假想敌“蓝军”，由兄弟师某团担任，陶正明后来在江西工作时的搭档郑水成同志，当时就是蓝军指挥官之一。蓝军部队提前好几个月就到了演习场，构筑模拟阵地，修建堑壕、坑道、地堡，主要演练拦阻、反击、反复争夺等科目。

时任第一集团军军长陈炳德，刚从南京陆军指挥学院院长岗位上调回野战军，之前他在一军担任过副军长兼参谋长，4年多前升任陆军学院院长。当时的江西省军区司令员冯金茂也是一军的老首长，几年前从一军副军长的岗位上平调至江西省军区任副司令员，后来升任司令员。

把演习地点选在弋阳，当时的传言很多。一说弋阳是当年红十军军长方志敏烈士的故乡，是红土圣地，便于部队开展思想教育、政治动员，能够大大激发官兵不怕苦、不怕死的战斗精神；二说陈炳德、冯金茂两位首长都在江西工作、生活过，对红土地有着深厚的感情；三说第一师是贺龙的老红军部队，参加过南昌起义，在弋阳训练演习，一定能够旗开得胜，顺利、圆满、成功地完成演练任务。

集团军要求参演部队必须做到战斗队、工作队、宣传队一肩挑，同时组建一支业余演出队，感谢当地党政领导的大力支持，并慰问沿途的人民群众。当时，陶正明所在的第一师没有宣传队，临时组建队伍，要临阵磨枪地定购道具、编写排练，进而达到一定水准，这不是一件容易的事情。

任务下达之后，陶正明立即召集政治部的同志们开会研究。有人建议去找浙江省文化厅一个熟悉的领导，请他帮助从省市文艺团体抽调一些才艺特长鲜明、能独当一面的演员，临时成立一支队伍，对外就打着“某师战士业余宣传队”的旗帜，或者就叫“某师军民共建演出队”。为此，陶正明便抽空去找了文化厅的这个领导。他表示大力支持，说这件事容易办，临时抽调十来天的时间，一个文工团少这么几个人，也不影响他们的演出任务。

演员们提前一天到了，共18人，自己戏称“十八棵青松”。陶正明把他们召集起来，简单地做了动员、提了要求，特别明确提出了保密规定，给他们发了被装、帽子、胶鞋、腰带。见到这些装备，演员们非常高兴，当场拿出照相机拍照留念。当晚，他们就在大礼堂演出了一场，各有绝活，让第一师的首长们大喜过望。

向弋阳开进是隐蔽行动，不得暴露部队的行踪。陶正明指派宣传科长到演出队担任队长兼党支部书记，全程负责协调工作。陶正明担心演员们体力吃不消，不能严守秘密，就让科长带着他们先行出发，吃住均在弋阳县委招待所，和上级派下来的新闻报道人员同样待遇。

第一师堪称是万人千车，分南北两路，夜行昼息，晚上的多数时间也是闭灯驾驶，非常隐秘。两天后的凌晨，部队到达演习地域。随即，部队以连为单位，一律住帐篷和伪装的掩体工事。师团下辖的“四部”——司令部、政治部、后勤部和装备部，都要自己动手构筑地下工事，既住人又兼作战指挥室。政治部没有直属连队，只有3名炊事员、2名放映员和1名通信员，干部们人人上阵，用镐头、铁锹挖土，垒成小丘，上面用树枝、茅草铺盖，以便和周围的环境高度相似，达到“敌机”侦察识别不了的标准。因工程量大、时间紧，大家日夜加班，就连吃饭都是在现场轮流进行。

弋阳县地方领导对于部队的这次行动高度重视，成立了专门的班子，以便配合部队做好保障工作。他们还制定了“六个不准”的规定：食品供应不准涨价；没有经过检验的食品，不准出售给部队；小摊贩个人不准私自到部队叫卖货物；不准随意到部队周围走动；捡到部队的物品要立即上交，不准私藏或转交；民兵的演练支前行动，统一由县人武部指挥，其他单位不准插手。这一系列的举措，为部队顺利完成演习任务创造了良好的条件。

意想不到的事很快就发生了。第三天，集团军政治部副主任打来电话，说部队有人在县城调戏妇女。陈军长指示，由一师政治部陶主任亲自查处，如果情况属实，扣除演习政治工作的分数。

陶正明一听头就蒙了，扔下铁锹，坐上吉普车就往县城赶去。一路上陶正明在想，全师官兵辛辛苦苦地拼搏了一年，现在上了考场，马上就要见分晓了，却让个别人给搞砸了，全师官兵的汗水均付诸东流，实在是窝囊…… 如此想着想着，他的心里特别难受。

一师的县委招待所，同住的只有新闻单位和业余演出队。陶正明直接找到招待所，向科长了解情况。原来，前一天晚上，县民政部门和文化部门组织军地大联欢，邀请新闻单位和部队业余演出队的同志参加。地方一个女同志与记者跳舞的时候不小心滑倒了，她急得叫了一声，可别人以为是那个军报记者故意的，是耍流氓…… 传来传去，传到军机关就走了样、变了味，军长听说之后，大发雷霆，下令追查到底，严肃处理。

陶正明了解清楚情况以后，将其中的利害关系给大家讲了。记者、演出队和弋阳县民政局的同志都感到事态严重，知道是陈军长听到了不实传言发的脾气，得赶紧去消除误会。那个军报记者拍着胸脯说：“陶主任，我与军长熟悉，就让我去当面给军长解释清楚吧，反正这件事也是因我而起的。”

陶正明带着军报记者赶紧上了吉普车，赶往一军指挥部。见到陈军长，军报记者就说：“军长呀，您听到的调戏之事是胡扯的，完全是子虚乌有、添油加醋杜撰出来的，我是当事人之一，这事与一师的同志没有一点关系。您要是处分，就加在我一个人的头上。”

陈军长听了，哈哈大笑，拍一拍对方的肩膀笑道：“你这个大记者啊，今后跳舞动作要温柔一点，要保护好女同志。你看，一师和陶正明他们这一回，差一点就背了黑锅啊！”

孰料，一波方平，一波又起。正式演练的前两天，集团军指挥部召开作战会议，南京军区工作组到会指导，红蓝双方的团以上主官均参加了会议。会上，军参谋长明确了演习方案，军长下达了命令，政委作了动员。这次会议的文件、记录被列入“绝密”的文档，传达时要严格控制范围，保管好文字记录。没想到，当天深夜，弋阳县公安局局长紧急约见陶正明，交给他一个笔记本，说是一个老乡在路边拾到的。事先他们对老百姓进行过严格的保密教育，捡到部队的物品要立即上交，不准留存或转交。这位老乡觉悟很高，捡到后马上就交到乡政府，乡政府又交给了县公安局。

陶正明一看笔记本封面上写的名字，是一个营教导员的，里面记录的是团党委扩大会议精神，全是有关这次演习的传达内容，很详细。陶正明一看，满面的冷汗立马下来了。一会儿，他定了定心神，连忙向局长表示感谢。送走了局长，陶正明立即向上级报告，又打电话给那个团的团政委，问他有没有接到有人报告丢失笔记本的事。团政委支支吾吾的。陶正明让他把团长也叫到他那儿，说自己马上赶过去。

团长、政委见到陶正明之后就说，教导员丢了笔记本就报上来了，但是，当时他们存有侥幸心理，打算先找一找，如果实在是找不到了，第二天再上报。陶正明一听就来火了，非常严肃地说：“演习如打仗，丢密就是丢命，就会失败。你们对上级欺骗，对部属欺骗，对老百姓欺骗，他们最终都是会理解原谅的。但是，如果泄密给了敌人，敌人会置我们于死地的啊！教导员的笔记本没有保管好，给弄丢了，是错误，但他及时地报告了，你们却欺上瞒下，这个问题的性质很严重，等演习完毕总结时，要好好地反思，挖挖这里面的东西！”陶正明一边说一边指了指他们的头。

离开弋阳的前一天晚上，部队在弋阳大会堂组织慰问演出。演出进行了10多分钟，电源突然出了故障，需要紧急抢修。就在这个尴尬的时候，突然有十几个人站起来，打开手电筒，光线照射在舞台上，刹那间，舞台上亮如白昼。演员们心领神会，于是，歌声唱得更响，舞蹈跳得更欢了。

演出结束以后，大家这才知道，县里的电压一直都很不稳定，礼堂断电是常有的事，为此，陶正明事先就安排了人手，准备了手电筒。

演习结束之后，省军区、集团军的首长满意地笑了，首长们对陶正明所在的第一师给予了充分的肯定。

从那一次军事演习之后，陶正明无论是坐火车，还是乘汽车，从弋阳周边经过了数十次，每见到路牌上“弋阳”两个字，陶正明总会情不自禁地想起“成功三号”那一幕幕军爱民、民拥军的感人故事，不由得感慨万千。

用包容的眼光看人、看事

人生最大的修养是包容，包容不是懦弱也不是忍让，包容是察人之难，补人之短，扬人之长，谅人之过。

阅历和经历都是人生的宝贵财富。每个人都是一本书，首长是，部属也是；称赞表扬是，指责批评更是。每个人都有可圈可点、可敬可学之处。

陶正明刚到师政治部任主任时，到某团六连蹲点。那时新兵刚进连队不久，他认识了一个福建籍的新战士，姓陈，父亲是个企业家，因没有工夫管教小孩，就把孩子送到部队当兵。小陈虽然年纪小、读书不用心，可他见多识广，胆子大。

有一天早上7点多，饭前一首歌刚唱完，小陈看见陶正明，故作一脸惊讶，当着全连官兵的面，大声说："首长，今天是情人节，你怎么还在连队？不去过节啦？"

听了小陈的话，不少同志哈哈大笑，有的笑得眼泪都流出来了。

陶正明莫名其妙，一时语塞。

“简直是放肆！”莫连长立即批评，“陈大志，你跟首长开什么玩笑，没大没小！”

陶正明立即制止了莫连长，笑着说：“我从来没听过还有这么个节日，还要请小陈给我讲讲。”

陶正明边吃早饭边想，怎么把这件事处理好。饭桌上，他问了几个干部，队部的文书、卫生员、通信员，都说不知道什么是情人节。一部分人可能是真不清楚，一部分人知道但当面不敢讲，还有部分人是一知半解。

吃罢早饭，陶正明就来到小陈床边，说：“小陈，谢谢你，你告诉了我一个新知识，我真不知道这个节日，你能不能给我和全连同志上一课，全面介绍一下，帮大家长长见识。”

小陈连连摇手，说：“讲不了、讲不了，只是在家时听大人讲，是外国人传来的，男的和女的到处玩。”

上午，陶正明找来团政委，先把早上的事讲了一遍，然后把自己的想法说出来与他商量：“现在很多战士在家经历、见识比较广，学历和阅历差异大。我们要正确地传播知识，解疑释惑，防止误导。你看看团里哪个同志平时爱学习，对这方面知识懂得多，让他抓紧时间准备准备，把‘洋’节日的来历、作用和我们应该怎样正确看待等问题，趁热打铁，晚上在大礼堂给全体官兵上一课，我和团里领导干部都参加。今天站哨的、出公差的缺课，明晚再补上。”

政委说：“好，我马上去落实。”

晚上上课的是卫生队的一个军医，他介绍了圣诞节、情人节、万圣节等西方节日以及中西方文化的差异，还谈到了我们应当怎样看待和运用。这堂课官兵们的反映很好，有的说耳目一新。普及了知识，发现了人才，开阔了领导思路。这件事给陶正明不小的启示，政治工作就是要紧跟问题，能者为师，从小看大，就可以起到一举多得的效果！

还有一次开座谈会，有个炮连指导员讲了一件事，对陶正明的震动也很大。这位指导员说连队树立了一个以连为家的典型，这个班长叫夏玉明，江西人。夏玉明在杭州当兵3年，从没去看过西湖。他父亲来连队看他，让儿子带他去杭州市转转，夏玉明说没有去过，不知道怎么走。他父亲当时就愣住了。指导员说夏玉明节假日也在连队干这忙那，还在营里团里多次介绍夏玉明以连为家的事迹，讲得眉飞色舞！

陶正明听了惭愧自责，战士这样做无可非议，应该表扬，但作为领导，绝不能提倡，这种观念太落后了，也太对不起战士了。他当时就作了自我批评，并建议每年新兵来部队后，首先用3天时间分期分批组织去杭州参观游览，照些相片，后来发展到带上录像机，把活动录下来，刻一张光盘，寄给战士家长，并把这种做法用制度固定下来。驻扎在大城市或名胜古迹的部队，可以先组织新兵参观驻地，增长文化知识，增强对祖国大好河山的热爱，这样可以提高政治工作的针对性和感染力。后来他到江西省军区任职，便提出“进了红土地，必上井冈山”，新战士们全面受益，印象非常深刻。

处里有个干事，想下基层锻炼，丰富经历，便到某团七连任指导员。过了半年多，陶正明听说他干得很出色，就乘下部队的机会，和另外一个干事去看望他。他很激动，他知道首长到连队习惯与战士们一起在食堂吃饭，便自己掏钱买了一只甲鱼。

陶正明走近饭桌看见了，就说把这个菜端下去，指导员反复说是他自己掏的腰包。陶正明说你自己掏的腰包放在这里也不合适，吃饭时一次也没朝那个碗里伸筷子。这下极大地伤害了这位指导员的自尊心。

吃完饭，这位指导员马上喊通信员把甲鱼汤倒进泔水缸，拿去喂猪！当着同桌连队干部的面，陶正明的脸也挂不住了，差点发火，吸了几口气，还是把火压了下去。

连长过来打圆场，陪着他边走边聊，说："这位指导员原则性很强，今天是听说你来了，才破例的，事先与我们几个干部都讲过。"

陶正明开始认为是连长在安慰他，等听完连长讲了指导员的另一件事，不由佩服起来了。原来，有的南方士兵不喜欢吃面食，经常把馒头扔进泔水缸，泔水缸里也就经常漂起些吃了一半的馒头。有天午饭时，集合完队伍，只见指导员一只手端个饭盆，另一只手在泔水缸里抓漂起的馒头，一边抓一边数，全捞了起来。他双手端着饭盆站在队伍前大声说："连队浪费粮食的事，我们干部讲了多次，这个毛病还是没有改，节约的好习惯也没养成。今天从我开始，把捞出的馒头一人一个吃掉，按连队干部、排长、班长的顺序，不够的两人分一个，吃之前先用水冲冲，再蘸点酱油，爱吃辣的辣酱也准备好了！"说完，他先抓一个，蘸了辣酱几口就吞了下去。这下把大家镇住了，老老实实地一个接一个地把这些馒头都给吃了。从此以后，连队浪费粮食现象大为减少。这位指导员在连队干了两年，使连队养成了许多好习惯。

陶正明心里顿时释然。这个指导员工作做得好，尽管吃饭时给他难看，但不能因个人面子而记仇于心，冷落了基层干部，甚至否认打击他们。一个领导胸怀宽不宽广，就看你对那些气你、损你、误解你的人的态度，别把个性当缺点。

宽容不仅度人，也能修己。心胸的宽窄，决定人生的格局，你能包容多少，就能拥有多少。

肾癌，沸沸扬扬的虚惊

1995年7月中旬，正值一年一度的“三伏”，炎炎的酷暑下，土地都皲裂了，形成一块块的“乌龟裂纹”。可是，这一年杭州市里却不怎么热，但是很闷。17日吃过晚饭后，地面上的温度还是有点高的，平常人们是不会这么早就出门散步的。

这一天傍晚，橘红色的夕阳尚在西天徘徊，第一师师部家属院里的女人们早就出门，聚在一起散步了，还不时议论着：“知道吗？陶主任得癌症了！”

“你说的是谁？谁得癌症了？陶主任，是不是咱们师政治部的陶正明？不会吧，癌症啊！”

“不可能吧，我今天早上还看见他在院子里转，检查留守工作，咋会呢？”

“陶主任得癌症了？不可能吧，他还这么年轻，看上去精神也是很好啊！”

“但是，真的假不了。医院检查结果都出来了，还能有假吗？”

“陶主任真是得癌症了！”

…………

而男人们呢，则是两三结伴、三五成群地动了起来，有的小声嘀咕，有的伸长了耳朵细听，有的快步向师机关办公大楼走去，有的相互之间点一点头，也不说什么。不一会儿，师政治部、后勤部的办公室里的灯便都亮了，不时地有人在窗户前晃动，似乎在谈论什么军事机密……

但是此时此刻，大院里男男女女议论旋涡里的主角——陶正明，则貌似“任凭风浪起，稳坐钓鱼台”，他正独自坐在办公室里，审批文件，翻阅材料。

可是，陶正明的额头渗满了细密的汗珠，而他没有开电风扇。这一会儿，他的心里的确有点乱，但不想回家，眼睛盯着办公桌上的体检报告。“左肾有占位病变”这7个字，宛似7只讨厌的苍蝇，不停地在他的眼前飞来飞去；这7个字，又似7只可恶的蚊子，不停地在他的耳边叫来叫去……

陶正明是从1993年2月开始担任一师政治部主任的，任职才两年半。上午的体检是一次常规性的年度身体检查，也是陶正明的第一次正规体检。之前，基层部队没有体检，大家也没有体检这个概念，只要感觉身体有病，就上医院找医生看。陶正明过去因为胃病、阑尾炎等，上过几次大一点的医院。

这是全师干部第一次参加系统体检，领导们都很重视，政治部干部科科长、后勤部卫生科科长陪陶正明去了解放军第117医院。前面几项检查都很顺利，也很快，最后一项是B超检查，做好就可以回部队了。

B超检查时间好像特别长，原本就没有一点笑意的医生眉头紧锁，手也慢了下来。

陶正明以为马上就可以回部队了，招呼两个科长，哪知医生对卫生科科长说：“建议你们别急着回去，带你们首长去地方医院再看看，确诊一下。”

两个科长对望了一下。

陶正明感觉气氛明显不对：“你们在说什么？有什么问题吗？”

“医生说你肾脏可能有点问题，但他们的检查设备刚使用没多久，建议我们下午到其他医院再检查一下。”卫生科科长说。

第一次系统体检，陶正明也没想太多，医生怎么说，他就怎么配合。下午，两个科长又陪他先后去了几家医院。几家医院检查下来，陶正明就预感到不对了。在干部科科长离开的一小段时间里，他去找了一部公用电话给师政委报告情况；卫生科科长拿着片子准备再去找其他医院的专家看看。当时部队正在进行海训，除了副师长在营区留守外，师其他首长都在海训场。陶正明先前也在海训场，返回营区主要是为了落实即将到来的“八一”节地方上的拥军慰问活动。

卫生科科长支支吾吾的，陶正明越发感觉不对劲。他一把把卫生科科长手中拿着的体检报告抓过来，仔细看了看，诊断栏上写着“左肾占位”。起初陶正明并不懂“占位”是什么意思，后来才知道是指肾脏占位性病变，有可能是肾脏的良性或恶性肿瘤，也有可能是肾囊肿。几家医院检查下来，医生均明确告诉科长，陶正明患恶性肿瘤的概率很大，也就是说得癌症的概率很大，越快动手术越好。

谈癌色变，癌症就是绝症。这是当时人们对癌症的普遍认识。自己的主任得了癌症，这可是大事情！

两位科长都很紧张，生怕说错话，也不知道怎么办，只好瞒着陶正明打电话给师政委请示。师政委也感到很突然，让干部科科长陪陶正明先回部队，卫生科科长拿着片子再找几家医院的专家看看，同时联系军卫生处，让他们尽快与南京军区卫生部、解放军第二军医大学（简称“二军大”）附属医院联系，如果确诊是癌症，那就尽早去做手术。当时的二军大附属医院是华东地区最好的部队医院，其泌尿科是很有名气的，那里的政委曾任第一集团军副政委。

“我今天检查是不是查出什么毛病了？你就直接说好了。”陶正明很平淡地问，就如同平时的闲聊。

干部科科长知道再也不能瞒自己的主任了，明天还要陪同他去上海检查，就将情况如实告诉了陶正明。

陶正明没说话，虽然他事先有思想准备，但根本没想到自己得的是癌症，太突然了，立时脑袋嗡嗡响。他的思绪很乱，他想到了老家的父母，想到了自己的妻子和女儿，想到了组织处的战友，想到了一同上云南老山打仗的英雄，想到了“硬骨头六连”，想到了喝酒的日子和加班的夜晚……自己还这么年轻，正是干事的年龄，怎么会得癌症呢？

“先送我回办公室。”车开进了师部大门后，陶正明才开口说话：“我的病情先不要告诉政治部里的人，也不要告诉你嫂子。”

其实，陶正明得癌症的消息下午就在官兵和家属中传开了，也不知是先从家属院传出去的，还是先从机关办公楼传出去的。

办公桌上的电话响了。陶正明拿起电话，还没开口，那边就传来了师政委的声音：“老陶啊，卫生科科长把你的体检情况都报告我了，你别急，也别多想，相信一定能挺过去的。当务之急，是把病治好，你马上去上海检查一下，如需要动手术，就早点切除，到时我过来签字。”

“政委，你别担心，我感觉没事，可能是医院里检查弄错了。你看这样行不行，这几天地方来慰问的单位比较多，我负责接待好，等忙过这几天再去二军大附属医院，请专家再检查检查。”师政委也只好答应了。

接下来的几天，杭州市及各个区县党委、政府的主要领导分别带队，陆续来师部大院、基层单位开展慰问，一师的共建单位也一拨接一拨到军营走访，有的还带来了文艺表演。这期间，师部招待所基本上每晚都会安排答谢宴。也许是接待活动太多，也许是心情压抑难解，陶正明那几天经常是一喝就醉，醉了有时就睡在招待所，家也不回了。

世上没有不透风的墙。

一个闷热的晚上，陶正明得癌症的消息终究还是传到了妻子那儿。

丈夫没有亲口告诉她自己得了绝症，虽然她很希望这不是真的，但是风里雨里一路走来，她对丈夫还是很了解的。从湖北大悟山村走出来，当新兵、当报道员、当干事、当处长，如今当政治部主任，陶正明经历了许多磨难，吃了不少苦头，受了很多委屈，但他从来不告诉父母，也不在妻子女儿面前诉说，总是一个人承担，平日里总是报喜不报忧，免得家人担惊受怕。

妻子突然想起来了，也明白了，为什么近几天家属院里的邻居们同她见面打招呼时表情反常，为什么政治部留守的干部好几天也没有打过一个电话到家里向陶正明汇报工作，为什么近几天陶正明好像也不那么想见女儿，总说应酬喝多了就睡招待所了，原来是丈夫病了，得了绝症！她伤心地哭了，以至于女儿进了家门也没觉察到。

“妈！怎么了？哪儿不舒服？”女儿刚从同学家做完作业回来，在家门口就听到了妈妈的哭声。妈妈哭得如此伤心，女儿还是第一次见到。“妈，究竟出什么事情了？我爸呢，你有没有打电话给爸爸？”

女儿紧紧抱着妈妈，感觉妈妈身体在发抖。肯定是家里出大事了！她的眼泪也哗哗流了下来。

女儿抓起电话，首先打到招待所。招待所管理员说陶正明不在那里。她又打电话到爸爸办公室："爸，快回来！不知道为什么妈在家大哭，快回来！"

陶正明知道这一天迟早是要来的，他也预想过很多次了，当这天来临时自己如何跟妻子女儿说。但当他进家门看见妻子女儿抱在一起痛哭的样子时，他又不知道如何开口。其实，就在女儿挂电话后，妻子已经把情况简单告诉了女儿，她希望女儿在自己的爸爸面前能表现得坚强一些。女儿先前对癌症不是很了解，但听妈妈说是绝症，她一下子滑落到床边，身体抽搐着。她太怕失去爸爸了！

"听人说，体检查出你肾上有毛病，是真的吗？"妻子抱着女儿，眼睛盯着陶正明。

"肾上有毛病，应该是真的，几家医院都查过了。"陶正明强装镇定，故作轻松地说："不过，我感觉没什么大病。也许是医生搞错了。大家都让我去上海再检查检查。我感觉没有事，真的。"

师首长们住在同一幢楼，每家都是独门独户的两层房子。陶正明家的哭声，隔壁邻居都听见了。夜深了，虽然没有人来问情况，但大家都知道是怎么回事，也不知道如何来安慰。

陶正明得癌症的事情大家都知道了，自然也就不算什么隐秘的事情，大家也能公开谈论了。那时正遇上集团军召开党委扩大会，团以上单位党委正副书记都参加了。军长在大会上特别提醒说："各位领导同志们啊，你们都要注意身体，要重视体检啊。一师政治部主任陶正明同志，40来岁，是我们集团军最年轻的师职干部，现在得了癌症，要到上海做手术去了。"

这样一来，各团干部都知道陶正明得了癌症，军区首长当然也得到了报告。

二军大附属医院泌尿科在全军、全国都很有名，来这里看病的人特别多。

陶正明他们是上午到的，因为此行的目的很明确，就是安排陶正明早点动手术，所以两个科长心情很压抑。

陶正明被安排到泌尿科住院部，在13层。

虽然泌尿科病人很多，床位特别紧张，但是住院部专门给陶正明腾出了一个床位，和一个小伙子暂且住一间。

泌尿科主任来看望陶正明，安排了许多检查。检查结果出来后，要马上安排动手术。

陶正明坚决不同意手术，因为自己平时没有半点不适的感觉。

这可把泌尿科主任难住了。一则在他看来，陶正明肾上有病灶，需要手术；一则院领导非常重视，亲自交代过，要求安排好，仔细检查，尽快手术。怎么办？泌尿科主任、干部科科长、卫生科科长一边反复做陶正明的思想工作，强调院方安排的医生经验丰富，还举例说某某跟他病情一样的，动了手术，恢复得很好；一边派人拿着陶正明的检查片子到上海其他医院找泌尿科专家诊断。这几家医院泌尿科在上海也都很有名，诊断建议都是一样的：必须动手术。

得知陶正明死活不愿意动手术后，各级领导、战友都开始打电话或托人劝他。集团军政治部主任还专门派人到上海看望陶正明。说是来看望，其实是来劝说陶正明尽快做手术的。

来看望的人越多，陶正明就感到压力越大，虽然他自信没有得癌症。

二军大政委也来找陶正明了。他是陶正明的老首长，很动情地说："小陶啊，你怎么不听医生的话呢？你看，几家医院的专家都说你有病，有病就得治，是吧？准备准备，尽快动手术吧。这几天待在医院也闷了，我们有一段时间没在一块儿喝酒了吧，今天晚上陪我喝几杯？"

"好啊！只要首长有令，我天天都可以陪你喝上一点。"

在上海，有许多陶正明熟悉的战友。二军大政委说每晚找几个来，陪陶正明一块儿吃饭。

7月28日，泌尿科通知陶正明，经开会研究，他的手术方案全部准备好了，让他做好随时手术的准备。

陶正明说，自己也准备好了，就是坚决不动手术，如果院方强制手术，他就准备跑！虽然陶正明口头上是这样说的，但内心特别痛苦，作为一名军人，得服从命令啊！集团军首长给陶正明下命令了，必须尽快动手术！同时，二军大政委还笑问他是不是怕死。

陶正明难受极了。他说："我上老山前线打仗都是主动要求从总部机关回部队的，打仗时死都不怕，现在动手术有什么可怕的！我妻子有了，孩子也有了，什么都有了，又没什么负担。早在上前线打仗时，我就写好了遗书，现在还保存着，如果动手术让我再写遗书，仍旧那三点。只是现在的关键问题是，我认为自己没得癌症！"

陶正明说得很坚定。

二军大政委没有同陶正明争论怕不怕死的问题，泌尿科主任也不多说话，带着陶正明去看了手术室，介绍了手术大概过程，然后又去了透析病房。他这样做就是告诉陶正明，他们已经做好了一切准备，即使手术有意外，也有应对措施。

7月29日，陶正明得知师政委会在31日到上海来给陶正明的手术单签字，手术定在8月1日。

30日，泌尿科主任最后向陶正明摊牌道："陶主任，你看这样行不行，你现在去上海第六医院找B超专家周教授做一次检查，他是我们国家B超方面的权威。如果他说你的肾脏B超没问题，那你立马出院回部队；如果他说你有病，那你就不要再固执了，听我们的，马上动手术。"

陶正明问了一些周教授的情况后，很爽快地同意了泌尿科主任的建议，在卫生科科长的陪同下去了上海第六医院。泌尿科主任也立即向政委进行了汇报，准备按原计划动手术，因为在他看来，周教授一定会诊断陶正明为肾癌的，陶正明再也不会不同意动手术了。

到了第六医院，陶正明得知周教授已经回家了，第二天又要到北京去给某位大领导检查。陶正明立即赶往周教授的家，到周教授家时，已经是下午4点多了。

周教授很忙，他正在准备行李，客厅里放着打包好的检查设备，见到两个穿军装的登门，且肩上扛的军衔一个是"两杠四星"，一个是"两杠三星"，又风尘仆仆似的，就很客气地递上茶水。陶正明简单而快速地向周教授介绍了自己的情况，最后说："周教授，不是我固执，是我真没感觉身体有什么不好。我刚40岁出头，还有好多事情要做呢。如果不是癌症，却把肾脏给割了，这一辈子我肯定会后悔的。您就帮我检查一次吧，无论结果如何，我都听您的！"

周教授感觉有点为难："解放军同志，我能理解你的心情，也很佩服你的坚强。我想你被那么多医院的医生确诊了，基本上不会有差错的，你要相信医生。再者，我现在也没法给你看病，设备都打包好了，明天还要上北京一趟。如果你真要再检查，那等我回来再到医院去看吧！"

"周教授，您就帮我检查一次吧。那边让我赶快动手术，我怕是不能等到您从北京回来了。”陶正明几乎就差跪到地板上央求了。

60多岁的周教授戴着眼镜，看他俩苦苦哀求，就起身打开了刚装好的设备，“我从来没有在家里给病人做过B超，你是第一个！”周教授在等待设备启动的过程中，又看了陶正明给他的各种检查报告，然后仔细给陶正明肾脏部位进行了反复检查，最后撕了一张便笺，拿圆珠笔画了一幅肾脏器官简图，在肾占位旁工整地写上“先天性肾柱肥大”7个字。

“大校同志，恭喜你，你的感觉是对的，你没有得癌症！当然原来医生检查出的肾占位也是正确的，只是你这个占位是先天性的，是从娘胎里带来的，不是恶性的，只是它的血管和一些组织与肾脏长在一起了。”周教授满脸笑容地说道。

“你这种情况很少见，几百万、上千万人中才可能遇到一个。就比如有人长了6根手指头，其实每个人都先天存在长6根手指头的概率，只是这个概率很小而已。”

陶正明举起右手，给周教授行了个军礼，连声说：“谢谢！谢谢！”

当陶正明把写着“先天性肾柱肥大”7个字的便笺交给泌尿科主任时，主任一时语塞，呆了好久才想起打电话向政委报告。

一大早，干部科科长和卫生科科长就帮陶正明办完了出院手续。

临走时，陶正明对泌尿科主任及全科医护人员表达了感谢，对他们的责任心、敬业心表示无比敬佩，也欢迎大家到杭州游玩，并承诺到时他们的吃住由他全包。

喜笑颜开的陶正明回到家里、回到单位，上上下下、里里外外的人都为他高兴。

人们对陶正明的固执、执着、自信感慨不已。

九江，吃睡趸船指挥抗洪

1998年8月7日，对于江西省的名城九江来说，无疑是面临着一场塌天之灾。

“不好了，九江大堤决堤啦！”这个爆炸性新闻震惊了国人和党中央，最高决策层迅速作出反应，当即命令南京军区调动得力部队，迅即赶往九江市，堵决口，救灾民。

原来，长江干堤九江段四号、五号闸口之间的大堤坝，已然被特大的洪峰冲破30多米长的大决口，情势非常危急。

8月7日17时，陶正明所在的第一集团军第一师作战值班室接到救灾命令，马上电话传达到各团作战值班室，命令随时做好开赴九江的准备。陶正明和几位师领导迅即赶到作战室碰头，决定让二团担任第一梯队，分乘两列火车向九江开进，第一列火车必须在一小时之内出发。

部队抵达目的地后，地方领导听说来了好几位师首长，专门腾出一个单位招待所的10来间房子当作师指挥所，师领导一人一间，其他几间住机关干部。这一天下午4点，师长戚建国、政治部主任陶正明等到了九江车站，机关同志立即报告了此事。

陶正明他们婉谢了地方领导的好意，戚建国告诉地方上的同志们："这回吃住是小事，不能让你们操心，我们会自己想办法的。"紧接着，陶正明他们分头下去，挨个去查看六个团和师直属队的任务区段的准备情况。因为土路泥泞，不能开车，他们都是步行，一直忙到晚上9点多还没吃晚饭。这时候，大家按提前规定的地点陆续会合了，把情况简单地汇总了一下，你一言、我一语地提出了一些好的建议。

师长说："哎哟，受不了了，肚皮在闹意见、提抗议啦！快去，快去把咱们带来的方便面、矿泉水拿来。"不一会儿，他们几位就把方便面、矿泉水一扫而光了。

"我们尽管谢绝了地方同志的建议，可师指挥所设在哪里，还是要尽快商定呀。"陶正明话音刚落，大家便异口同声地说："应该尽量放在离部队近的地方，今天就在大堤上搭帐篷将就一晚上。"这天晚上，十几个人分住在两个帐篷内，人多空间小，里面异常闷热。尽管他们不停地摇扇子，但身上还是不停地流汗。大家实在受不了了，就都走到外面去吹江风。

这一夜谁也没合眼。早上天一亮，师长就带着他们去找地方，在大堤上来来回回地走了好几趟，离部队近的地方实在找不出可供容纳十几个人的房子。不知谁说了一句："那儿有艘趸船，咱过去看看能不能住。"趸船上层有几间类似小格子的房间，下层有几十平方米的空荡荡的甲板，是供船靠岸用的，并且还有一个简易厕所。

看样子，因为洪水的猛烈袭击，趸船好长时间都未使用过了，四周停了数十艘小船，有机械的、有手摇的，手摇的占多数，小船应该是往趸船上运送货物的。戚建国、陶正明咬咬耳朵一合计，当时二人便商定：师指挥部就定在这里。因为4个团离这距离都在1公里范围内，指挥起来很方便；同时，还可以省去几部无线电台和几部有线电话。

大家当即着手在趸船上布置作战室。趸船一侧挂上早已准备好的、正反两面印着“部队指挥部”这5个黄字的红布，下方挂着九江抗洪军用地图，图上标有上级、友邻单位和各团指挥所的详细位置，以及危险的地段和责任营连。

趸船甲板的一边并排铺着5张单人草席，每张草席上各放一个枕头、一条毛巾被，这就算是5个师领导的床铺；趸船的另一头空地上，放置两张演习的指挥桌，上面放一部电话、一部电台、若干部对讲机，算是作战值班室，每天由师领导和机关干部轮流值班。不值班的就下到部队了解情况，晚上碰头汇总，安排第二天的工作。

面对汹涌的洪水，如何完成上级下达的任务？各个梯队的力量如何分配？堵住九江大决口的第一仗怎么打？一师首长们每天都面临新的问题和挑战。

告急与捷报不时从打头阵的二团传来。

二团是老红军部队，战争年代拼杀出了百余名将军。现任的两位团主官的素质十分过硬：团长王宏曾经上过老山战场，系一等功臣，曾任“硬骨头六连”的连长，当过机关参谋、团参谋长，善于打硬仗；政委魏殿举在担任连指导员、营教导员、团政委之时，其所在单位都是集团军树立的典型，他还有团、师、集团军三级机关的工作经历，非常善于做思想政治工作，而且一师共6个团，他在其中的4个团任过职；二团其他的团领导，也人人是典型，个个立过功。

不仅如此，该团的24个连队的建制也是比较齐整的，所以节骨眼上就要把二团这把钢刀插上去——插向九江大决口！

果不其然，仅仅用了40分钟的准备时间，二团的第一列车人员已整装待发。随着首长的一声命令，官兵们就似小老虎一般，一个个跳上了专列。瞧他们那气势，便给人以“召之即来，来之能战，战之能胜”的信任感。

一师属于第二波赶赴九江救灾的部队，九江大堤决口以来，先期投入战斗的第一波约4个团的官兵已人困马乏，需要休整。二团刚赶到大决堤的现场，现场的总指挥——南京军区副司令员董万瑞中将便大手一挥，下达了部队换防的命令，二团接下全部阵地。两个小时后，二团第二列车千余名官兵也赶到了。之后，其他5个团的官兵也分别乘坐专列，陆续到达各自的阵地。

九江全城受灾，赶赴九江的部队已经有好几万人。一开始，官兵们几天几夜都没觉睡，甚至没吃的没喝的。有的官兵中暑了，就躺在大堤上打吊针，针头一拔就又冲上了大决口。

封堵决口的关键时刻到了。由于水流凶猛，一个个大铁笼一投下决口，立马就被狂猛的洪水冲走了。在此紧要关头，二团团长王宏眼疾身快，第一个奋不顾身地跳入狂泄的洪峰之中，试图用身体死命顶住大铁笼。紧接着，营长、连长、排长们一个个“扑通”“扑通”跳了下去；领导带了头，其他普通的党员同志们一看这阵势，也一个个奋不顾身，纷纷往下跳；战士们见状，更是一排一排地跟着朝着急流下跳……

“嗨哟哟，嗨呀呀……”站在大铁笼上面的官兵们受到鼓舞，咬紧牙关，喊着号子齐用劲儿，用大铁锤拼命地把钢筋大钉子往下砸。其他的战士们则不敢怠慢，一个个用力拎起装满沙子的大麻袋，“咕咚、咕咚”丢入大决口处，那阵势就像是往大沸锅里下饺子。

经过5个多小时的咬牙坚守和拼力奋斗，在英勇无畏的钢铁战士们面前，狂泄不止的大洪魔就好像是一匹匹大草原上的野马，终于低下了它那颗桀骜不驯、鬃毛直竖的头颅，被一个个好猎手驯服了，降服了。

从依旧咆哮的洪流之中，官兵们被解救了上来，一个个累倒在泥泞不堪的堤坝上。军区和集团军首长走过来，低下身子查看一个个裸露的、晕倒的身体——那被江水浸泡成紫铜色、被坝泥浸染成砖红色的身体，禁不住肃然起敬，纷纷高高竖起大拇指，噙着热泪赞叹道："好样的，你们个个都是好样的，人人都是英雄呀！"

对于这些抗洪英雄，陶正明则用两个"硬"予以高度称赞："你们一个个都是狂风撕不碎的硬骨头、洪峰冲不垮的硬汉子啊！"

在医护人员的紧急救治之下，累倒、晕倒的官兵们渐次苏醒了过来，其中绝大多数人醒来之后的第一句话，就是异常关切、急切地问道："大决口，大决口堵住了吗？那么长、那么深的大决口都给堵结实了吗？"当得到肯定的回答之后，他们的心才放轻松了，他们的身体舒展了，他们的疲惫缓解了，进而，一个个露出了宽慰、灿烂的笑容。

在九江抗洪的日子里，一师指挥部5位首长和10多个指挥所的勇士们艰难异常，一天又一天，一夜又一夜，工作、休息全都在狭窄的趸船上，人人遭受着三大煎熬：

一是燥。甲板经过一天大太阳的炙烤，温度一直持续到凌晨才有所下降，人穿内裤躺在草席上，都会感觉到热浪阵阵，燥热难忍。有的同志自嘲地说："我们简直是在'烙烧饼''烤鱼片'，大家小心，别烤煳啦！"

二是吵。5位首长中有的实在熬不住，好不容易睡着了，可对他人来说，那可真是鼾声如雷。住的人多，鼾声互相干扰更大，有人开玩笑说：打呼噜的声音把趸船都震动了。更吵人的是，夜里还有上级指示和紧急情况的电话声，长江上来往船只的汽笛声，没有一刻能消停、安静下来。

三是咬。晚上洗澡要等到天黑，他们就用系着绳子的塑料桶提趸船下边的江水，到简易厕所里从头上向下浇。厕所的墙全是用铁皮包的，温度更高，洗一次澡出一身汗。这时身上的汗味特招蚊子、小咬，不一会儿，红包就一个个地冒出来。所以，每当洗澡的时候，两手要不停地拍打驱赶那些蜂拥而来的“不速之客”。

有一天早上起床，陶正明听到一个连级干部在自嘲地开玩笑说：“发财了，发财了，这回可是真的发大财了——天天晚上都会收这么多的‘红包’，想不发财都难啦！”其他的人也附和道：“这里的蚊子也太热情了！”陶正明听了他们的笑话，真是有点哭笑不得，既感到心疼，也感到欣慰——官兵们的浪漫主义、幽默性情无处不在，这也是克服困难、战胜敌人的有力武器之一。

这个趸船指挥部很不平凡，在这里不仅多次召开过师里的常委会、党委会、政工会，还接待过来自总部、南京军区的首长和工作组，以及地方领导带队的慰问团、演出团，也接待过文艺界的名角。开会的时候，或是客人来了，大家无不一视同仁，都是以席子、床铺当沙发和凳子。

记得有一次杭州市的慰问团到了，非要在指挥部和陶正明他们共进午餐不可。午餐除机关炊事班送来的饭菜外，他们还通知了附近团里送来了四五个炒菜。吃着吃着，不一会儿陶正明便听到了哽咽声，一位领导站起来说：“各位首长，你们也都是快50岁的人了，住在这样的地方，实在是难以想象，来了看了，实在是难以形容。什么叫军人，平时军人干什么，为什么叫伟大，今天我们全明白了！”

⊙九八抗洪陶正明率部队官兵与浙江电视台记者合影

时间一久，附近有些渔民也与陶正明他们混熟悉了，也知道了他们的单位和身份。一天下午，一位渔民拿了一条鱼过来，自报家门说他姓熊，送的鱼叫雄鱼。老熊说："雄鱼是长江一带的特产，我老熊好不容易才捕到一条，是专门送来让首长们尝尝鲜、补补身子的。"

盛情难却，陶正明他们也就只好收下了老熊的那条雄鱼，也收下了老百姓一颗拥军的心。戚建国师长说："老陶，你是湖北人，你家就在长江的上游，你肯定会做鱼，晚上就看你的手艺啦！别忘了，一定要给机关干部、战士送点哈。"陶政委带着金干事，就近用老熊船上的灶台，烧了一大锅鱼汤，每人一碗，那味道真叫鲜啊！

有个战友吃完，拍拍肚皮，诗兴大发："老熊送雄鱼，犒劳雄师兵，喝了雄鱼汤，老熊喜洋洋！"

九江大堤5天5夜堵口决战、40余天的抢险救灾，显示出了中华民族宝贵的抗洪抢险精神：万众一心，众志成城，不怕困难，顽强拼搏，坚韧不拔，敢于胜利。

事后，第二团被中央军委授予“抗洪抢险模范团”的荣誉称号。

在庆祝抗洪抢险胜利10周年的会议上，陶正明又一次总结说：“一个干部一个梁，一个党员一根桩，一个单位一堵墙。”的确，这段抗洪抢险的英勇壮举非同寻常，它堪比一部“红与绿”两色书写的人民军队壮怀激烈的史诗，当然也被载入了中华人民共和国的史册！

忙中出错，两次挨批

没有人能不犯错误，谁都经历过挨批评。

有人说，批评是一面镜子，可以使人经常看到自己。

还有人说，能承受多大压力，就有多大的能耐；能接受多少批评，就有多大的胸襟。

2001年初春，陶正明所在的第一师由摩托化师改成了机械化师。

不久之后，为了训练部队，上级命令第一师开往福建东山诏安一带参加军事演习，还有许多兄弟部队配属该师，军区首长、集团军首长组成指挥部，作现场指挥。当时，师长提升调走了，接替的人还没有到位，师里的主官就剩下陶正明这个“光杆司令”的政委了，所以事情特别多、压力特别大。

忙中出错，有一次召开交接班会议，陶正明丢人可丢到家了。

那时候，上级对部队官兵们的教育管理也有很多具体严格的规定。比如，室外着装必须是正装、训练场操课必须穿迷彩服、军用短裤不准在室外穿、在室外必须穿胶鞋。

有天早晨，陶正明吃完早饭回到宿舍，南京军区首长打来了电话，当他接完电话，每天大交班的时间就到了。陶正明因有话要在交接班会议上讲，可时间来不及了，忙中疏漏，就忘记更衣换鞋，直接穿着短裤、拖鞋进了会场。

会场上，值班首长、参谋长正在严肃地批评机关干部纪律不严，存在不按规定着装的行为。陶正明一进会场，只见参谋长正在聚精会神地讲着话，还打着手势。当时，陶正明的座位与参谋长中间还隔了位副师长，因此参谋长并没有发现陶正明。而在场的机关干部一下子都愣住了，因为他们听着参谋长的严厉批评，看到陶正明的违规穿着，表情都变了。

目睹此状此景，旁边的副师长便连忙去拉参谋长的上衣袖口，示意他不要再讲这件事了。参谋长也好像觉察到了什么，又简单说了几句就停了下来。紧接着，参谋长便问其他师领导："诸位还有什么要讲的呀？"都回答说没有。于是，参谋长说："那就请政委作指示。"

陶正明尴尬地笑一笑，便首先作自我批评："刚才，参谋长讲得特别好，批评得特别对！为什么有的机关干部不听招呼，我行我素？关键是领导做得不好，带了坏头。大家都看到了，我今天就没有按照规定来着装！"稍事停顿，陶正明接着说："作为师里的党委书记、政治委员，同时也必须是普通一兵，没有任何理由搞特殊化啊！今天，我没有按照规定来着装，做得非常不对，我诚恳地接受各位的批评，希望大家监督师领导。"

陶正明停了一下，又说："越是在条件艰苦、任务繁重的情况下，领导们的率先垂范作用就越是重要！"

交班会议结束了，参谋长又反复向陶正明解释说："政委，刚才我的确没看见你的穿着，绝不是有意让您出丑的啊！"

陶正明则回答说："参谋长，我刚才已经讲了，你今天这样对官兵们严格要求是非常正确的，这也是你作为值班首长的职责。即便是你直接批评我，也是为我好，为全体官兵好，更是对这支老部队有感情的表现。"这件事后来传到部队，官兵遵章守规的自觉性更高了。

过了几年，参谋长升任了集团军军长，陶正明特地去看望他，他们两人还聊起了那一次的"出丑"事件，都不由会心、会意地哈哈大笑起来。笑罢，也已升任江西省军区政委的陶正明，就很认真地说："军长，你那一次如果迁就了我，恐怕我们俩都不会有今天呀！"

当年的师参谋长、如今的集团军军长便点一点头，也非常认真地回答："你还别说，这种可能性还真是有啊！"

过了不久，陶正明又挨一次批评，这一次可比上一次严厉多了。

一师的演习经批准在8月20日正式开始。军委、总部及各军兵种、各大军区都派了首长机关前来观摩，南京军区、集团军前指首长陪同。

上午9时，3发信号弹直射天空，宣告演习开始，6个小时不停顿，到下午3时演习顺利结束。

从各位领导脸上的表情可以看出，演习是成功的。

陶正明想起军区干部部季副部长带的工作组在炮团蹲点，来了好几天了，今天要离开，由于任务原因，一直没有时间去看望，正好趁这次机会去陪他们吃顿晚饭，解释一下、道个歉，也算是送个别。

下午5点刚过，由于工作组的同志要赶车，提前了开饭时间，陶正明刚端起饭碗，只见团值班员气喘吁吁地跑来，敬个礼，急吼吼地说："报告陶政委，军区前指副司令指示你立即赶到他那里！"陶正明连忙吃了几大口米饭，用袖口擦了擦嘴，抓起迷彩帽，和副部长握手说："对不起，连一顿完整的饭都不能陪你们，下次补上，祝一路平安。”说完上了猎豹越野车，一路飞驰赶去军区前指。

炮团驻地和军区前指分属两个县，车开了个把小时才到。

首长秘书悄声说：“陶政委，你可要冷静点。”

走进首长办公室，里面除了首长还有机关几位部长、处长。陶正明一看首长脸色，就知道大祸临头了！因为首长虽是山东人，但一当兵就在陶正明的家乡，县里几届领导他都很熟悉，连他的夫人也会说几句大悟县的家乡话。以前见面，首长总是会亲热地主动用陶正明的家乡话和他拉拉家常。

今天首长完全变成了另外一个模样。首长站在那里，两眼直盯着他，右手敲着桌子，一上一下，把桌子敲得砰砰响，左手食指上下指点，声音忽低忽高：“你们，不就是搞个小演习吗，值得那么骄傲？！不知道东南西北，姓甚名谁！你们连编制也可以当资本吃？中国只有你们是第一吗？我跟你们说第一多着呢！陆军中炮兵有第一、坦克兵有第一、警卫部队有第一，海军有，空军也有！真是一群井底之蛙！我看你们把编制吃完了，再吃什么，吃装备、吃基层……尾巴翘上天了，有什么值得傲气的，口气那么大，别人不光耻笑你，连我们南京军区也捎上了。我已给你们军长、政委讲了，好好帮你们清醒清醒快要胀裂的脑瓜子！你走吧！”

首长秘书等在门口，刚才的话他都听到了。陶正明稀里糊涂挨了一顿臭骂，丈二和尚摸不着头脑，赶紧请教秘书。秘书告诉他，上午演习前，各大单位领导上观礼台观看演习，看见一条标语写着“序列第一、天下无敌”8个字，就议论开了，有的说“这个部队真是牛啊，口气这么大！”有的说“真够厉害的！”他们与首长都熟悉，有的半开玩笑半当真地说：“老伙计，你手中有这样的部队也够牛的，标语够吓人的！”当时首长就有火，加上演习中他分管的科目出了点小情况，更是火上浇油。

陶正明明白了事情的缘由，驱车回到师指挥所驻地。实际上，他对这条标语的来龙去脉一点也不清楚。

当兵几十年了，特别是当了副处长以后，表扬也听过，但听的批评比表扬多得多，可以说是家常便饭。有的事情的确感到很委屈，但谁让你的部队做错了事，谁让你又是带兵人呢！首长表扬是关心爱护，批评更是另一种关心爱护。每逢遇到批评，陶正明总这样来安慰自己，但心头还是一阵阵发酸。他读过鲁迅笔下的阿Q，现在他又要当一回阿Q了。想着想着不由自主地摇摇头，自言自语起来。

回到指挥所，新上任的师长迎上来，告诉他，集团军前指刚来通知，说部队休整两天就要回撤，为了顺利返营，明天集团军前指召开党委扩大会，部署返回工作。另根据军区首长的明确指示，让我们师党委结合演习出现的问题，特别是那条标语，举一反三，着重从领导自身查找教训和根源，作出深刻检查，检查材料书面报军区。师长说完主动要求作检查。陶正明说："演习整个阶段，从开进、训练、演习，都是我经手的，责任应由我承担，你刚上任，哪能让你替我受过呀。有些话你也不好说，别人又会怎么想？"

陶正明到伙房喝了两碗稀饭，把组织科科长和一个干事叫到房间里，进行流水作业。科长帮忙回忆，敲敲边鼓，校对稿件。第二天凌晨，印了30多份，给师部门领导一人送一份，审定有意见直接写在稿子上，按要求带到集团军会场20份。

一大早，陶正明和师长赶到军部。会议第一个议题，"请一师陶政委代表师党委发言"，军首长说得很婉转，实际上参加会议的团以上干部，都知道是作检讨。

陶正明讲完了，军长、政委还算客气，批评的语气是温和的，还承担了一定的责任。

回到营区，负责观礼台的副师长主动告诉陶正明为什么要多挂一条标语、写那8个字的缘由。原来，在首长经过的路上挂几条标语，标语写什么内容都是经领导反复审定过的。演习前一天，有的同志发现这段路上前后距离长了一点，好像少了一条标语，几个人一合计，就想了这8个字，挂上后很得意，连来来回回的战士都说这条标语字最少，但看了最过瘾，大长志气，百看不厌！有的战士还说，这是集体智慧的结晶，也是我们决心和意志的体现！

从内心讲，陶正明和他们的想法是一致的，一支部队必须有敢于争先进、站排头的英雄主义精神，但首长那样理解，谁又能说不对呢？

“过河卒”的来历

第一师改为机械化步兵师那年，急需网络、修理、设计、驾驶等方面的专业技术人才。总部便出台了一项相关的政策——直接招收地方知名大学的毕业生到部队担任军官。根据这项政策，本科生授予中尉军衔（副连级），硕士生授予上尉军衔（正连级），博士生授予少校军衔(副营级)。

这些干部大多数都是中共党员，都曾经担任过大学校级或班级的学生干部，技术素质高，组织能力强，而且都是见多识广，师首长们对他们十分重视。1998年7月下旬，许志军是从浙江工业大学精细化工系本科毕业之后，即被直接招录到第一师的；无独有偶，和许志军同时被招录到军营的还有钟振文、朱森源。

在第一师的欢迎宴会上，这些新干部先后作了自我介绍，许志军的自我介绍十分精彩，所以给陶正明等师首长留下了深刻的印象。他是这样说的：“我叫许志军，湖南安乡人。也许是父母希望我长大后入伍吧，所以就给我取了‘志军’这个名字，意思就是志愿加入中国人民解放军。我非常高兴能够穿上军装，来到‘天下第一师’服役，献身于国防事业。”

在那日的宴席上，平易近人的陶正明十分随和地微笑着、闲聊着，所以，他们也非常放松，分别畅谈着各自的曾经与未来、理想与愿望。宴会的气氛格外轻松，一扫他们在陆军学院培训时的严肃、紧张，故此，大家都十分开心，堪称是“欢天喜地好哥们儿”。

到了一师之后，在陶正明等师首长的安排下，他们没有被直接分配到各连队，而是被集中安排到步兵一团二营六连，也就是“硬骨头六连”——全军唯一的被国防部两次授予光荣称号的连队。那时候，全军各部队科技大练兵的活动开展得如火如荼，南京军区也是一样。六连的官兵们更是如此，格外爱学习文化、钻研科技，激发官兵为连队出谋划策的热情和干劲儿，他们还提出了一个十分响亮的口号——给“硬骨头六连”插上科技的翅膀。由这个口号激发的成绩特别显著，由此组织的活动也是丰富多彩的，因此被几家军报竞相报道。

据许志军回忆，那个时候，互联网在全国刚刚兴起，方兴未艾，可是连队还没有一台电脑。他们刚到连队，就充分发挥他们的专业特长，率先提出了建设连队网吧（局域网）的设想，以便促进官兵们学习高科技、操作计算机的积极性。

随后，在陶正明的安排下，连队拥有了3台电脑。蔡朝阳是武汉理工大学毕业的，他被安排担任连队网吧建设的负责人。当时用的计算机还都是“386”的，比较落后，但也阻挡不了官兵们学习的热情。

机遇从来只会造访那些有准备的人。恰在此时，浙江大学图书馆开办了全省第一个互联网免费学习室，许志军等官兵就十分荣幸地成为“硬骨头六连”的第一批置身于互联网的学生，也成为连队的第一批网军。他说，这一次20天的学习，对他的一生影响非常大，他在这儿学到了许多的互联网知识，以至于他后来考上了上海交通大学的研究生，所选择的专业就是通信与信息化，也算是专业对口了。

从“硬骨头六连”锻炼结束之后，许志军和湖北大学毕业的杨晓波、浙江农业大学毕业的方晓峰以及安徽大学毕业的李新帅、孙守家等，一起被分配到第一师的炮兵团，许志军被任命为加农榴弹炮营一连二排的排长。那个时候，即1997—1999年，各级的军官严重超编，解放军实施了第9次大裁军。但是，对于他们的安顿工作，陶正明非常重视，曾经几次去到各团、各营，乃至各个连队检查。

“半年之内，任何单位都不能调用这些地方大学生军官，他们是部队的宝贝疙瘩，必须在连队继续锻炼，好好培养！”在检查安顿工作的时候，陶正明一遍又一遍反复强调。当检查到炮兵团时，陶正明拍着许志军的肩膀，亲切而庄重地说：“志军啊，你们这些同志要安下心来好好干上一阵子，刻苦锻炼。我原来也是一名炮兵，最清楚炮兵的指挥技术含金量比较高，技术要求也是十分复杂的，所以炮兵最能锻炼人啦！别看我们的官帽比你们的大，但很多方面，我们在你们大学生、研究生的面前，还是小学生呢，所以要向你们好好地学习。你们脑子灵光、思维活跃，学术过硬，给第一师输入了新鲜血液。”

之后，蔡朝阳、许志军等作为讲师为师首长开办了互联网培训班，陶正明用手指着几位师首长，呵呵笑道，“毛主席他老人家说过虚心使人进步。一点都不错！所以呀，这些‘过河卒子’也一样，也得进步，也得虚心啊！”

1999年下半年，第一师等部队在浙江省舟山市海域举行大练兵，也叫“成功八号”演习。此间，许志军随同一个小分队一起行动，参加上级部队组织的重装滩涂无码头装载试验。在这次演习过程中，他们为了与战士们打成一片，白天仅仅穿着黄色“八一”大裤衩，在滩涂的淤泥、浅滩和积水当中摸爬滚打，反复拆装用枕木搭建成的简易装载通道，试验它们的牢固性和可靠性，满手满腿都是泥沙，浑身晒得黢黑黢黑的，完全不像是几个知识分子身份的军官。

夜里，许志军等军官便结合白天的试验，积极向演习指挥部拟写相应的实验建议，或者是操作过程的小论文。对此，演习指挥部首长（其中还有军首长）对这个小分队的成绩，尤其是对他们的吃苦意识、钻研精神和研究水准给予了高度的评价。事后，许志军被连队推选为“成功八号”大演习的先进个人，并且荣立三等功一次。

2000年4月，陶正明力主成立培养“跨世纪后备干部”的集训队。这些同志当中，有很多人都参加了集训队，当时已经是连长的许志军也是其中一员。集训队的课程设置五花八门，十分全面，其中就有政治理论、现代管理、网络技术以及坦克驾驶、汽车修理等。在那时候，这样的集训队还是特别超前的。

在集训队开课的时候，陶正明致辞指出：“作为誉满全军的机械化步兵师，如果我们师里的军官们都不懂得坦克驾驶、网络技术，不懂得汽车的驾驶与修理，不具备复合型、多面手的技术素质，那是绝对说不过去的，也是绝对不合格的。”他提高了嗓门儿，又进一步强调地说道：“那样的话，我们怎么能够适应部队现代化、机械化、正规化的发展势头，又怎么能够紧跟未来高科技战备、战役的步伐呢！”

至于在师党委会会议等许多的场合，陶正明每每反复强调说：“我们要大胆地使用、提拔地方大学生军官，要让他们当连长、指导员，从而在连队主官的岗位上好好地历练。不要怕摔跟头、出差错，只要不是什么原则性的问题，就一定要原谅他们、包容他们，没什么大不了的！”

陶正明作风大胆、意识前卫，敢于只身犯险，独闯“雷区”。他当上师政委之后不久，便毅然取消了一些沿袭已久的土政策、死规矩。

譬如，禁止部队干部与驻地姑娘谈恋爱的相关规定，简直是画地为牢、作茧自缚，使得许许多多的军官苦恼不已。于是，陶正明在深入调研、座谈的基础上，认为这项政策早已过时，成为部队建设发展的绊脚石、拦路虎了，遂力排众议，不仅非常坚决地废除了这项不合时宜的规定，而且还大力提倡、鼓励合乎条件的部队干部在当地找对象，尤其是找那些高学历、知识型的女青年。为此，陶正明还亲自组织举办了许多场军地男女青年联谊活动，诸如读书会、朗诵会、歌咏比赛等。

当时，这件事掀起了轩然大波，部队干部众说纷纭。但是，陶正明就像是海岸的礁石一般硬顶着、死扛着。可想而知，这件事也让很多的部队干部终身受益，更是一辈子感激不尽。因为后来，这些同志找的结婚对象，大多数都是杭州本地的女大学生、女研究生。

用陶正明的话说："这样多好呀，这就叫作珠联璧合、强强联合啊！"不仅如此，这些地方的"贤内助"均能发挥各自的优势，为部队的现代化建设做了很多有益的工作，贡献不可等闲视之。

在许志军结婚的时候，婚宴刚一开始，陶正明就来了，闹得按照老规矩来的副团长措手不及。当时，许志军跟妻子悄悄地咬耳朵说："陶政委那么大的首长，竟然会亲自来参加咱们的婚礼。他是怎么知道的啊？"

"你都不晓得，我怎么会知道！"妻子点一点头、又摇一摇头。

婚宴临近尾声的时候，他们连的王副连长喝得意兴遄飞，他就悄悄地告诉这对"走过鹊桥的牛郎织女"："唉，你们俩不容易，这么多年来，聚少离多，今天是我向陶政委汇报的。"原来，王副连长曾经做过陶正明的秘书，也算是"近水楼台先得月"吧。

陶正明不仅亲临婚礼的现场，还主动提出致辞。只见他站起来，笑吟吟地说："许志军是我们师里地方大学生军官当中的优秀代表之一，今天是志军的燕尔新婚，安排了简洁而有意义的婚宴，婚宴上又来了许多地方大学生军官。所以，我一定要来，一是表示祝福，祝福新郎与新娘百年好合，一生相爱，并且早日开枝散叶；二是表示感谢，感谢地方大学生军官来到第一师，为我们补充了新鲜血液；三是为了见证，见证大家的健康成长，以及不一样的婚礼！"

陶正明就站在餐桌旁，一番话尽管言简意赅，但是热情洋溢，真情流露，故此赢得了暴风骤雨般的掌声。

在师首长的关怀、培养下，许志军他们的成长进步比较顺利。这不是，10多年之后，他们一个个均被擢升为团级干部，有的还成为师级领导了。当然了，他们当中也有不少人，在当兵五六年或七八年之后，转业到了地方工作。

2006年春节前的一天中午，许志军忽然接到一个电话，是已经升任浙江省军区副政委的陶正明打来的。在电话里，陶正明笑道："志军啊，就在春节前后吧，由我来做东，请你们这些地方大学生军官聚一下、吃个饭，就在咱们省军区招待所。人员由你来安排，只要是地方大学生军官，人来得越多越好。"陶正明笑一笑又说："这是命令，一定要办成啊！"

自此之后，每年的春节前后，陶正明都会做东，宴请这些地方大学生军官。当然了，吃饭不是主要的，加深感情、增进友情和了解各自的情况，才是陶正明的主要目的。因而，陶正明将它命名为"恳谈饭"，一坚持就是好几年。

家教、传承、择婿

好孩子都是教出来的，家庭教育和学校教育一样重要，甚至更重要。优秀父母的共同特点是在孩子的教育上费尽心思。

教子要爱之以诚，动之以情，晓之以理，授之以渔，观之以行。

陶正明只有一个女儿，小时候每当女儿的生日，清晨醒来，他会亲一口她的小脸蛋，轻声地对她说句：“生日快乐！”她尚未完全清醒，却一伸手搂住爸爸的脖子，迷迷糊糊地回答：“谢谢爸爸，你辛苦啦！”陶正明欣慰地笑了，看来经过这么些年的耳濡目染，“不忘父母养育恩”这7个字已不知不觉地刻进了女儿心里，这大概就是家风的影响和家教的结果吧。

陶正明曾读过一篇文章，有这么一段话让他印象深刻：“每个孩子在生命的最初都是一张白纸，关键是父母给他涂上什么颜色。孩子的表现就是父母的影子。”

陶正明已经记不得那是几岁的时候了，父亲生日，好多客人齐聚为父亲庆祝。正当众人准备举杯祝福父亲生日快乐之时，父亲起身走到了奶奶身旁："妈，今天是我的生日，但孩儿的生日即是母亲的受难日，所以这第一杯酒，我先敬您，谢谢妈妈辛苦付出才有了今天的我。"当时小小的陶正明，并不能完全明白个中的含义，却深深记住了那个场景、那句话。此后每年他的生日，他都会先敬母亲一杯酒。

究竟什么才是家风。名门望族以文字流传的家规家训也好，普通百姓言传身教的一言一行也罢，形式不同，传递的内涵却都一样。家风实质上是一个家庭或者家族传承的内在的精神动力和价值取向，更是成长在其中的每个人立身处世的行为准则。

陶正明的父母几十年相敬如宾，始终恩爱如初，没有过大声争执，更莫提恶言相向，偶尔的分歧也一定能通过沟通和协商完美解决，让陶正明明白好好说话、认真倾听，冷静但不冷漠、温和但不懦弱、坚定但不强硬才是最好的交流方式。自小父母就给他立下数不胜数的规矩：进门先叫人、出门打招呼，见到长辈要问好、回答问题要大方，不在桌上高声言语、不在盘中又挑又拣，不打听刺探、不妄议是非……大大小小、林林总总的规矩曾让他不胜其烦，却最终发现这些规矩对他的成长多有裨益。露天菜场，他将冒雨卖菜的小姑娘所剩的韭菜全部买下，并不在乎家中还有很多昨天才买的，只为能让她不必再淋雨，好早些回家。他曾偷拿家中的零钱去买小零食笼络小伙伴，父母罚他面壁思过，告诉他，一不能擅动家中钱财，二不能以这样的方式与朋友交往，唯有真诚地以心换心方能获得最真挚的情感。

陶正明感谢他的父母，他们用一言一行，为他营造了良好的家风，教会了他生存处世的道理，让他拥有快乐生活的能力。相较那毫无二致的基因、那难分彼此的眉眼，这才是他们给他的最重要的馈赠。

作家马伯庸曾写过这样一段话："一个家族的传承，就像是一件上好的古董。它历经许多人的呵护与打磨，在漫长时光中悄无声息地积淀，慢慢地，这传承也如同古玩一样，会裹着一层幽邃圆熟的包浆，沉静温润，散发着古老的气息。古董有形，传承无质，它看不见，摸不到，却渗到家族每一个后代的骨血之中，成为家庭成员之间的精神纽带，甚至成为他们的性格乃至命运的一部分。”

陶正明有意识地将父母传给他的好家风传承下去，把父母教的好传统延续下去，希望有一天，当女儿受到称赞和认可时，她能骄傲地回答：“从小爸妈就是这样教我的！”

⊙陶正明夫妇在南昌

女儿一天天、一年年长大了，很懂事，很懂规矩，很上进，很争气，陶正明看在眼里，很满意。

男大当婚，女大当嫁。女儿上大学后，陶正明就有意识地与她交流找对象这个人生的大课题。虽然她岁数尚小，但要未雨绸缪，学校没有这门课程，没有这样的老师，陶正明亲切而又严肃地给女儿补上这一课。

婚姻美满不美满，重要的是看准人，这是个大学问。

陶正明提醒女儿："从一般交往中看重点，多次来往看习惯，言谈举止重细节，别人介绍供参考。"不要急于轻易流露倾向性态度，不要让外貌、家庭地位、物质等迷了眼、乱了神，女儿家决不能轻易让异性触碰个人肌肤，这个"决口"只有到心甘情愿的地步才能水到渠成。

这些话，陶正明认为她是听进去了，也成了她找对象的原则和底线。

到了大学，不时有人给她介绍男朋友，有军队的，也有地方的，有高干后代，也有平民子弟，有老板的儿子，也有老板本人，还有她的同学。她有的见了面，有的吃过饭，但都没有深入接触，直到大学毕业也没给陶正明这方面的信息，他从其他途径也没有听到任何风声。

研究生毕业了，应该去找工作单位了。可是，女儿却改变主意，要去德国读书。这个决定太出乎陶正明的意料，德国哪来这么强大的吸引力？他八九不离十地猜到了原因：只有爱情，女儿一定是有心上人了！

女儿的终身大事，非同小可，必须当面问清楚。晚上陶正明打电话问她，她支支吾吾，算是默认了，并表示回家后当面汇报。

陶正明用手机给她发了5条信息，让她看好后抄在本子上，回家时向陶正明汇报：第一，要讲清楚他个人、家庭的基本情况；第二，你喜欢他哪些方面；第三，他有什么弱点和毛病；第四，你们今后的打算是什么，你现在就开始认真做功课，列好详细提纲；第五，带几页他写的字，毛笔的、钢笔的都行，最好是抄写一篇文章或诗歌，不少于500字。常言道，字如其人。

她要去德国之前回家了，先给陶正明看了男朋友的生活照，然后向陶正明一五一十地说开了：男朋友的父母是普通工人，特别有孝心，奶奶患病成为植物人好几年，请保姆不放心，他的父母和叔叔婶婶两对夫妇便提前退休，一家半年轮换照顾（后来奶奶活到90多岁，他们照顾了10多年，陶正明专门去看过）。另外，这个小伙子有志向，也有毅力。他考上中国林业大学，不喜欢自己的专业，但坚持读完。他想学机械制造，就到德国留学。他知道德国对中国绝大多数大学文凭不承认，他就计划分三步（语言、德国大学本科、研究生），一步一步地学，争取用4到5年工夫拿下。语言过关了，他报考了斯图加特大学汽车发动机设计与制造学院，这个学院报考人数多，难度也大，中途淘汰率高。尽管在德国不用交学费，但他学习期间没回过一次家，空余时间外出打工，最多的是到中国餐馆做钟点工，把赚到的钱寄给父母。小伙子兴趣也很广泛，一米八三的个头，是篮球队主力，会唱歌、打架子鼓、弹吉他。每周他们业余乐队到外面演出，一场可以赚500元。他经常参加体育锻炼，眼睛也没近视。他还会做饭，南北口味都能做出几道拿手菜。这一条陶正明听得特别认真，会做饭的男人家庭观念强、肯吃苦、人缘好、善计划。

女儿讲完优点便讲弱点，也很具体。

听完女儿的介绍，陶正明又认真看完她带回的他写的钢笔字，是抄写的一篇名人散文，远远超过了500字。但陶正明还是觉得，情人眼里出西施，毕竟这是女儿的一面之词。

陶正明说："你攻下老爸心里这个山头可不是那么容易的！"

时隔不久，有位转业的老战友出差去德国，陶正明请他代相"女婿"。他回来说："男孩子真的很优秀，他俩蛮般配的。不过，你老兄也真舍得，准备让独生女儿去国外吃那样的苦！"

陶正明说："我们哪个不是苦水中泡大的，她们这一代最缺的就是这一课，吃苦太少，毅力不足，补上短板是非常必要的。"

有了老战友的考察介绍，陶正明心里踏实多了，但还是要亲自去看看。

女儿的男朋友研究生毕业了，在找工作单位。这期间他回国，要与陶正明见面。

陶正明告诉女儿："明天你男朋友上午10点来，谈好了，我基本满意了，中午留他吃饭，好好喝几杯。若我不中意，你带他去外面吃，今后只作为一般朋友。"

见面了，寒暄过后，陶正明直奔主题。

一开始，陶正明问，女儿的男朋友答。几个问题过后，他们有了共同语言，就某个问题展开讨论，气氛很热烈，不知不觉到了12点。

陶正明喊女儿："拿酒来，今天中午好好陪你们。"

这顿饭就算是面试通过，陶正明相中了"女婿"，也觉得女儿眼光不错，把女儿托付给这样的男人做父亲的能放心。

听话的女儿私下和爸爸说："爸爸，那天上午我好紧张啊，帮妈妈做饭好几次出了错！"

女儿男朋友家里经济条件不太宽裕，又有兄弟俩，就不想办婚礼，又怕陶正明不同意，女儿男朋友的父母专门来找陶正明商量。

陶正明说："婚礼只是一种形式，无所谓，我和她妈结婚也没办。"

陶正明建议他们就选在奥运会开幕那天，去领结婚证。和奥运会开幕同一天，多隆重，日子又好记。

婚后，女儿的日子过得很清苦，女婿四处找工作，没有固定收入，平时靠打零工维持生计，换了几个城市，多次搬家，一直不敢要孩子。直到女婿和女儿在纽伦堡落实了工作，才贷款买了一套一百多平方米的房子。女婿自己动手设计装修，既环保、实用，又大方、简洁，效果不错。

他们多次邀请陶正明去德国看看。

退休后，陶正明去了纽伦堡，看到可爱的外孙，看到女儿一家其乐融融，心里踏实了。

女儿问："爸爸，您在德国生活习惯吗？"

陶正明说："爸爸是农民的儿子，当兵一辈子，有句口头禅，只要是人能住的我都能住，只要是人能吃的我都能吃。"

凝望着女儿幸福地抱着可爱的外孙，陶正明相信家风与家教会在女儿家传承下去。因为签证关系，陶正明在德国不能久留，3个月后他放心地回到了中国家中。

把军嫂捧上“天”

陶正明在几十年的军旅生涯中参加过无数次战友的婚礼，也多次被邀请为战友当证婚人。每一次的婚礼现场或酒桌上他都是活跃分子，是欢乐海洋中的一个焦点。他的证婚词独特、别开生面；他面对新人的祝酒词诙谐，趣味横生。每次，他都要特意对新娘敬上一杯，说上几句心里话，他对嫁给军人的姑娘有一种由衷的钦佩和敬重。

由于在部队的长时间磨炼，既经历过平时艰苦训练的打磨，又经历过战时腥风血雨的锤炼，还经历过抢险救灾的考验，陶正明对军人的理解是深刻而独到的——这是一个朴实无华的集体，哪里有危险、哪里最苦、最累，哪里就有他们奋不顾身的身影。他们永远坚守在危险的第一线，驻守在祖国最艰苦的地方，他们面临着环境的恶劣，更面对着别人无法理解的孤独。

一个男人投身军营，那么他的生命就不再属于自己！

如果一个女人选择嫁给军人，那么她的爱情也不再属于自己！

女人选择嫁给军人，就多了一份义务，多了一份责任，多了一份坚强。只有深深地懂得了，才会默默地守候。

军嫂是平凡的，又是伟大的。

军人可以是伟岸的山，军嫂也只是那环绕在山间的小溪流；军人是国家的栋梁，军嫂就是一个家庭的支柱，她们坚强地扛起了家庭中所有的重负。

正是有了这样的理解，陶正明深情地写下了一首《致敬军嫂》的诗，献给嫁给军人的半边天，也献给自己的妻子——

致敬军嫂

应邀为战友证婚，
我说，你们携手成家合法合理合情！
新娘，你从此就是军嫂，
因为你嫁给了军人！

军嫂，我相信你的眼睛，
你千挑百选，
还是相中了军人。
你说，祖国要强大，
人民要安宁，
百姓的梦想要成真，
都离不开军人！
赢得全场掌声雷鸣，
许多人的眼眶都湿润！

军嫂，你还说，
军人身体好，本领强，
人品很正，
直脾气，
敢担当，
硬骨柔情！

军嫂啊，你嫁给了军人，
就是选择了奉献和牺牲。
是战争催生了军人，
战机在长空穿梭，
潜艇在深海游弋，
还有突发的灾难，
军人常常也向死神靠近，
你可要用无比的坚强支撑！

军嫂啊，你嫁给了军人，

就是选择了辛劳和担当。
你要照顾双方的父母——四个老人，
因为你俩都是独生子女，
还要抚养你们的子女，
千斤重担压上你的肩膀，
里里外外忙个不停，
你虽是女儿身，
可要替他当好大男人！
常说妇女半边天，
你顶起的却是满天星！

军嫂啊，你嫁给了军人，
就是选择了寂寞和孤独！
军人是个特殊的岗位，
不能花前月下，朝夕相会，
他也时时牵挂思念你，
可形影不离的是战友和口令！
漫漫的长夜，
房间只有你一人，
千呼万唤他不应。
只能看着婚纱合影，
捶打旁边的枕头，
眼泪不住地淌，
时间煎熬着你的心！

军嫂啊，你嫁给了军人，
就是选择了初心和无悔！
因为你也需要军队的守护，
军人的气质揉进了你的身体，
他的光荣和骄傲，
有你做后盾，
他会义无反顾，
朝着自己的选择前进！

让我们举起右手，
向伟大的军嫂致敬！

第六章

最后一站红土地

与110岁开国将军的缘分

用井冈魂，带风气、带规矩

天下第一人武部

两个“九头鸟”，结成“同心莲”

下属说“首长训人不害人”

合影照，“七个第一”惹风波

对部属做到“四个一”

为转业部下上好最后一课

让博士军官去淬火

“三心牌政委”，诚心实意“装”儿子

挥挥手，不带走一片云彩

与110岁开国将军的缘分

开国少将张力雄是陶正明敬重的老前辈，两人的缘分是从陶正明调往浙江省军区开始的。

张力雄将军是福建省龙岩市上杭县才溪镇人，也是一位难得一见的长寿将军——老将军生于1913年11月21日，到2022年11月21日，按中国传统的说法，就是110岁大寿了。

2005年9月，那是陶正明到浙江省军区报到的第三天，他准备前去看望省军区的离退休老干部，事先详细看了老干部的名册，看到张将军岁数大、资历老，就先去了张将军家。

敬礼，握手，自我介绍……陶正明感觉，张将军个头高、手劲大，精神矍铄，嗓门也特别洪亮。

陶正明说：“首长是个老帅哥啊！”

首长夫人笑呵呵地说：“首长年轻的时候更帅，文工团的同事们经常背地里评论、夸赞他！”

张将军连连摆手，呵呵一笑说：“老了，老啦。好汉不提当年勇啊！”

一般人到90多岁，面相的确是老了。但在陶正明看来，张将军气色好、身体好、精神好，如同六七十岁人的样子，好像比陶正明也大不了多少岁。

张将军问陶正明是哪里人，是从哪里调来的。陶正明回答说："我是湖北大悟人，是从十二军调过来的。"张将军一听陶正明是大悟人，就打开了话匣子。

首长说："大悟县地处大别山区。大别山也是革命老区，红四方面军和红二十五军就是从那块土地上诞生的。'中原突围'的时候，我在当旅政委，与我搭班子当旅长的是皮定均（1955年被授予中将军衔）。我们在那里打了好多仗。你知道吗？你们县还出了个大将徐海东，那可是中央红军的救命恩人哪。"

"中央红军长征走了百分之九十的路程，但那时还不知道往哪里去。毛主席从缴获敌人的报纸上得知，徐海东率领的红二十五军先期已经到达了陕北，与刘志丹的部队会合了，有一块根据地。毛主席顿时兴奋地说，'我们到家了，找刘志丹、徐海东他们去'。毛主席住在瓦窑堡。徐海东来找党中央，见到毛主席，请示主席分配任务。毛主席说：'海东啊，向你借点钱吧。'徐海东说他们账上有五千块大洋，全送给中央。从这件事，主席了解了徐海东。他多次讲，徐海东是对革命有大功的人。还有的传得更玄的，说毛主席说过'没有徐海东，就没有毛泽东'。这一句话是千真万确的，我们红军官兵人人都知道。"

"你们十二军也是一支老部队、好部队，很能打仗，出了很多战将。我也在二野干过。"

本来，这天上午陶正明是准备要走访几家老干部的，孰料他与张将军一见如故，张将军讲个不停，陶正明也听得津津有味。于是，不知不觉，一眨眼竟到了中午……

从这以后，陶正明与老将军的交往频繁起来。

回去之后，陶正明查阅相关资料，由于张国焘的错误决策，在长征中，张将军所在的部队曾经三过草地，历经千难万险。

这一次，陶正明专门去向张将军讨教有关长征的问题。

陶正明问："长征给您留下的最深刻的印象是什么？"

张将军不假思索地说："最深的印象是'三多三少'——就是吃苦多、跑路多、死人多，流泪少、吃得少、睡觉少。"

陶正明不大明白"流泪少"是什么意思。

张将军解释："开始打仗的时候，看到战友们牺牲了就伤心地哭。可是，后来天天打仗，几乎天天死人，身边的战友越来越少，眼泪就流干了，对身边的战友牺牲也就习以为常了，有时间了还得掩埋战友的尸体，时间来不及时就鞠个躬，继续往前冲。后人在教育年轻人时常说'苦不苦，想想长征二万五；累不累，比比革命老前辈。'真是那么回事。"

陶正明注意到，张将军的一双手之所以那么有力，就是因为战争年代每天要紧握枪把子——不是手枪就是步枪，多数时间睡觉也不放下，习惯了，手劲也就练大了。

实践出真知。虽然张将军只读了66天的私塾，但是他对长征经历的概括太准确、太精辟了！

张将军还说，打从一当上红军，他就开始做思想政治工作，从少年政工员干起，一辈子没改过行。他当司号员的时候，不识乐谱，听老战友吹了几遍，也就会吹了；长征过少数民族地区的时候，为了便于拉近军民鱼水情，他便学着哼曲、跟着扭，又会唱会跳了。

对此，陶正明说："那都是因为首长长得帅、魄力足，有超强的魅力和吸引力啊！”

张将军听了哈哈大笑。

浙江省文化系统举办活动，时常邀请老红军、老八路参加。有一次，陶正明征求张将军的意见，问他能否到场。张将军二话没说就来了。演出的中间，主持人欢迎张将军上台演个节目。张将军健步走上台，话筒也不要，便高声唱起了闽南家乡的山歌：

当兵就要当红军，
处处人民来欢迎。
新打草鞋四道杠，
打好新鞋送亲郎。
亲郎哥哥去打仗，
消灭白匪一扫光。
……

陶正明心想，真是耳听为虚，眼见为实。你瞧，张将军一边唱，还不时地摆手、晃脚、摆臀扭腰，很有节奏感。

一曲唱毕，下面的官兵们高声喊道：“老红军，再来一首！老首长，再唱一首！”

张将军保持军人立姿，又唱了一支《中国人民解放军军歌》，声音洪亮，精神饱满，不过额头露出了闪闪发光的汗珠。唱完，张将军喘着气，慢慢走下台——他毕竟是93岁高龄的老人了。

有一年秋天，陶正明陪同张将军去医院做体检。医生、护士都与他十分熟悉，因为见他各项指标没有多大变化，就开玩笑说：“首长您更年轻、更健康了，还为国家节省了不少的医疗保健费呢。”

坐在休息室内，陶正明不禁好奇地问道：“首长，您身体这么好，是用什么办法养生的啊？”

张将军笑一笑说："这个简单得很，就是心里乐、手脚动、张口笑、保持好心态，再大的事不往心里去，不折磨自己，该吃就吃，该喝就喝，不影响情绪。"就是"文化大革命"时期，张将军被造反派押送到湖南洞庭湖农场，去接受劳动改造30个月，他也保持着不温不火、不急不躁的心态。

这时候，张将军又补充说："说起我长寿的秘诀，还有一条，就是'一磨一搓'。"感觉陶正明似乎没听太懂，他就一边比画一边讲解："长征的时候，大多数的时间，官兵都是在跑路，要么追敌人，要么躲敌人，双脚经常在石子路、沼泽地、灌木丛中猛跑，即便是脚底板磨得皮破血流也顾不上，时间一长，便练就了一双'铁脚掌'；同时，带动小腿、大腿都很有力气。后来不打仗了，张将军就发明了一套'红军操'，就是用手搓全身。每天早上5点钟醒来不下床，用手使劲搓、反复搓，从头顶到耳、脸、胳膊、腹部、大小腿，直到脚掌心；有的部位还要用劲儿捏，大约半小时之后，等冒汗了才下床。如此把床当场地，手脚当器材，健身的方法简单又实用。"

最后，张将军说，还要保持饮食清淡，戒烟戒酒，少去外面应酬，吃饭半小时结束。以上这些，听起来简单，但是，如果能够坚持几十年，天天不间断，那还真是太难了。

张将军之所以能够长命百岁，就来自于他这种滴水穿石、涓涓细流的真功夫。

还有一次，浙江省军区在丽水市云和县建了一所爱心小学。小学建成之后，想请张将军题个校名，陶正明就去找他请示报告。张将军说："这是一件教书育人的大好事，我一定写，并且一定写好！"第三天，他让工作人员送来了"浙江省军区爱心小学"9个苍劲有力的大字。落款"张力雄"3个字也写得工工整整。

张将军一辈子都不忘自己是组织的人。在张将军94岁的时候，腰椎上生了毛病，不仅行动不便，还异常疼痛。当时，军区联系了多家医院，都以患者岁数太大为由，不敢给他做手术。张将军的女儿在南京鼓楼医院工作，他们院长到国外留过学，是这方面的专家。女儿跟院长说好了，而且家人经过商量也同意在鼓楼医院做手术。陶正明便把这个决定报告给张将军。张将军说："他们的意见只做参考，我听组织的，请陶副政委做主。"

张将军这么大岁数了，好多军内大医院都不敢做，现在到一家地方医院去做手术，万一有个三长两短的，谁负得起这个责啊！张将军仿佛看出了陶正明的心思，便哈哈一笑说："这就如同打仗，哪有百分之百的把握啊？手术做成功了，是经验；失败了，也是难得的教训。不要怕，我们去。"

做手术前要亲属签字，可是，亲属都不在身边。张将军就斩钉截铁地说："没问题的，就请陶副政委签字吧，他是代表省军区机关的，我一辈子就相信党组织。"

张将军说得对。陶正明就按照医院的要求，工工整整地签上了自己的名字。手术过程中，中饭、晚饭陶正明都不敢吃，一直等到晚上8时22分张将军苏醒过来，陶正明这才吃了饭。吃完饭，陶正明上前双手握住张将军的手，好像看到坚强慈祥的老父亲一样。

"谢谢省军区领导，谢谢陶副政委！"张将军面带笑容，用微弱的声音对陶正明说。

陶正明在南京陪张将军直到拆线，然后送他到他女儿家休养。

张将军职务是副大军区级的领导，而他在杭州干休所的房子面积很小，达不到副大军区级应该享受的标准，但他一直将就着住着。南京军区党委特别关心张将军，盖新房的时候把他考虑进去了。2009年他从杭州搬到南京的新家，也是陶正明送他去的。

2010年7月，陶正明到江西省军区担任政委，南京军区的主要领导找陶正明谈话，叮嘱陶正明做好老区的工作。当天晚上，陶正明又登门去看望张将军，顺便告诉了他这个消息。

张将军戴上助听器，认真地听陶正明说完，说："江西是老区、苏区、红土地，是个好地方，对中国共产党、新中国、解放军的贡献比其他地方都要大。但是，如今那儿老百姓的日子还很不富裕，你去了那里，一定要知恩报恩，好好工作，力争尽快带着老区人民脱贫致富啊。"

张将军言毕，顺手递给陶正明两个苹果，又接着说："长征的时候，我21岁，当团政委，是从赣州石城县出发的。从1975年到1980年，我又回到了江西，在那儿工作了5年。那里也是我的老家，我很想去看看乡亲们。我俩真有缘分！"张将军一边说着，一边双手紧紧地握着、摇着陶正明的双手。

陶正明当即大声对张将军说："请首长放心，我一定要干好工作，绝不辜负老首长的期望！同时，也欢迎老首长常到江西来看一看，祝首长健康长寿！"

⊙陶正明将军

后来，到了江西，陶正明才了解到，原来张力雄将军曾经担任过江西省军区政委的职务，是中华人民共和国成立以后的第八任，而陶正明，则是第二十任江西省军区政委。陶正明心想，难怪张将军对江西这方红土地，对这里的老百姓感情那么深厚啊。

用井冈魂，带风气、带规矩

江西，这方红土地，堪称是“革命圣地”。

南昌，中国人民解放军的军旗从这里升起！

井冈山，中国共产党的第一个农村革命根据地在这里建立！

瑞金，中华人民共和国的“胚胎”在这里孕育！

于都，红军二万五千里长征从这里出发，演绎了人类历史上空前绝后的大腾挪、大转移！自此，爬雪山、过草地，艰苦卓绝地走向延安，走向胜利！

甚至可以说，江西省是革命老前辈共同的“老家”，是新中国的“革命圣地”。陶正明在江西工作了40多个月，1400多个日日夜夜，这里也就成了他的第二个故乡，成了他一生中强心健骨的红土地，成了他退休后魂牵梦萦的红土地。

在未到江西省军区工作之前，陶正明就从书本上读过许多党史、军史，对于中国红军在井冈山的革命斗争历史，自然谙熟于心；对于这块神圣的红土地自然魂牵梦萦，总想着要去一趟，后来也去过两次，主要是参加南京军区组织的读书班。

自2010年到江西省军区工作后，陶正明就经常上井冈山，而且他一直都在想着：把省军区的全体干部、家属，分期、分批地带到井冈山上，去重温历史，去学习传统。后来，经报上级批准，陶正明将200多名省军区团以上单位的主官、新任职的干部分为三批，组织他们到井冈山上去集训、去学习、去参观，还举行“特殊党日”活动，接受一次心灵的洗礼。

之所以说是“特殊党日”活动，就在于日子特殊——建党九十周年前夕组织的；主题特殊——祭拜革命先烈，参观大井毛泽东旧居、井冈山革命博物馆，学习党章；人员特殊——第一批为任职时间较长、年龄较大的团以上的主官，第二批为新调进省军区的副团以下干部，第三批为新上任的人武部部长、政委、机关处长。这也是陶正明到省军区工作后第十次上井冈山。

陶正明调到省军区之后，第一次上井冈山是刚刚报到的时候，有一位处长陪同前往。翌日一大早，陶正明又一个人上山，去向烈士

⊙井冈山革命烈士陵园留念

敬献花篮。对于追寻、参拜革命圣地，陶正明感言道："我上井冈山，可以说，每去一次都有新的感受，每去一次都可谓是终生难忘。"

这是一种什么心情呢?

没来井冈山以前，陶正明总是怀着一种向往的心情，可以说是朝思暮想、梦寐以求。井冈山真神奇啊！这么一个小地方，搅动了中国，搅动了世界；改变了中国，改变了世界。

后来，每一次陪领导到井冈山，陶正明都会有一种全新的收获，心灵都会受到很大的震撼。这种全身心的震撼，主要是来自革命老前辈、老党员那种远大的志向，那种坚定的信念和不屈的意志。

陶正明私下暗忖：现在的年轻人入党是为了什么呢？他认为，在当下社会里，对新中国的部队抱有成见、存有偏见的不乏其人。他们把部队说成是"四个机器"——造党员的机器、造干部的机器、造文凭的机器、造功臣的机器；甚至，有的部队转业干部也会自己小看自己，造成了一些人对部队转业干部存在非议，说部队的转业干部素质偏低，不适应地方工作要求，于是有的部队转业干部的信念就动摇了。

作为一名党员，每当对部队上、地方上的一些不正之风看不惯的时候，每当自己的信念发生动摇的时候，大家就要想一想井冈山，想一想那些风华正茂就被敌人杀害的、用青春和生命写下"革命胜利万岁"的英烈，就应该想一想我们入党的初衷，坚定听党话、跟党走的革命信念。所以说，井冈山是神圣的山，是人们的灵魂接受洗礼的地方。

在省军区一次理论学习会上，陶正明请来井冈山市人武部原政委来给大家上一课，题目就是"不跑不送组织没有忘记我"。陶正明认识这位政委就是在井冈山，认识后的第二年，他就调到杭州工作了。

不久，陶正明专门到新单位去看望他，在那里吃了一顿饭，把他们人武部的部长也叫了过来。

就在饭桌上，陶正明对他说："政委啊，你能调到经济最发达地区的人武部当政委，是得益于南京军区党委首长对革命老区的关心，也是得益于你自己工作踏踏实实；不仅如此，你还得益于'井冈山'这个好名字，当然了，也离不开江西省军区党委的力荐。"

有一次，南京军区在井冈山办师（团）政治部（处）主任的理论集训班，陶正明对南京军区首长说："我们江西是革命老区，如何调动干部的积极性呢？"他认为，一方面是提拔，但毕竟是少数人的；另一方面，可以采取激励的政策——干得特别好的，可以调到上海、浙江、江苏等经济发达地区去，让那些地方的干部提拔过来，就会形成一个好的导向。军区首长非常重视陶正明的建议，第一年就把最好的两个地方的交流指标给了江西省军区。

陶正明还对军区首长说，现在的部队干部在思想上有一个误区，认为自己不和领导搞好关系就会吃亏，就不会有"好果子吃"，其实不然。这是一个人格的问题，也是一个党性原则的问题。

陶正明调到江西省军区工作后，狠抓风气建设，强调要尊重自己的人格，尊重自己的党员身份。省军区干部调整，陶正明组织从下面挑了三名同志到省军区机关工作，让机关的同志下去任职；他们还实行机关干部投票制度，凡是得票末位的淘汰，直接从机关走人；他们还"多条腿走路"——人武部的部长、政委，适合的可以到机关来当处长，当得好的再接着提升。让省军区的各级主官明白，带兵就是要带风气，带兵就是要带规矩。

陶正明在好几个单位工作过，最让他难以忍受的，就是干部找他去汇报思想工作。他认为，干好工作，就是最有力的汇报，就是对党的宗旨的最好的实践，也是对个人最好的尊重，对工作最负责任的表现。陶正明常说，大家要牢记自己是一名军人，是一名党员，是党的领导干部，决定着单位风气建设的方向。

在井冈山，陶正明听了10余次革命传统的介绍，每次他都认认真真地记录，认认真真地思考，每一次的感悟都不一样。每一次上井冈山，陶正明都会想起《天下乡亲》这首歌：

> 最后一尺布用来缝军装/最后一碗米用来做军粮/最后的老棉袄盖在了担架上/最后的亲骨肉送他到战场/风也牵挂你/雨也惦记你/住过的小山村，我是否对得起你/你那百年老屋，有没有挂新泥/你吃的粗茶饭，是否碾成细米，碾成细米/我来的时候，你倾其所有/你盼的时候，我在哪里，我在哪里/你望眼欲穿的时候，我用什么来报答你，报答你，报答你/最后一尺布用来缝军装/最后一碗米用来做军粮/最后的老棉袄盖在了担架上/最后的亲骨肉送他到战场/最后一尺布用来缝军装/最后一碗米用来做军粮/最后的老棉袄盖在了担架上/最后的亲骨肉送他到战场/天下乡亲，亲如爹娘/养育之恩不能忘，高天厚土永不永不忘！

这首著名的红歌响彻云端，经久不息地回响在陶正明的耳畔。这首红歌就如同红土地上的许多民谣一样，就像镜子、鞭子，时刻映照着人的心灵，时刻拷问着人的良知，时刻警示着人的一言一行、一念一举。有一次，在省军区的党委扩大会上，陶正明若有所思地说：“我们作为一名党员、一名领导干部，每一次登上井冈山，面对先烈的英灵，面对鲜艳的红旗，都应该扪心自问：自己究竟做得怎么样呢？”

陶正明接着说："自己在某些方面、某些行为上，是不是有欠缺之处、侥幸之心呢？是不是有愧疚感、负罪感呢？我不知道在座的诸位如何，反正我是有的，而且还不少哪！"

天下第一人武部

陶正明在去江西省军区就任政委之时，南京军区的主官找他谈话，特别明确要他们继续举起“井冈山人武部”这面旗帜，把苏区干部的好传统、好作风发扬和传承下去。为此，井冈山人武部便成为陶正明上任后的第一个工作联系点。也是从那时起，他对“井冈山精神”有了更清晰、更透彻的理解。那几年在井冈山工作的点点滴滴，至今历历在目，记忆犹新……

在我国的各省、自治区、直辖市，下面的各区、各县（市）都设有人武部，而“天下第一人武部”还要数井冈山市人武部。

首先，它成立的时间最早。井冈山市人武部历史悠久，是由毛泽东等老一辈无产阶级革命家在1928年5月亲自创建的，当时叫赣湘边界政府防务委员会，可以说是首个红军人武部，毛泽东点名王佐当该委员会主任。

其次，它作出的贡献最大。井冈山市在全国第一个宣布脱贫，老百姓过上了小康生活，这天翻地覆的巨大的变化，离不开该市人武部的奉献。正因为如此，当地的老百姓逢人就说："为了我们致富，武装部一茬又一茬干部、职工脱了几层皮，都是出了大力的。"百姓的口碑就是最好的肯定，就是历史的丰碑！

最后，朱德元帅曾给井冈山题词"天下第一山"。既然如此，用井冈山命名的人武部自然可以说是"天下第一人武部"。

为了摸清井冈山市人武部的情况，理清继承发挥好作风的思路，陶正明首先召集机关的同志开座谈会，而后又到吉安市征求地方领导、军分区领导，以及干休所的老红军、老八路，还有曾在人武部工作过的同志的建议意见，这样便有了初步的印象和想法。紧接着，下发通知，动员人武部的现任军官、职工家属、民兵围绕"当好排头兵，发扬好作风"的主题，开展学习、调研与思考活动，共同出谋献策，为调研提前做些准备，梳理出一些有特色、可实用、能坚持的具体工作举措和标准。过了一段时间，陶正明便带着机关的同志上山深入人武部一线，参加他们的日常工作、找他们谈心。人武部的同志们准备都挺认真的，提纲大都写在纸上。陶正明便将他们讲的、写的进行了综合归纳，比较集中的建议有16条：

1.组织干部、职工、家属学习井冈山精神，每个家庭都要有一套反映井冈山精神的图书。

2.干部、职工都要与井冈山革命博物馆的讲解员结成对子，学习井冈山斗争的历史等知识，掌握讲解技巧和艺术，部领导要达到与讲解员相近的水平。

3.干部、职工、特别是人武部的领导，都要认真学习，非常熟悉地掌握井冈山的人文历史、民风社情等；对井冈山斗争时期的主要人物、历史故事、红军歌谣等耳熟能详，人人都能当"红色导游"。

4.对于井冈山市的所有烈士、老红军的家庭，人武部的领导都必须走到，干部、职工要熟悉烈士后代、老红军的近况；编辑一本烈士后代的通讯录，干部职工随身携带，以便随时熟悉或者访问。

5.新调入（调出）人武部的干部、职工，首次到人武部探亲的家属小孩，都必须到革命烈士陵园凭吊革命烈士；到毛主席雕像前宣誓；到井冈山革命博物馆去参观，吃一顿红军饭（必有红米饭、南瓜汤）。

6.当年红军在井冈山地区战斗、行军的主要路线，干部、职工要重走一趟，并且写好日记。

7.新进的干部、职工都要在最短的时间内，学会井冈山的方言，更快地融入当地群众；井冈山市的每个自然村，人武部的干部、职工都要走到，看谁去的村寨多、结交的农民朋友多、给老百姓办的实事和好事多、为群众排忧解难多，要有一本记事本，详细地记录下来。

8.每位干部、职工都要资助一名贫困学生，建立一个脱贫致富的联系点，帮扶对象主要从家庭困难的烈士、老红军后代中选定，人武部要帮助井冈山人民富起来，帮助井冈山人民的后代强起来。

9.要能举办一场全部由干部、职工、家属当演员的，时长1小时左右的，反映井冈山精神的文艺演出；人人都要熟知红军菜谱、会做红军饭菜；探亲时要把“井冈山精神”带回家，给家乡人民上一节关涉井冈山革命传统的教育课。

10.要建设一支过硬的“井冈山民兵连”，使之成为能完成急难险重任务的突击队、主力军，并且做到“四有”——有旗帜、有标志（执行任务时人人挂“井冈民兵”臂章、胸牌）、有作为、有影响的标准。

11.要组织每年从井冈山征集的新兵，去革命烈士陵园凭吊一次革命先烈，吃一顿红军饭，给每人赠送一本反映井冈山精神的图书；号召他们入党、立功、提干后，都要给井冈山人民报一次喜；退伍回乡进行预备役登记的时候，再到革命烈士陵园凭吊一次革命先烈、吃一顿红军饭，并在毛主席雕像前宣誓，做到退伍不褪色。

12.要以学习、实践、传承井冈山精神为主题，突出井冈山精神元素的运用，抓好人武部营区的环境建设，使人武部营院成为学习、传承井冈山精神的阵地和课堂。

13.要与吉安军分区干休所建立共建关系，人武部干部职工与老红军（老八路）、遗属结成敬学帮的对子；新调入的干部、职工要逐户登门拜访干休所的老干部和遗属；每年一次集体到干休所听取老红军、老八路作光荣传统报告；干部、职工要非常熟悉敬学帮对子的光荣经历、家庭情况，并积极帮助他们解决生活困难；在他们去世之时，都要参加悼念活动。

14.要组织编写《井冈山红军人武部部谱》《井冈山人武部红色菜谱》，收集整理反映人武部和民兵风采的故事。

15.要按照“编、装、训、管、用”的标准，加强“民兵应急连”的规范化建设，努力提升应急救灾能力。

16.要成立“女子民兵解说排”，使女民兵成为井冈山精神的合格宣传员、美丽风景线。

综合归类好大家的建议、意见，然后召集干部、职工开会，逐人询问能不能做到，有没有强人所难的条款。大家都说能做到，没有强人所难的条款，并认为许多工作过去就是这样干的，只是没有予以系统梳理、规范过。

当天晚上，陶正明就去观看以民兵为演出主体的大型情景剧《井冈山》，到了现场，看到场外数百辆摩托车排得整整齐齐。人武部杨部长向陶正明介绍说，300多名演员其中七成都是民兵，每一个角色都有3名演员，以便确保万一有人因事参加不了当晚的演出，另外的人能顶上。他们白天干活，晚上8时开演，非常投入，基本上做到了

⊙ 2011年4月，陶正明莅临井冈山市人武部指导工作

风雨无阻。

那一晚，1小时颇具真情实感的演出，使观众的眼眶一直湿润着。演出结束后，扮演毛泽东、朱德的演员率领演职人员走到观众席，一边演出行走长征路，一边与大家挥手打招呼。观众们掌声不断，久久不愿离席。

提及井冈山的民兵，陶正明还清晰地记得，在龙潭景区有一个清洁工，是个女民兵。她十分热爱这项工作，她一边捡垃圾，一边当导游、唱红歌，会唱几十首，如《十送红军》《八角楼的灯光》《老妹等你好心痛》等，一遍又一遍地唱。她的歌声非常嘹亮，让人老远就能够听得到，而且井冈山的韵味特别纯正，很多游客就冲着她的歌声当了回头客。有一个事业单位想招录她到办公室工作，她没去，她说她就爱做捡垃圾这个工作，而且每天有八方客人能听她唱歌，她心里就像喝了井冈山的清泉，甜甜蜜蜜的，一点也不觉得苦和累。

在井冈山上，陶正明还碰到过一位李姓女民兵，她是大学毕业生，文采激扬，口才很好，可是都快40岁了还没有找到对象。但是，为了把先烈的事迹材料整理得准确、完整，她自掏腰包到过全国很多的地方，专程去寻找、求证与井冈山有关的事和人。许多人听过她的讲解，都禁不住竖起大拇指，赞不绝口地说："小李快成史学专家了，怎么还没找到自己的另一半？不可思议。"

对此，小李告诉陶正明："从学校毕业之后，我就请求分回到了井冈山，一直从事着有关井冈山革命斗争的党史、军史研究，许多大城市的政府机关也有意调我去工作，可是我离不开井冈山；我长期执着于找先烈、写先烈、讲先烈的事情，他们是我人生的参照系；我也想找到人生的另一半，但他必须首先承诺永远落户井冈山。"小李一直在等待着、盼望着那份属于自己的缘分。

自从梳理、规范16条工作举措之后，一有机会陶正明便要打听、了解工作落实情况。有一次坐在人武部的吉普车上，司机是一个王姓小伙子，陶正明就先和他聊了起来。他是当地人，入伍去了野战军，5年后退役回家考录为人武部的职工。在部队时学习抓得紧，他养成了爱学习的习惯，车里总会放上几册书、笔记本，一有空就学一点、记一点。在接送客人的途中，小王喜欢主动去当讲解员，向客人们讲解井冈山的红色历史、传奇故事。

谁不说自己的家乡美呢，何况小王的家乡又是美丽、传奇的井冈山。小王说，他能讲好多的故事，今天讲两个。先讲苏区干部好作风的来历，而后他笑一笑说："我先给首长唱一段吧！"

"苏区干部好作风，自带干粮去办公。日穿草鞋干革命，夜打灯笼访贫农。”唱完了，小王接着说，这段歌曲的创作来自真人真事。这个人名字就叫刘启耀，1933年，他是江西省苏维埃政府主席。刘主席的妻子担心他下乡饿着，就经常给他送粮食，并开玩笑说：“老公老公，饭要我供。”刘主席则回答说：“革命成功，吃穿不穷。”夫妻俩的俏皮话、顺口溜，很快就在红军当中传开了。其实，当时的刘主席保管着公家的钱，可他舍不得在自己身上花一分。部队突围的时候，刘主席背着公家的一麻袋银圆，自己却打扮成乞丐，靠沿街乞讨维持一线生机。最后，他把银圆一块不少地交给了组织，被人称为腰缠万贯的讨饭人。

小王扭头朝陶正明笑一笑说：“再讲一讲毛主席的故事。”那时候，毛主席他老人家天天夜里批阅文件、撰写文章，经常熬夜到“东方既白”。按照规定，毛主席的油灯芯可以用三根，但他为了节省一点煤油，一直只用一根。小王说：“一想到这些故事，就有要讲出来的冲动，平时我们用故事来互相问一问、照一照，与老前辈相比，自己的确差得太远了，挺惭愧的！”

这就是天下第一人武部的事，这就是天下第一人武部的人，这就是代代相传的井冈山精神！

两个“九头鸟”，结成“同心莲”

陶正明在江西工作的时候，与他搭档的司令员是郑水成将军。

在南昌市居家过日子，郑水成与陶正明两家是邻居。退休后，他们两家又同住一个院子里。外出散步、办事或到食堂吃饭，二人经常碰见，只要照面，就有说有笑。郑夫人一见这情景，就开玩笑地说他们俩就像是“夫妻”。陶正明就笑道：“你和老郑是生活中的夫妻，我们俩是工作中的搭档。我们是‘同心莲’。”

陶正明和郑水成成为搭档，还真是机缘凑巧的——家乡同地，他们俩都是湖北人，陶是大悟县人，郑是仙桃市人；年龄同岁；入伍同年，入伍后又同在一军老部队，陶在二师、郑在三师；两次做同学，一次是在南京陆军指挥学院，一次是在长沙国防科技大学。

而且，两人三次共事，第一次在军机关，郑在司令部作训处，陶在政治部组织处，乘一列火车上云南老山前线；第二次在一师，郑任参谋长，陶任政治部主任，只是任期不久郑就调到南京军区了；第三次就是在江西红土地上，共同主持省军区军政工作。

郑水成不仅在国防大学读过后备干部研究生，还到俄罗斯总参谋部军事学院喝过两年“洋墨水”，他素质全面，尤其是军事才能突出。但是，他的脾气有点大，在第一集团军也是很有名气的。陶正明与郑水成都是火暴脾气，二人配班子，就有人说，这两只“九头鸟”放在一个笼子里，咱就等着看好戏吧。这话倒是给二人及时提了个醒。实践证明，想看笑话的人会大失所望，他俩共事很愉快，连一次脸红也没有。他俩经常分析说，到了一定岁数，人越活越明白，那是缘分到了。

部队非常流行的一句口头禅这样说：“部队行不行，先看一班人；班子行不行，就看前两名。”看什么？看团结，团结是生命，团结是形象，团结是力量。无论是在机关工作，还是进班子带部队，陶正明总结过许多单位的经验教训，即要想搞好领导班子的团结，离不开四句话：事业是团结的轴心，素质是团结的基础，感情是团结的纽带，制度是团结的保证。

因为陶正明与郑水成知根知底，两人就很快达成了工作共识。由于省军区主要领导换得勤，积累的重难点问题比较多，他们俩就铆足了劲，准备先啃“硬骨头”，解决最棘手的问题。

熟悉的同志好心规劝他们二人：“一些大坑大沟等着你们呢，你们千万要三思而后行啊！别人能绕道过去，你们也不要直着走。”话听了，好心也领了，但他们俩没有打退堂鼓。

在征求班子其他成员和机关干部、下属官兵的意见的基础上，两人又通宵达旦地交谈多个晚上，反复掂量肩上的责任、部队的期盼、百姓的观望、领导的嘱托，毅然下定了决心，明确了工作思路：梳理难题、心中有底，排定顺序、预测后果，多方施策、逐一突破，凝聚人心、取得信任。

较大的难题有13个，亟待解决的也就是3件事。

第一件是机关干部的住房分配问题。大家一个个都踮起脚尖、睁大眼睛，急切期盼尽快得到解决。309套房子中的1/4已经分给了不符合条件的人员，必须收回才能继续分配。但分到房子的那些人，有的是他们的上级领导，有的是他们同部队来的战友，百余名职工，拒绝搬入给他们新建的房子，说要同机关干部标准一样。

第二件是领导干部退休后的安置问题。多年来，退休的师职干部还没有移交地方安置，共有17名，其中正师职占多数，上行下效，团级退休干部也有滞留部队的，给现职干部带来很大的压力。对此，虽然军区首长曾经多次点名批评，限期全部移交，但是无济于事。

第三件事是临街100多间军产店面的管理问题。这些店面租金普遍过低，有的逾期数年，租户还不肯退还，严重损害了部队的利益，少数人占了大便宜。

这3件非常敏感的事情不仅涉及部队的利益，还涉及军政、军民和上下级之间的关系。郑水成和陶正明一碰头便决定，第一个战役便选准这3个大难题作为主攻的突破口，一举攻克。

首先，省军区党委常委会统一好思想，认为上述这3个大难题解决了，其他问题便可迎刃而解了。于是，他们迅速召开电视电话会，军、师、团三级机关干部参加。先由郑司令讲话，向大家明确了任务、决心、标准、时限。

紧接着，陶正明着重就如何破解3大难题讲了8条：

一是要有敏锐的政治眼光、强烈的责任意识；

二是要建立在深入调研、刨根问底的基础上；

三是要挺起手腕，敢于较真碰硬；

四是要注重抓根本、抓要害、抓关键；

五是要让多数人形成共识，形成气候，形成力量；

六是要坚持一心为公，与人为善，充分调动积极因素；

七是要创新思维，顺势而为，多法并用；

八是要善于趁热打铁，拓展成果，力争抓住主要矛盾的主要方面，牵一发而动全身。

任务下达了，思想也动员了。随即，军机关成立了3个小组——新房测量清理小组、退休干部移交小组、街面店铺收回小组，立即开展工作。

没承想，新房测量、清理工作进展得比较顺利，一些违规分到房子的同志主动退回，有的老领导、老部下也很理解，很体谅。但退休干部移交的工作遇到了较大的阻力。有一位老同志自恃自己的资格老、认识上级首长多、关系硬，摆出多条理由，多次推迟移交的时间，其他人也就纷纷效仿。陶正明和郑水成事先通气，统一口径。陶正明便请这个老同志到办公室来谈。他夫妇两人来了，一人讲理由，一人哭着闹。老同志说，上面某某主要领导同意他推迟，前任某某主官也说过可以的。陶正明便当着他俩面，直接拨通了两位领导的电话，他们明确说没有这回事，请按政策规定办。这一下，这位老同志“蔫”了。

有的老同志凭着与郑水成的老感情，来找他求情，郑水成就回答说：“陶政委讲的话是常委会的决定，当然也是我的意见。”一下子就顶了回去。当然，老同志提的有些要求，只要不违反政策规定，他们也会按照就高不就低的原则，尽力给予满足。移交工作总体比较顺利，超额完成了任务，在南京军区名列第一。

在清退临街门面房的时候，陶正明他们也坚持底线思维，对事不对人，刚柔并举，甚至做好了上法庭打官司的准备。有5个有来头的“钉子户”，天天到省军区的大门口吵闹，甚至往自己身上浇汽油，以自焚相威胁，但郑水成、陶正明事先做好了防备，救护车、消防车、防暴车等都停放在附近。5天过去了，看到省军区毫无松动的态度，5个“钉子户”也只好悄悄地自动腾出了房子，交出了过期的租用合同。省军区领导再通过公开招标经营，集体的收入就像是孙悟空翻筋斗，一下子翻了好几倍。

陶正明他们几场硬仗打下来，大大地提升了省军区党委班子的威信，下面也就照着干，一个个难题便迎刃而解了。当领导的有时难免会得罪人。那些年，先后有人向上级写匿名举报信，“揭发”郑水成、陶正明的违法违纪问题。但他们“身正不怕影子斜”，相信党组织、相信群众，不解释、不猜测、不后悔，一如既往，抓大事，干实事，重实效，铁面无私敢碰硬。

上级领导接到举报，非常重视，先后有多名常委包括主官带工作组下来调查，有的是专题的，有些是附带的，最后结论一致。

有一位大军区的副司令找他们俩谈话，说：“你们俩都是最后一站了，还把整个身心都投进了红土地上的部队这儿，特别难得。有的分区领导说，你们两个老家伙‘来晚了，干短了，抓狠了’。这九个字的评价，其实也是表扬。你们看得准、抓得紧，啃掉了那么多的‘硬骨头’，真是不容易呀！”

党的十八大以后，江西省军区广大党员干部中虽然有少数人因违纪受了处分，但没有一个因违法犯罪被判刑的。有的同事对照其他军区的数据说：江西省军区之所以能够形成这种好的局面，与那几年省军区两位主官的“两把号子一个调”，狠抓思想风气建设，敢于举大锤、砸得重是有很大关系的。凡此种种，也就等于从侧面挽救了一大批党的干部。

郑水成、陶正明听了这番话，也感到莫大的喜悦、慰藉和踏实。

下属说“首长训人不害人”

2020年伊始，新冠肺炎疫情伴随着新年席卷而来，举国上下一盘棋，社会各界众志成城，打响了一场场疫情防控的人民战争，谱写了一曲曲波澜壮阔的平民史诗。

始料不及、突如其来的疫情犹如照妖镜、放大镜，照出了众生相。“战争”中涌现出了无数的最美“逆行者”和热心人，可歌可泣！同时，疫情也终结了许多干部仕途向好的美梦，这有个人能力不足、自身放松等内在原因，也有上级领导官僚主义盛行、驭下失之于宽和下属形式主义、对上溜须拍马等外在因素，教训极为深刻。

由此，陶正明想起在江西工作时的几件予以严肃问责的小事，事后说起来给人感觉好像不近人情，但为了干部日后的健康成长，当领导的就应当严格要求，该出手时就得出手，只要问心无愧，就不要怕得罪人。

陶正明是2010年7月到江西省军区工作的。就在他上任前的一个月，江西省抚州市发洪水，临川区唱凯堤决堤，省军区部队和民兵迅速投入抢险救灾工作当中。同时，鄱阳湖四周也遭受着洪水威胁。在党中央、中央军委的统一指挥下，南京军区官兵立即奔赴抗洪抢险救灾第一线，军民团结如一人，险情迅速得以控制。

对于这场重大行动，省军区当然要总结工作，宣扬典型。司令员决定结合每周一上午机关大交班的时机开展这一工作。陶正明没有赶上参加抚州的抗洪抢险任务，他的前任政委参加了指挥，但前任政委已经调走。可在总结中，负责交班的处长不仅口头提到了陶正明，还在大屏幕上播放了他和司令员坐冲锋舟指挥、巡视大堤的照片——处长是把陶正明在其他部队抗洪的老照片ps上去了。

对此公然弄虚作假的行为，陶正明禁不住大吃一惊，顿时感觉浑身起鸡皮疙瘩，如坐针毡，立即责令副处长停下，并严肃地说："抚州抗洪是前任政委参加的，我那时还没上任。你们移花接木，把功劳栽在我的头上，作为省军区的机关干部，这种做法很拙劣，也很不应该！这是变相讨好领导、巴结领导的不良行为，必须严厉批评，坚决制止，坚决杜绝，就像抗洪一样，绝不允许这种不正之风危害我们机关！"

本来那一天，是陶正明到任后第一次参加交接班，而且是听取打胜仗后的工作总结、先进表彰，他原本没打算讲话的，更不应该发火。然而，陶正明心想，如果明知下属犯错却不吭气，心安理得地接受奉承，听之任之，必定会给领导机关、给部队干部造成非常严重的后果，甚至恶果。

所以，陶正明坐不住了，认真严肃地讲了一番话："我党我军历来倡导实事求是的好传统、好作风，至于重大工作、重大事件，那都是要记入史册的。"稍事停顿，他又接着说："历史不是泥巴团，任凭你揉捏，将主要领导的行动记错，随心任意捏造，篡改省军区的历史，这是非常不严肃的；再说，往自己的首长脸上贴金，对整理情况的机关干部来说，可能认为是小事一桩，是好心，但从思想深处分析，众目睽睽之下，为了讨好领导，张冠李戴，我认为这是官德、人品出了大毛病，这是挖坑设陷阱，让领导往下跳啊！贪人功为己有的事情，我过去没做过，今后永远也不会做！”

一上任，就被忽悠，陶正明的脸上好像被狠狠地掴了几巴掌，这是对他人格品行的莫大侮辱，参谋、处长、部门领导等人都有责任。随后，陶正明责成负责的同志交班后一五一十地说清楚。

事后，陶正明又与做课件的参谋和处长、参谋长逐个谈心，告诫他们对首长最好的尊重、爱戴就是务实、诚实，老实做人，诚实做事，不要给领导帮倒忙，设陷阱；要举一反三，转变作风，小中见大，从思想意识上认识到事情的严重性、危害性，以便今后坚决杜绝。

从那件事情以后，在陶正明的任期内，江西省军区机关再也没出现过类似的事情。几年后，有个单位空缺一个正团职，陶正明就推荐提升那个处长去接任。陶正明退休五六年之后，当年的处长专程来看望他，俩人见面有叙不完的战友情。处长说，从那件事情以后，自己好像一下子长大了许多，一辈子也不会忘记老首长的严肃批评；从那件事情以后，同事们也会经常私下议论说：“铁面首长爱瞪眼，可他训人不害人。”

福建省有个军分区政委打电话给陶正明，说他有个亲戚在江西的一个人武部，副营职，请他多多关照，留心培养。

有一次陶正明下部队调研，正好路过那个人武部，他就想进去看一看。营职干部住的家属房是一排旧屋，每家两间平房，外面再临时搭间伙房。伙房外有一条敞开的小水沟，供各家排污水用。尽管人武部提前得知陶正明要去，也把排污沟冲刷了几遍，但还是散发着异味。陶正明走了几家，每家生活环境都差不多，条件都很简陋。

到了人武部会议室，陶正明准备和时任部长聊聊部里的情况。陶正明有一个习惯，下基层了解情况，从来不喜欢听人念稿子，更何况人武部负责的都是一些具体事，没有什么可以长篇大论的。部长是从省军区机关下去的，对他的这个习惯可能听说了一些。所以，他没有念稿子，拿了一张小报纸呈递给陶正明。他说这是他们人武部办的报纸，一周一期，主要刊登县里、部里的大事动态和干部职工个人的学习工作体会，还有一些军事方面的常识，向上寄给省军区、军分区首长，以及部门的领导和各处室；向下分发给县委、人大、政府、政协领导和各部委办局、乡镇干部，一直分发到民兵连长。

陶正明翻看了一下小报，上面没什么有价值的东西，都是一些摘抄的内容，包括过时的动态和质量不高的体会，编辑水平也一般，错漏处不少，没有什么可读性、参考性。陶正明就问人武部部长，这张小报办了多长时间，他说他下来快5年了，报纸办了4年，并指着墙角码成一堆的报纸说都在这，一张不少。

陶正明又问，办报纸一年要花多少钱？钱从哪里来呢？人武部部长回答，不到10万元，都是从县里拨的民兵事业费中开支。他还告诉陶正明说，来过的上级首长都充分肯定这件事办得好，县里领导也经常表扬他们。

听着听着，陶正明便感觉非常不舒服，脑子里闪现着的全是负面的东西——调研时见到的贫穷场景和部里破旧的家属房、排污沟。可听到说又是肯定又是表扬，陶正明就忍不住了，站起来，把手中的小报撕得粉碎，揉成一团，扔向墙角报纸堆。

陶正明静了静气，严肃地说：“江西是革命老区，你们县还是贫困县。人武部每年用10万元办什么报纸啊，典型的形式主义，没有任何价值，这就是浪费；乱用民兵事业费，对不起人民群众，严重说这是极大的犯罪。从今往后不准再办，有多的钱就退回县里，用到扶贫帮困上。另外，你们要把心思、精力多用在解决实际问题上，赶紧想办法把干部住的房子整修一下，不要搞得像贫民窟。你们天天看着，不寒心、不害臊吗？”

部长意识到了问题的严重性，连忙说：“首长，我们错了，马上改。”

回到办公室，陶正明就让省军区机关专门下发通知，不准办刊物，增收节支，精打细算，多为老区人民办实事、办好事。在后勤部的紧盯下，那个人武部干部家属房也迅速整修一新。

陶正明认为，主官发现了部队的问题，就应当立即纠正，不能有过多的犹豫，态度上更不能暧昧。当时也许会产生一些尴尬，令人难堪，但这才是真正地关心干部的成长进步。否则，小问题累积多了，就会变成大问题；小错误不及时纠正，一味地姑息迁就，就会铸成大错误，违规就会滑向违纪违法。如果是模棱两可，这对下面的干部是一种误导，纵容就等于是伤害，甚至是坑害。

还有一次，陶正明要去某个人武部了解情况，提前一天让机关通知了人武部，并特别明确午餐就和大家一块儿在机关食堂吃。

可那天到了午饭时间，军分区政委和县委书记都来了，说首长难得来一次，县里接待办已安排好在规定的接待宾馆用餐。陶正明感谢他们的好意，说昨天已经同人武部说好了，就在部里同干部职工一块儿吃午饭。

人武部政委马上接过话说，他们人武部一直吃的是自助餐，每顿都是按人头做的饭，一人一个分餐盘，当天没多余的。部长也在旁边附和着。

陶正明看出部长、政委很会“来事”，或许是他们早就商量好了的。陶正明就说：“昨天已明确通知过，你们为什么不听招呼？真会狡辩！这样吧，那就给我们一起来的三人一人一份。你们对县里情况熟悉，吃饭的事情你们自己去想办法解决。”

可是，他们只管与陶正明说话，却不见有人去给陶正明他们拿餐盘，陶正明估摸着又有新情况。果不其然，大约半个小时后，来了一辆面包车，下来几个姑娘，每人双手端着一只托盘，有菜、有酒、有水果，样样俱全。陶正明当即便出了门，找到厨房，端着一只餐盘，打了饭菜站在那里，几分钟就吃光了。然后，他叫上机关干部和驾驶员，上车就走了。

那个军分区的政委后来转业回到地方，有次见到了陶正明，谈到那次午餐的事，说那次真弄得他们下不了台，也算是领教了首长的脾气。因见当时接待办的几个小姑娘不识趣，还在那里笑嘻嘻地开玩笑，县委书记正好找不到出气的地方，就把她们狠狠地责骂了一顿，吓得她们花容失色。

在江西工作期间，陶正明批评过很多干部，也得罪了不少人。挨过批评，绝大部分干部能够警醒，个人成长发展较好；也有个别人当时没有长记性，把陶正明的批评当成了耳旁风，致使若干年后犯了错误，悔恨不已。

陶正明得知后，也为他们感到惋惜、遗憾。

合影照，“七个第一”惹风波

陶正明到江西省军区工作后不久，听军区机关的好几个同志说，地处赣南的信丰县乡镇人武部的民兵工作抓得比较扎实，制订的应急预案、筹集的战备物资等十分完备，并且对人员的业务训练能够持之以恒，能够做到“招之能来，来之能干”。陶正明便记在心上了。

半月之后，陶正明去赣州军分区参加当地的工作推进会，就抽时间专门到信丰县察看了几个乡镇人武部的情况。他没有按照该县人武部指引的线路走，而是自己在地图上选了几个点。

到了第一个乡政府所在地，陶正明便让司机稍等一下，自己径直走到人武部的办公点。该乡人武部的部长姓曾，不在办公室，说是去村里办事了。人武部的房屋、设施比较简陋，但是很整齐干净，墙上挂的表格大小与房子比例适当，内容也蛮妥帖和实用的。在几个房间里的桌子上、抽屉里，均井井有条地摆放着各种用具；在老旧的战备仓库里，各种物资码放在铁架上，还很齐整、规范……

等陶正明到第三间房屋的时候，就听见有人喊“报告”，声音特别洪亮，原来是曾部长回来了。已是初冬时节，但见他的头上冒热气，脸上的汗珠就像是断线的珠子一般滚落。

“首长好，我真不知道您会来我们人武部！”没等陶正明问话，曾部长就大声地说，“昨天我们接到了预告，说首长要来信丰县视察，很有可能会到一些乡镇去检查指导工作，之前我推测您是不会来我们乡的，因为我们这儿特别的偏僻，乡间小路也很难走，条件也算是比较差的。”

曾部长又解释道：“一年一度的征兵工作开始了，所以我一早就去了村里，看看预选的征兵对象，跟老乡们拉拉家常。这些，可是你们各级首长教导我们的。首长您可能不认识我，我可记得首长。我当兵同首长在一个部队，有一年在老兵退伍期间，您还在我们连队住了半个多月。那时我刚当兵。”

“你跑村辛苦了，快坐下，咱再聊一聊。”听曾部长说他是第一军老部队的，陶正明也很激动，就想和他多聊一会儿。于是，陶正明便问他当兵的时候在哪个连队，他虽然显得有点拘谨，但是不无自豪地说：“报告首长，我就在‘天下第一团’的第一连第一排第一班，当兵的第三年就当了一班班长！”

世上还真有这么巧的事吗？陶正明有点不相信，便再问他当时的连长叫什么、相貌有什么样的特征。曾部长不加思考，就说出连长的名字，个子1.68米，皮肤特别黑，很多人背后便叫他“黑连长”；后来由连长一步步提升为副团长；之后转业去了地方，当年的“黑连长”快30岁了还没找到老婆。此时，曾部长的话匣子打开了，笑眯眯地说：“首长，我还听说首长您还帮‘黑连长’做过红娘牵过线，只是他俩没有缘分。您还记得这事吧？”

“记得、记得，当然记得啊！”陶正明笑道。他被曾部长的一席话感动了，于是就对军分区政委说，今天不去县人武部吃午饭了，就在乡人武部陪老战友吃个便饭，再听他们谈一谈工作。

“这可太好了！我让我老婆带菜来帮着一块烧。”曾部长连忙站起来，给陶正明敬礼，说他早就有这个想法，只是不好意思，也不敢讲。他说：“前几天，我那在深圳打工的表弟送给我一瓶好酒，一直没舍得喝，想放着等着贵人。这不等来了嘛！老部队的首长来到江西工作，又是我们省的领导，是真正的贵人。我让老婆连酒带菜一块儿带来，我就陪首长喝几杯。”

曾部长说着便给老婆打电话：“老婆，你去地里拔些新鲜菜，再捉两只鸡，拿上十几个鸡蛋……首长不怕辣，你别忘了带辣豆腐……”也不知是由于十分激动，还是跑路的燥热劲儿还没有下去，曾部长说得满脸通红，不停地用袖子擦脸上的汗水。

陶正明见状，便招呼他停一停，歇一歇。

“没有想到在这个偏僻的乡村，我还有幸能够见到老部队的老首长，还能陪着老首长吃顿饭、喝杯酒。首长，我退伍回来10多年了，没给老部队、老首长丢脸啊！”曾部长喜上眉梢地说。

“首长，无论是干什么事儿，我都牢牢记着‘第一’这个标准。”曾部长又接着说道，“通过招考，我成了县人武部的职工，后来当上乡人武部的干事、副部长、部长，就像是在部队跑400米障碍似的，那是一个坎儿一个坎儿地跨过来的；在军分区的大比武中，我们夺了好几个第一，两次被省军区树立为标兵。这些全靠在老部队打下的好基础，以及军分区、县人武部首长的教育培养。老首长这次来了，我更要继续干好工作，绝不能给老首长、老部队丢脸……”

曾部长越说越兴奋：“能在这荒僻的乡下，见到老首长很不容易，恳请您跟我合张影，放大了挂在家里。这样，不仅给我长脸，也好传给后代，让他们牢记和发扬大首长与小班长之间的战友情啊！”

这个要求不过分。陶正明多年做政治思想工作，自然是十分善解人意的。闻听老兵如此说法，岂能拂了人家的盛情美意，陶正明便连连笑道：“好的，好的，你想照几张，就照几张，一律免收合影费啊！”曾部长笑一下、道一声谢，便从口袋里掏出了手机，反复翻看着里面的照片。看着看着，他突然冒出了一句：“首长，您知不知道，我们‘七个第一’的人在一起拍摄了一张合影照，还闹出了不小的风波，差点就惹出了大事情、大麻烦。”

正像南唐宰相、著名词人冯延巳《谒金门》词之所言：“风乍起，吹皱一池春水。”曾部长的一番话和他手机里的合影照，直让陶正明的心头为之一震，一下子搅动了陶正明记忆的涟漪。

若干年前，也是在这个季度，部队进行年度考核，集团军军长到步兵第一团蹲点指导工作。一天上午，在团会议室召开座谈会，师、团的领导到会，还有几位营长、连长参加，座谈会开得气氛很好。

中间休息时，团长请示集团军首长说：“今天十分凑巧，第一集团军军长、第一师师长、第一团团长、一团第一营营长、一营第一连连长都在，从军到班七个建制，七个第一，就差一连第一排排长、一排第一班班长两个人了，机会非常难得呀！所以，我提议，把他们两人叫来，陪军长合个影。”

团长稍作思忖，又接着说：“可以将这个合影啊，我们就命名为‘七个第一合影留念’，很有纪念意义、保存价值啊！”首长们点头同意了。

不一会儿，兼职摄影的新闻干事到了，一排长和一班长也跑步赶到了。军长站中间，其余六个“第一”按职务大小，左右各三个，坐着的、站着的，照了若干张合影。当时特别明确，坐着、站着的照片各放洗七张，每人一套，不得外传。

后来，不知是谁出的主意，在照片左上角备注了“七个第一合影留念”几个字，并在下方工工整整地写出了“七个第一”的姓名、职务；再后来，又不知是谁穷显摆，让这张照片被省级报纸的编辑看到了，他们觉得很有新闻价值，就在报纸非常显眼的位置刊登出来了，此后广为流传。有心人还将这张报纸作为珍藏品收藏起来，听说报社还加印了许多份。

南京军区有关部门很快知道了这件事，认定为重大泄密事件，并责令陶正明立即查明情况，迅速上报。于是，陶正明带着师保密参谋、保卫干事赶到一团，找团长和个别与会人员了解情况。

陶正明一行人来到一团，团长大概也知道了事情有些麻烦，便把合影的起因、时间、地点、摄影者等一一作了汇报，并且加以解释。回到办公室，陶正明他们当日便起草好报告，附上照片电传给了军区。陶正明他们等了好几天，上面也没有说法，后来分析可能是军首长做了工作。此事搞得陶正明他们还是很紧张的，尤其是倡议者更是虚惊一场，直到事情过去了，大家心里的一块石头才落了地。

书归正传。

这一次，因为是陶正明第一次到信丰县视察工作，因而，中午吃饭之前，县委书记兼人武部第一书记、县委办主任闻讯，也都赶到了，12个人满满当当的一桌。

“当时的‘七个第一’当中，你小曾是进步最大的。”饭桌上，陶正明还跟曾部长半开玩笑、半认真地说，“你算一算呀，军长、师长、团长、营长，后来都各升了两级，连长、排长各升了三级。可你呢，从班长升到部长，部长相当于副营长，你是‘五级跳’，接连升了五级啊！所以，是‘七个第一’当中的又一个‘第一’；你的前景最广阔、最远大，你可要珍惜啊！就算是不再提升了，我们也要对得起红土地，不负老部队，永当尖刀班里的排头兵啊！”言毕，陶正明敬了曾部长一杯酒。

曾部长连忙站起来立正敬礼，陶正明便拉他在椅子上坐下，笑一笑说：“小曾，就让我们共勉吧！”

对部属做到“四个一”

小冯是机要处的驾驶员，萍乡市莲花县人，单亲家庭，他平时就负责保障车辆，他的行政关系在省军区机关的机要处公勤队。

一天夜里，小冯请假外出说是办事，可是外出之后进了地方的游戏机房。没料想，他通宵达旦地玩游戏机赌博，还输了钱，被纠察队给抓住了。公勤队准备给他处分，打算让他提前退伍，便向机要处征求意见。

翌日上午，陶正明刚进办公室，机要处的石处长和机要处党小组的程组长就一块儿来了，来向陶正明汇报小冯的事情。平时，陶正明召开党组织生活，就在机要处党小组，他们党小组有正式党员7人。

陶正明思考后，便对石处长和程组长说：“如果你们下午能抽得出时间，我建议我们党小组开个会，请小冯（他是共青团员）来列席。小组会的议题是‘小冯犯了错，我们有什么责任和教训？’包括我在内，大家人人都认真想一想，在会上谈一谈自己的看法。”

石处长和程组长他俩表示这个建议好，下午就开会。

党小组会开始了，陶正明便请小冯坐在自己的身边。小冯先发言，汇报事情的经过：他听战友说，在那里玩游戏机可以赢钱，他已经去玩过一次，还赢了。这一次，他到超市买日用品，返回时路过游戏机房，就想再试一试运气，没想到输了。后来，到了凌晨四五点，他就被纠察队发现并抓住了。

小冯面颊涨得通红，自我检讨说："我之所以会犯错，主要原因是好奇心、贪占心、侥幸心在作祟，我糊涂啊！各位首长，我一定改正错误，恳请各位首长、领导宽容，最好不要给我处分，也让我正常退伍，免得妈妈知道了，肯定会伤透心。妈妈一个人把我拉扯大，很不容易啊！"小冯越说声音越小，到了后面几乎是在喃喃自语，眼泪不住地往下淌。

小冯刚说完，陶正明便马上说："首先我要检讨，并向小冯赔个不是。我经常来机要处交党费、看文件，参加一些活动，也见到小冯几次。但是，作为一个领导、一个长辈，也作为机要处党小组的一员，我从来没有与他个别谈心交流过，对他的家庭条件、个人情况更是谈不上了解，这样也就谈不上什么教育帮助了。"

沉吟片刻，陶正明又接着说："这次小冯犯了错误，说明我们对直属队和身边的战友们关心不够，思想管理工作不具体、不到位，存在着许多的盲区和暗点。小冯出事给我提了个醒、敲了警钟——我们要真正了解、真诚关心身边的战友们，尤其是他们当中的年轻人。"

接下来，其他同志纷纷举手发言，很是踊跃。尤其石处长讲得挺实在，他推心置腹地说："我要负主要责任，我对小冯以及处里的其他同志，布置工作多、要求多，稍不满意或出了差错，就只是一味地指责、吓唬、要态度。可是，对大家的思想、身体、家庭情况却很少过问，更谈不上关心。用车的时候就想到小冯，用完车了就漠不关心；其他时候和节假日，我以为有公勤队负责，压根没有把他真正当作机要处的一分子，缺乏战友情、兄弟爱。”

党小组会议开得很成功，效果显著，达到了“小冯一人犯错，其他同志都认过”的目的，大家都很受教育。

紧接着，陶正明把公勤队的战士都召集起来，用了一个小时的时间，给他们讲了一堂“四自”（即自尊、自爱、自律、自强）的思想教育课。课后，陶正明还让他们每人写一篇心得体会，用信封封好交给自己。

心得体会陆陆续续收上来了，陶正明便一篇篇认真地看。从他们的心得体会当中可以感觉到，绝大多数战士讲了心里话，说出了过去干了哪些违纪违规的事，并且表明了态度；有的战士还提出了很好的建议，譬如就“干部如何上好政治课”“如何做好经常性政治思想工作（包括如何谈心）”“什么样的干部威信高”等，提出了独到的见解，有些战士还讲得很深刻。

通过这件事，陶正明再次认识到“只有不负责的干部，没有教育不好的兵”这个道理。陶正明心里在想：其实，实话实说，有的士兵的思想素质、道德觉悟还是蛮高的，甚至文化水平、文字能力要比某些干部高得多。

一周之后的一天晚上，陶正明又把直属队党委书记、支部书记，以及各个党小组的小组长召集了起来，他先是通报了机要处此次党小组会的大体情况，然后讲了一件自己亲身经历过的故事。

有一位人武部的部长没按规定派车到省城办事，被上级机关发现了。陶正明他们认为，这种违规现象带有普遍性，必须狠狠刹一刹。于是，便作出决定，召开由各军分区、人武部全体人员参加的电视电话会议。会上，那个部长先做检查，然后所在军分区主官做自我批评，谈领导责任。孰料，军分区的主官从头到尾均在数落这位人武部部长的不是，压根就没意识到自己应负的责任。

陶正明一看导向不对，立即制止。他说："我过去在工作中失误多，部队出的事也多。因此，我做检查的次数也就很多，这方面的经验自然也就不少，下面我想给军分区的主官们示范一下，我们应该怎么做检查。"

于是，就以这件事情为蓝本，陶正明当着所有人的面，从开场白到结束语一口气讲完，特别是讲到当领导的对部属要有温度，力争做到"四个一"的标准，也就是"一把挡风遮雨的伞、一座靠背撑腰的山、一座跨浪压水的桥、一块平坦结实的石"。陶正明还说："我们战友们共事一场，很不容易，那是老天爷赐给我们的缘分。所以，作为领导或者兄长、长辈，一定要让部属有安全感、快乐感、成就感，提升战友们的幸福指数；如此，大家相处在一起，就像大家庭一样温暖，这也就是抱团取暖。"

3天以后，公勤队收回了对小冯给予处分的请示报告。到了年底，小冯接到了退伍的通知，由石处长陪着他来向陶正明告别。没想到，陶正明刚一开门，小冯一下子就抱着陶正明大哭了起来。陶正明拍着他的肩膀说："回去了，向你妈妈问好啊！你离开部队了，仍然是我们的好战友，需要我的时候直接联系。"

"一定的，一定的，一定少不了麻烦首长呀！"小冯敬礼完毕，又连连点头说。

为转业部下上好最后一课

在部队上，每年都会有一批军官要转业到地方工作，这既是对脱下军装同志的一次重大考验，也是对各级领导能力素质的全面衡量。

陶正明刚到江西省军区任职不久，部队就开始了一年一度的军官转业安置工作。因为与沿海省份相比，江西省的经济发展水平要明显低一些，军官在部队的工资待遇要好于同期转业地方工作的待遇；另外，军官在部队的任职时间一般都比较长，对部队的岗位轻车熟路，工作起来十分顺畅；加之老战友之间感情深厚，整体的氛围融洽。所以，要做通准备转业同志的思想工作，使其能愉快地接受组织的安排，进而转变角色，快速融入地方经济建设的主战场，难度还是比较大的。

为此，陶正明他们特别组织了一次培训，也就是让符合转业条件的同志上井冈山接受教育培训，请老一辈英雄的后代讲革命传统，请地方领导同志介绍当地经济发展的情况；瞻仰红色景点，思考初心、使命。在此期间，陶正明结合自己大半辈子的工作感悟，为即将脱下军装的同志们认真上了一课，也同他们进行了一场坦诚的思想交流。反响很好，收效颇佳。

陶正明与大家交流思想的主旨就是，要适应新环境、新岗位、新要求，也要有新的担当，面对全新的一切，适应既是一种接受，也是一种挑战。

第一，要适应人文环境。人上一百，形形色色。一个单位都是由不同年龄、不同经历、不同性格、不同文化层次的人构成的，是多元化、多极化、多重化碰撞与汇集的场所。职场不能没有领导。从管理学的层面讲，领导是一个高风险的岗位，担负着单位建设与发展的重任，也是单位的主心骨。领导的性格、作风、学识是单位的风向标，决定其外在形象、内在潜力和社会效力。

适应人文环境，首先要适应领导。一方面，要了解领导的秉性与领导的风格。常言道，知己知彼，百战不殆。领导对单位的影响是多面的，但对人文环境的影响最为直接、最为深刻。适应领导要学会调控视角，了解领导的工作方法和特点，熟悉领导的决策风格和个性，才能少走弯路，甚至不走弯路；同时，还要不断改造自己的主观世界，尽量站在领导的角度考量和处理问题，使自己的站位适中、得体，拿建议、拟方案、出主意尽量与领导意图接近，甚至合拍，变被动为主动，赢得领导的信任与赏识。

另一方面，在顺应领导意愿的同时，个人的思想不能缺失。领导对宏观的驾驭和对微观的把握不一定尽善尽美。我们在搞筹划时，既要准确理解和把握领导意图，又要注重科学统筹，充分反映自己与同级在掌控微观上的优势，把自己的思想寓于其中，使其既符合领导的要求，又体现出自己与同级的意愿。如此，既可赢得领导器重，又能获得同事的敬重，既开展了工作，又融洽了关系。

第二，要适应工作环境。工作是体现人生社会价值与实践能力的平台，也是我们接触社会、了解社会的窗口，是人的一生停留最多的场所。既然是人生停留最多的地方，那么我们就应该重视它、善待它，融入其间，深入其中。发展是人生的根本主题，发展的标志就是会工作、会生活，工作场所是人生的主阵地。不了解阵地、不适应战场，何言战胜自我，战胜他人！

因此在职场上，一方面，坚持多做少说与不做不说并重。能说会做是本事，如何做怎样说才是学问。“沉默是金”是一条亘古不变的古训，但是，该说的时候不说也不一定好，要学会把握这一辩证关系。在日常工作和生活中，我们可能会遇到这样的情况，有些时候，有些事我们不仅要做，而且还要积极主动地去做，但要尽量少说，甚至不说；有些时候、有些事情，我们不仅不能做，而且不能说。这既是一条做人的原则，也是一种处世的方法。

另一方面，注重友好的相处与保持适度的距离并举，这既是处世的哲学，也是做人的准则。我们既要与领导、同事友好融洽地相处，又不能走得太近、没了距离。水至清则无鱼。处事公道，做人厚道，用自己的人格魅力感召周围，赢得爱戴，彰显人品、智慧。

第三，要适应社会环境。社会是个大舞台。人的一生就是在社会的舞台上不停地演绎自我、剖析自我、展示自我的过程。不管演绎也好，剖析也好，展示也罢，前提是适应，注重也是适应——不适应就要被淘汰，不适应就要被唾弃。适应社会环境是我们生存与发展的基础条件。所以，我们不仅要学会适应小社会，还要适应大舞台，学会扮演并演好不同的角色，不断展现人生的多个精彩瞬间，实现人生价值，丰富自己的物质与精神生活。

适应社会环境，就是要适应大众，人民群众是历史的创造者。适应社会环境的前提就是要紧跟时代的步伐，培育健康的生活方式，融入社会的主流文明，与时代合拍，与潮流同步。既要不断解放思想、转变观念、升华理念，又要努力提升品位、拓宽眼界、更新知识；既要面对现实不回避，又要直面人生不逃避。要勇于接纳新鲜事物，善于与群众打成一片，敢于接纳不同的文化，会合群，懂融合，能容人容事容言，切忌我行我素，自命不凡。

第四，要适应生活环境。生活是人生的驿站，也是人生的加油站、调味品。生活品位、生活水平、生活习惯影响着一个人的精神状态，生活情趣、生活情调、生活方式决定着一个人的生活质量。不同的生活质量，就有不一样的精神状态。适应生活既要追求情趣高尚、情调高雅、方式健康的生活模式，又要接受耐得住寂寞、守得住清贫、经得住诱惑的生活考验；既要适应富裕的生活享受，又要适应清苦的生活磨砺，无论哪种生活模式，我们都要学会适应。

因为人的一生难免有一些不如意、不尽意，有顺境、也有逆境，有愉悦和幸运、也有痛楚和不幸，无论是谁，都不可能一帆风顺、一劳永逸。不经历各种生活方式的洗礼，就难以懂得生活的真谛和内涵，就难以使自己在职场上成熟、生活上老练、信念上坚定、名利上淡薄。人的一生由许多不同的经历和片段构成，就像电影一样，有很多不同的画面——有亮丽的瞬间，也有搏杀的场景。不同的人演绎着不同的人生风景，走着不同的人生轨道。

适者生存，适者发展。发展和生活是人生的两大主题。发展是为了更好地生活，生活是为了更好地发展。只有二者有机结合，相得益彰，生活方可充满激情，更加美好；人生方可别有情趣，更加精彩！

让博士军官去淬火

陶正明在江西省军区工作期间，全军区共有五名博士生出身的干部，四男一女。

本省的博士就读的是本地大学，其中一位男博士学的是通信专业，女博士学的是建筑学专业。河北唐山的博士生从省军区士兵考上后勤学院，学的是后勤指挥；江苏南通的博士生小郭从地方高中考上解放军著名高等学府——国防科技大学，学的是自动化专业，很热门。

省军区有五个博士生干部，先前多数人不知道，而且没有用其所长，严重浪费了人才。陶正明知道后，立马调整他们的工作，在省军区范围内尽量让他们专业对口，用其所学，各显才干。学建筑的博士生到基建营房处，学通信的博士生到自动化工作站，学后勤指挥的博士生对政治工作有兴趣，还有一定的文字功底，拟调往政治部组织处。

小郭在国防科技大学从本科一直到博士毕业，虽然穿了八九年的军装，还是优秀学员，但没有经历过系统的基层连队的训练，身上的学生味浓一些。陶正明便想，应该给他补上这一课，不能有短板。

陶正明对郭博士遭受的恋爱打击非常同情。小郭原来的女朋友是江西人，从国外留学回来，被北京一家大企业聘用，企业还专门为她建了一个实验室。两人原本计划好了，等小郭毕业分到北京进解放军大型专业研究机构工作后，两人便在首都结婚，干一番大事业。但是，他的女朋友是一个独生女，父母舍不得让女儿独自一人留在北京。于是，父亲找机会让女儿调回了南昌，女儿心里还老大不愿意。

爱情的力量有时是不可估量的。小郭的女朋友调回南昌后整天闷闷不乐，天天吵吵闹闹，逼着让老爸将小郭也调到南昌来，她父亲费了好一番周折才办成了这件事。小郭毕业调到南昌之后，直接调入省军区指挥机关，办公地点就在南昌。一对多年的恋人终于可以在一起了，本是一件很幸福的事。然而时隔不久，两人硬是被女方父母用莫须有的身体疾病给拆散了。

小郭到省军区报到不久，教导大队的新兵就来了，需要陆续展开训练。陶正明觉得这是一个锻炼小郭的好机会。

陶正明把小郭请到自己的办公室，先聊家常，问父母在干什么、为什么报考国防科技大学，在学校的情况，以及到地方部队来的打算、生活工作上有什么困难、对省军区的领导有什么建议和要求，等等。小郭很诚实，也很文静，轻言轻语，思路清晰，娓娓道来。陶正明与小郭聊得很愉快。

陶正明笑着对小郭说：“说起来我们俩还是同学，或者说师生关系——你是老师，我是学生呢。我在国防科技大学的军职干部高科技培训班学习过两个月，那时学校时常给我们开小灶补课，安排的小教员就是你们这些博士班的高材生。”

小郭笑道：“知道、知道，我也去当过好几次小教员。可是，首长水平高、经验多，我可不敢当您的老师。”

陶正明再一算参加培训的时间，才发现他当时就读的那期培训班，请来的小教员是另外年级的博士生。陶正明就笑一笑说：“小郭呀，好遗憾啊，不过你进国防科技大学早我好几年，应该算个年轻的学长吧。现在，我们俩又到了一个单位共事，这叫山不转路转，路不转人转，看来我们在一起做战友的缘分到了。”

小郭挺开心的。陶正明趁机便把想法讲出来：“小郭，你是博士生，学的专业这么好，只是身上兵味、肌肉少了些，对今后的发展有影响。正好今年新兵开训了，你就去当一回新兵，去补上这一课，大有裨益。你同意不？”

小郭兴高采烈地说：“首长，您对我太关心了，想得真周到，非常感谢啊！我下午就去报到，老老实实当一回新兵蛋子。”

陶正明就说：“小郭，既然成了战友，就不用客套。下午，我会派人陪你到军需仓库，把要用的被装和日用品按新兵的标准给你配齐；明天一早，就让我的驾驶员送你去新兵连吃饭。”当然，陶正明也给有关机关、教导大队打了招呼，向他们提了一些应该注意的事项。

可是，小郭到新兵连报到了，陶正明却有一些放心不下，毕竟他比新兵们大好几岁，又是博士生，体质弱，每天都要起早床，睡排房，还是两层床，小郭能不能适应啊？陶正明天天记挂着。

第三天下午5点多，陶正明赶到新兵连，专门在小郭那个班里吃晚饭。晚饭后，陶正明便和小郭一起散步。陶正明问他能否吃得消，小郭说战友们挺关心照顾他的，还能跟得上，请首长放心。陶正明又把他们连的连长、指导员请过来，告诉他们：要多发挥小郭的知识专长，让他多给大家普及一些科技知识，而对他的体力训练、作息时间要循序渐进，不要着急。

后来，陶正明时常去新兵连，主要还是担心小郭受不了。

一个多月过去了，陶正明一早又去了新兵连，因见小郭明显瘦了、黑了。陶正明便问他是怎么回事。小郭说，训练的项目多，强度也很大，晚上站哨，加上夜里宿舍因为换岗，士兵们来回走动，睡不好觉，白天就犯困，感到有点支持不住。最后，小郭挺一挺胸脯说道："不过首长，请您放心，我是不会打退堂鼓、半途而废的。一定会坚持下来！"

有的人一旦确定了目标，就会爆发出惊人的毅力、体力。小郭就是这样，一直坚持到了结业那一天。那一天，陶正明又去了新兵连，去给新兵讲分到老兵连以后，需要注意的事项。吃完中饭，小郭来到陶正明身边，很高兴地说："首长，我有点兴奋、骄傲。瞧，虽然我体重轻了，但肌肉结实了，身体棒多了，脑子里装的东西也多了，自我感觉更有军人的样子了！"

陶正明也很高兴，拍了拍他的肩膀、后背，冲他笑了笑说："你表现很好，身体的确很棒啦！"

小郭训练结束之后，陶正明又给四个男博士生安排了新的科目，就是让他们推选一个人当领队，到当时的南京军区最著名的英模单位见习一段时间。他们要去的是四个单位——从南向北分别是驻漳州的第三十一集团军的"红色尖刀连"、驻杭州的第一集团军"硬骨头六连"、驻上海的上海警备区"南京路上好八连"、驻南京的第十二集团军"临汾旅"。

事先，陶正明让省军区机关的人负责，分别与这四个军级单位联系好，把四位博士派发到连队，分到班里和战士们一起吃住，还得尽量睡上铺。同时，陶正明还要求四位博士生：“你们去了，必须参加连队的一切活动，注意观察连队的设施，战士的着装、言行等；在每一个单位，都必须写一篇感想心得；另外，还要抽时间到地方上，多走一走、多看一看、多听一听，好好感受感受沿海发达地区的新变化、新思想和新观念，而后也得写一篇感想心得。”

博士生回来后感慨万千，都说收获颇丰。陶正明便让他们把见闻、体会和感悟写出来，准备给省军区全体官兵宣讲、上课，让他们一人一个侧面，宣讲的时间控制在20分钟左右。

官兵们听说是博士生上课，开始还以为这些博士是从地方大学请来的。而当四位博士走上讲台，每个人作自我介绍的时候，都说“我是江西省军区的×××”，而且众口一词。这让很多官兵大吃一惊。

台上，博士们讲得声情并茂；台下，官兵们听得群情激奋。

那位女博士生看见这个场面，哭着问道：“首长，我对您有意见，为什么不让我去呀？是不是重男轻女啊？”

陶正明呵呵一笑说：“绝不是重男轻女，连队都是男的，你去了住连队不方便，下次到通信连、医院，就专门派你去。到时候，你可得好好地表现啊！”女博士闻听此言，便破涕为笑了！

“三心牌政委”，诚心实意“装”儿子

从到一师当主任开始，陶正明就一直在作为老干部服务的工作，直到退休，共有20多年。

而现在，陶正明也成了被服务的老干部。有人说，做服务老干部的工作难处很多，关系很复杂。对于为老干部服务这项工作，20多年来，陶正明既有许多无奈的感慨，也有许多成功的心得，但关键还是事在人为，对此他将其归结为要有“三心”。以至后来，有人称其为“三心牌政委”。

何为“三心”呢？陶正明诠解如下。

一是要有忠心。老干部是党的宝贵财富，他们为党操劳了几十年，退下来就要让他们安心、舒心地颐养天年，所以就应该无微不至地关怀他们、服务他们、照料他们，这也是忠诚于党的事业的体现。

二是要有孝心。要把老干部当作自己的父母看待，尽心尽力尽孝，而尽孝是最不能等待的。我们的成长进步离不开生育我们的父母，同样也离不开老一辈的领导教育引导。老干部是我们人生的解惑者、领路人，所以是有恩于我们的。

三是要有良心。人人都有老的时候，譬如陶正明本人，现在不是也成为被服务的老干部了嘛！尊老敬老是社会的道德规范，也是每个人的良心使然。尊老敬老是中华民族的好传统、好风尚，所以，我们要一代代传承下去，并且将其发扬光大。

陶正明认为，只要具备了这“三心”，服务老干部就会不嫌烦、善解难。陶正明还在省军区政委任上时，曾经有一位耄耋之龄的老干部走了，在送他的遗体去火葬场火化之时，其夫人对陶正明说：“首长，也不怕你笑话，你瞧，我的儿子不如机关干部，女儿不如医护人员。”她的这番话说到本质上去了。她的儿子守灵时经常溜出去，陶正明他们却是24小时一直在那里守着，医护人员也表现不错，尽职尽责。

还有一位老干部，因其在机关工作的时候说了一些政治上过头的话，职务缓调了一级。他一直为此事想不通，退下来一段时间之后，便强烈地要求组织上给予解决，几乎每月一封申诉信寄给总部、军区，又被总部、军区一封封转了下来；他还三天两头打电话到机关询问、吵闹，要求面见领导。但十几年过去了，此事一直久拖未决。陶正明上任之后，机关工作人员向他汇报了这个情况，并说很难办，也很难缠。

于是，陶正明决定到这位老干部的家里去一趟，当面听听他的想法。有人劝陶正明不要去，说他拎不清、惹不起。陶正明摇一摇头说：“这位老同志都快80岁了，应该上门看看，了解了解情况，或者即便仅仅是听老人家诉诉苦，也是一种情绪的安慰呀！”

陶正明在机关司机师傅的陪同下，去了那位老干部家里，就听这位老干部讲。一开始他火气很大，说了一通埋怨话、牢骚话，接着讲了他自己的辉煌经历，以及受到的“不公正”待遇。老同志是省作家协会会员，文字功底好，又长期写申诉材料，记忆力惊人。

这位老干部从上午讲到下午，午饭是从食堂打来他们二人一块儿吃的。到了吃晚饭时，他让夫人烧了几个菜，又拿出多年珍藏的好酒请陶正明喝。吃完晚饭，他又接着讲。陶正明在他家足足待了12多个小时，大部分时间都是这位老干部一个人在倾诉。到了晚上，他们俩才开始聊一些家常琐事、文学知识、写作心得，他很开心。

陶正明临走的时候，这位老干部紧紧地拉着陶正明的手，笑逐颜开地说：“今天我很高兴，我也知道那件事是陈芝麻烂谷子，是解决不了的。但是，有个人听我倾诉倾诉，发泄一下也就好了，心理平衡了。可是他们呢，每年过春节拿一点慰问品过来，放在我家门口就悄悄地走了，生怕我会吃人似的。今天都讲好了，心里的气消了，小陶你放心吧，我再也不写申诉信啦！”这位老同志心情舒畅了，在干休所里像变了个人，一直活到了90多岁。

还有个别老干部的子女会无理取闹，凭借父辈的荣誉惹是生非，为难工作人员。陶正明认为，遇到了这种情况要多动脑子，想办法应对，做到有理有据有节，掌握分寸感。

有一位老干部生病住进了地方的医院，在他去世后，医院一算账，花了42万余元。其子女都不想出一分钱，面对事先签好的保证书，找尽理由，说他们收入低，拿不出这么多钱，需要组织付钱。按规定，老干部生病需要住院首先得住到部队的医院，到地方医院住院要由组织批准，擅自到地方医院住院产生的费用自理。事实上，其子女中有当教师的，有在外国大使馆工作的，完全有能力付这笔费用，只是都不想自掏腰包。

他们还到上级找人，诉说组织的不是。同时，家里灵堂不撤，遗体不火化，他们还威胁说：拿不到报销的费用，就绝不办理后事。上级不明真相，便打来电话，批评干休所的领导事情处理得“很不妥”。干休所领导遇到这事儿压力很大，于是就找到了陶正明。

陶正明分析，如果屈服于上级领导和这家人的压力，开了这个口子，那几百个老干部要是效仿起来，后果不堪设想，只能坚决顶住。思谋了一上午，陶正明给干休所领导出了个主意——他们不撤家里的灵堂，咱们就买几个花圈天天送，在他们家门口不停地播放哀乐，以表达关心。7天下来，子女们顶不住了，悄悄地把父亲遗体火化了，家里灵堂也撤了，医院的欠款也缴了。

还有一位老首长，90岁得了脑梗，成了植物人，躺在医院昏迷不醒达3年多。这期间，其唯一的儿子也不幸去世了。待老首长去世之后，陶正明去医院太平间守灵，他夫人向陶正明提出了一个心愿：“我儿子去世了，今天他爸爸也走了，遗憾的是没有儿子为他送终。你看这样，你只比我的儿子大两岁，我恳请你当一回我们的儿子，为老首长送终。”

当时，陶正明感到十分意外，好一会儿都没缓过神来。说实话，陶正明来这里工作的时候，这位老首长就已经离休了，他们俩打的交道并不多。但是，老首长对革命的贡献很大，且德高望重，老首长的夫人之所以提出这个让陶正明“为老首长送终”的愿望，想必也是经过深思熟虑的。

时间和情势均不允许多想，陶正明觉得也不能让老人家失望，就连声道：“好的，好的，能有这样的父亲也是我的福气呀！阿姨，这几天，您叫我干什么我就干什么。”

既然答应了老首长夫人的请求，就得把这个“儿子”扮演好。这样，陶正明便开始忙活起来——在灵堂接待前来吊唁的军、地各级领导，以及老首长生前的亲朋好友；又和殡仪馆的化妆师一道，为老首长擦洗尸身、修饰容颜，穿戴寿衣、寿帽。一直到陪护着送进火化炉，又捧着骨灰盒回他家安放，还要宴请各方面的宾客，早晚行三鞠躬礼，整整持续了三天三夜。

挥挥手，不带走一片云彩

既已到站，就得下车。

2013年11月，时任江西省委常委、江西省军区政委陶正明已然到了退休的年龄。11月14日，南京军区政治部通知他去南京，说是军区首长要找他谈话。陶正明不想去：自己马上就要退休了，首长一定会来南昌宣布命令的，自己何必要专门从南昌跑到南京，去听一番溢美之词呢！于是在电话里，他便向南京军区的政治部首长表达了自己的意思，但首长不同意，执意要他去一趟，而且用词不容置喙。

没办法，陶正明也就只好飞一趟南京了。到了南京军区，两位主官在会议桌旁边就座，静候他的到来，还有军区政治部的首长作陪。鲜艳的党旗、军旗就在会议桌正对大门口的墙边上，交叉竖立着，令人肃然起敬。党委书记、军区政委一面看着一份文件，一面把陶正明好好地赞扬了一番。

11月16日上午，江西省军区召开干部大会，南京军区政委莅临会场，宣布了陶正明到龄退休的命令，再一次高度地赞扬了他辉煌的军旅生涯，揄扬其大半生戎马倥偬、信笔挥洒，为部队的党风、军风和政治思想建设作出了较大的贡献。

轮到陶正明讲话的时候，他只字不提自己的一星半点的工作成绩，只是结合自己人生遇到的四个故事，谈了自己是如何面对权力、金钱，是如何面对退休、死亡的，其大意是不强求、不苛求，随遇而安。

和这次退休感言一样，在江西省军区任职的时候，每逢开军区大会之际，陶正明从来不需要机关的秘书拟写讲话稿，每每都是自己先写个提纲，再据此临场随意发挥，这样的讲话往往是主题突出，言简意赅，妙趣横生，而且还都很接地气，官兵们都喜欢听。而后，当陶正明与继任者将手头的工作予以交接之后，他便陪同南京军区政委驱车赶往机场，一直将其送到飞机上。

在送走这位大军区政委以后，陶正明得知当天还有南昌飞往杭州的班机，他就直接购买了机票，乘机飞回杭州，与家人团聚。陶正明曾经在浙江省军区任职，他的家就安在了西子湖畔。

临上飞机的时候，陶正明向秘书做了交代：将自己的随身行李、常用书籍和一大摞笔记本整理打包，等他有空的时候再回南昌，把它们带到杭州，其他的物品均属公家物资，就归还江西省军区。

言毕，陶正明即登上航班，与江西这片红土地匆匆而别。在飞机上闭目养神之时，他倏然想起了徐志摩《再别康桥》里的名句："轻轻的我走了，正如我轻轻的来。我挥一挥衣袖，不带走一片云彩。"

第七章

为老区扶贫奔走的日子

连心桥，彰显军民鱼水情

石城脱贫，一任接着一任干

牵肠挂肚，红色圣地

扶贫娇兵圆梦

连心桥，彰显军民鱼水情

一场场披坚执锐的非凡战斗！

一首首前仆后继的壮丽史诗！

在抗洪救灾的过程中，陶正明所在的第一集团军第一师捷报频传，全师官兵与九江人民同生死、共患难，战天斗地，结下了军民鱼水深情。

在抗洪抢险决战胜利之后，各路部队均在作返营准备时，陶正明到各团征求意见，看看应当给九江人民留下什么有纪念意义、历史价值的实物，方可让这场非凡的战斗、壮丽的史诗永远被军民所铭记，永远被史册所记载。有人说，咱就立个抗洪纪念碑吧。但是，有人提出了不同的意见，说是参加抗洪的部队这么多，就咱们一个部队立碑纪念，似乎不太妥当。要修纪念碑，还是由地方上出面比较合适。最后，大家认为，还是建一所学校比较好，因为第一集团军第一师有一个传统做法——每逢完成了重大的任务，都要在驻地建一所学校。

全师万余名官兵听说要给九江灾区捐款建学校，热情十分高涨，大家都把身上仅有的钱掏了出来，共捐献了12万多元，再加上杭州市的慰问金20万元，便开工建设希望学校，校名叫“硬骨头六连”小学。希望学校奠基的那一天，参加仪式的有师首长和各团的一名主官，以及九江市的十几位领导。

事后，陶正明又专门邀请全国著名书法家、浙江美院院长郭仲先教授，请他为学校题写了校名，还制作成铜质门牌，赠予该校。

过了一段时间，九江市浔阳区教育局局长给陶正明打来电话，说经费不太够，缺20多万元。放下电话后，陶正明当即就到浙江省教育厅、杭州市教育局找领导商请资助。这两个单位的领导非常支持，认为帮助灾区人民是应该的。半个月后，九江市浔阳区委政法委洪书记、区政府刘副区长专门来到部队，向第一师的领导致谢。

陶正明热情地接待了他们，得知是为了那20万元资金来表示感谢，他就说：“诸位领导，我只不过是帮着跑跑腿、协调对接的一名老兵而已。”

洪书记呵呵笑道：“陶政委客气了，太谦虚啦！您可是起到了桥梁作用啊！”等客人们喝了两杯茶后，陶正明就陪着他们先后到浙江省教育厅、杭州市教育局登门致谢。

浔阳区领导还提议在学校里专门拿出一间屋子布置成展览室，展示“硬骨头六连”所在部队的简要历史、光荣传统，以及其在九江的抗洪壮举，让九江的孩子们从小接受国防教育、革命传统教育，热爱解放军，热爱老百姓，牢记军队的恩情，牢记军民鱼水情。陶正明当即安排两位同志赶赴九江，量好那间房子的面积，又回到部队制作展板。为了节约经费，安装展板的时候，那两位同志就住在刚刚完工的毛坯房里，和民工一块儿搭伙吃饭。

封堵九江大决口胜利一周年之际，希望学校落成，陶正明陪着省、市、区三级教育部门的负责同志，以及杭州电子工业学院党委书记前去祝贺，又送去了20万元的慰问金。在校领导的引领、陪同下，陶正明他们一处处设施、一间间房屋、一张张课桌仔细地察看、参观。当看到崭新的校园和欢声笑语的学生们时，大家就好像看到了红日东升，一个个都非常高兴，心中充满希望。

陶正明笑道："希望学校到处是阳光，到处是希望啊！"

时任九江市委书记的刘书记，在庆贺学校落成讲话时，说了这么一段话，发人深思。他说："人民解放军在九江危难之时从天而降，奋不顾身地解救老百姓，封堵决口，保卫了大堤，这是留给九江人民抗击自然灾害的生命之堤；人民解放军又在一些单位的大力配合下，修建了希望学校，这是留给孩子们在人生之路上抵御愚昧、无知的智慧之堤。"

刘书记喝了一口水，又慷慨激昂地接着说道："同志们啊，这两座坚不可摧的'大堤'，一座主要是物质的、一座主要是精神的，而这两座'大堤'又都是物质与精神双丰收的结晶，也都具有经济与社会双效俱佳的价值。因此，它们必将在九江大地上永远矗立，必将被九江人民永远铭记！"

事实也正是这样，希望学校从此成了第一师与九江的"连心桥"。此后，九江市浔阳区的同志经常与陶正明等通电话，互致问候、沟通情况，也经常到第一师的驻地，看望慰问官兵们。"硬骨头六连"还与希望学校结成了"共建对子"，双方经常互相走动、联络。

抗洪抢险决战之时，第一师的郭金华副政委在后方留守。抗洪刚结束，他被提升为九江军分区政委，成了第一师与九江市军地两家联络的纽带，他还主动上门，帮助学校办了许多好事。后来，九江籍干部小熊到六连任指导员，有次到江西省军区宿舍看望陶正明，陶正明甚是高兴，并一再叮嘱他：连队要关心希望学校的建设，官兵们要继续当好校外辅导员。小熊每年探亲回九江，都要到学校去几次，给孩子们上课、讲故事——讲官兵们抗洪的故事，讲老红军长征的故事，讲连队官兵的故事。

2020年初，九江军分区余文生政委一上任，就和宋朝阳司令员商量：虽然当时他们的部队没有到九江抗洪，但希望学校是解放军帮助建成的，军分区作为九江的军事机关，理应把帮助学校作为分内的职责。当了解到学校需要添加设施时，军分区党委经过研究后，拿出了10万元资助学校。

2018年，部队的编制进行改革调整，虽然一师和所属各团番号均已不存在了，但许多转业退伍在当地的官兵们，并没有忘记九江抗洪的伟大壮举，他们建议在抗洪胜利二十周年之际，举办一场以弘扬抗洪精神为主题的座谈会，以示纪念。陶正明把大家的想法分别报告了曾任第一师师长、解放军副总参谋长的戚建国上将，以及曾任南京军区政委的雷鸣球上将，他们都称赞这个主意非常好。

为了把纪念活动办得有特色、有深意，筹备组计划出版一本书，建议九江市重新整修纪念场，隆重举办一场纪念活动。陶正明召集从浙江省军区政治部副主任岗位上退下来的魏殿举同志，转业待安置的浙江省军区宣保处原处长葛羽哲同志，几个人一起研究撰写书稿的大纲，并请雷鸣球上将作序，他欣然同意，而且作了重要指示："撰写这部书稿，不仅是文学作品，更是南京军区一件大事的文字记载，所以既要具有文学价值，又要具有史料价值。书稿要实事求是，大的单位尽量将材料收集齐全，文章要照顾到方方面面，文字表述要留有余地，不要说满话、过头话。书稿要突出董万瑞副司令员，他当时是九江抗洪总指挥，是吃了大苦、出了大力的，他儿子当时也在一线抗洪，九江百姓都会记得他们父子俩的。”

初稿出来后，陶正明他们将稿件快递给了雷上将。首长从头到尾一字一句地看，有些词句反复推敲、润色，几乎每天夜晚都会用电话把要修改的文字甚至标点符号，一页一页、一段一段、一句一句地说给陶正明听，让陶正明在书稿上修改。一连好几个晚上莫不如此，每次都过了午夜12点。

陶正明在电话里多次听到首长夫人催着首长休息。他就说，快好了，快好了，还有几页、几个字，这让陶正明很感动。

书名最后定为《九八·九江》，联系了地处江西的百花洲文艺出版社出版。第三稿修改完成后，在送出版社之前，陶正明背着书稿和相关照片，又专程赶到南京的雷上将家里，再次请老首长审定。雷上将一张一张地看着照片，拿掉了涉及自己的两张照片，说道：“多宣传董万瑞同志，多宣传基层官兵，多宣传九江人民群众。”晚上，他又用毛笔写下“雷鸣球”三个字，请陶正明他们挑选，作为序言的落款签名。

2018年8月12日，抗洪救灾纪念活动在杭州大华饭店隆重举行，总共120余人参加了活动。戚建国上将在志愿者把《九八·九江》新书发给大家之后，满怀激情地说：“20年前的今天，我们在九江堵住了决口，保住了老百姓的生命财产安全，创造了人间奇迹。这本书是汗水和血水的结晶，它是留给后人的一笔宝贵的精神财富。今天我们抚今追昔，就是为了不忘初心，践行使命……”

说着说着，戚上将的声音哽咽了，眼里含着泪花。他忆起的不光有成功的喜悦，可能还有些许不便多说的辛酸吧……当时，他和陶正明几乎天天吃住在一起，陶正明的心里是最清楚的，也是感受最真、最深的！

石城脱贫，一任接着一任干

江西省的石城县，因“环山多石，耸峙如城”而得名，是赣江的发源地，地处江西赣州、抚州和福建三明、龙岩四地市交汇处，自古以来都是江西进入闽西和粤东的必经之地，故又有“赣江源头，闽粤通衢”之美誉。

石城县是中央苏区时期的全国21个“全红县”之一，是中央苏区的核心区域，也是中央红军长征重要的出发地。石城人民在创建和保卫中央苏区的斗争中，作出了重大的贡献和牺牲。

那场著名的石城阻击战，便是红一方面军长征前夕在中央苏区战场进行的最后一次战争，也是规模较大的一场战役。这场战役，为党中央的领导机关和红军的主力战略大转移，赢得了宝贵的时间。毛泽东同志曾九进石城，并亲笔写下了“石城是很要紧的”，对石城人民予以高度评价。

陶正明在江西工作时，省军区与石城县建立了紧密的联系，培育了浓浓的军民鱼水情。

党中央作出支持赣南等原中央苏区振兴发展的决定，江西省委研究出台了一系列落实举措，即省级领导每人都要建立一个扶贫帮困联络点。当时，陶正明还兼任省委常委，他请机关的同志找来各县的经济发展现状统计表加以分析，发现百个县（市）中，石城排在倒数第一。

于是，陶正明告诉机关同志，将省军区的联系点定在石城县，他说："军队心系石城县，一任接着一任干。我就不信，世间还有人民军队攻不克、拿不下的碉堡！"

在陶正明的提议下，省军区党委很快统一了思想，决定召开誓师动员大会，发动全区官兵与驻地老百姓同呼吸、共命运、心连心。动员大会召开之前，率先对连以上单位进行动员教育，传达、学习中央和省委的有关文件精神，并给每名官兵发了一个空信封，用于爱心捐款。捐不捐，不强求，捐多少，不规定，完全依据个人的实际情况自愿捐助。

誓师大会的地点设在省军区大楼前的广场上。大会的最后一项议程是爱心捐款，司令员和政委带头捐助，后面依次是部门以上领导、干休所代表、机关干部、分队官兵。因事先同部门以上领导打了招呼，军级干部捐1万元、师级干部捐5000元，不用装信封，统一从工资里扣除。

那一天，部门以上的领导干部都是将很薄的空信封投进捐款箱里的，这样既不给其他官兵增加捐款的思想压力，避免不必要的攀比，又能要求领导多捐一些。

各师的团一级单位动员会是与省军区同步进行的，不一会儿，全军区的捐款数额就汇总出来了，共300多万元。驻老区、红区、贫困地区的官兵捐款不用上交到省军区，直接用于本地区的扶贫项目，至于其他的款项，则由省军区考察确立投向后集中支出。

在那一天的动员大会上，官兵们的表情都十分凝重，一个个均深感扶贫的责任重大。后来听说，各地捐款现场没有收到一个空信封，人人都捐了款。干休所100余位家属也参加了捐款；7名老红军，有坐着轮椅来的，有委托子女将捐款送来的……

誓师动员会的活动在全军内外反响强烈，有不少省里领导见到陶正明，都喜形于色地说："你们省军区的官兵真是老区人民的亲人。你们这个头带得好，影响很大呀！"

誓师动员大会开过之后，陶正明就带着机关干部去石城现场调研，察看了学校、养老院、乡镇医院和一些贫困村寨。陶正明认为，这些地方最能反映真实情况。在调研过程中，白家寨留给陶正明的印象极其深刻。

那天到白家寨，陶正明一行人先是坐车，再是步行。一路上，同车的县领导告诉他们，这个寨子有30多户人家，祖祖辈辈都是400多年前，因为躲避战乱而逃进高山丛林之中的。于是，他们就在这儿拓荒开地、建宅造房、开枝散叶，落籍生存了下来。

陶正明他们便一家一家地走访了解。

走访的第一家，是村支书的家，他家有三间半快歪倒的土坯房，用几根木头支撑着，村支书则病倒在床上。

走访的第二家，是一个寻常人家，他们家里有一个儿子在广东深圳打工。儿子凭着一张巧嘴谈了个女朋友，打制了几件新家具，也买了新床、新被褥。可是，到了年关，他带着女朋友回家，没想到女朋友一进村庄就放声大哭起来，连家门都未进就脚底抹油跑了。

走访的第三家，主人是个孤老太太，进屋之后陶正明就揭开锅，只见锅里面黑乎乎的，他就问这是什么？老太太说是红薯，3天前煮的，今天还要吃2顿。

陶正明实在是听不下去了，就赶忙离开，可越走心里越难受……

当日下午，陶正明他们就走进了县里的人武部，这也是陶正明第三次到这来了。

第一次不过是认一认路、认一认门、认一认人；第二次是陪同着领导来的，看一看红军单位的旧址。

这一次是第三次了，是带着扶贫帮困的任务来的。于是，陶正明一行人在小会议室里坐下来，同部长、政委一块儿交流，大家谈了谈各自的想法。经过座谈，陶正明与他们形成了共识。大家认为，人武部除了要当好县委、县政府的参谋助手，还要发挥省军区与县里的桥梁纽带作用，特别是要在脱贫攻坚战役中扛起排头兵、突击队的旗帜；人武部要开荒拓地，自己种菜养猪养鸡，节约经费开支，减轻县里的负担。

回到省军区，陶正明结合调研的情况，又进行了认真的研究，希望大家拿出一个具体落实的举措。大家认为，治懒治愚、增智增志，这是帮扶脱贫的根本之策。随即，他们联系了江浙地区的几位企业家，建议石城县里的领导组织乡镇干部、村干部到这些企业去参观学习，开阔视野、转换思路。省军区还充分运用捐款，建起了一所小学，着眼于长远发展，希望将“全红县”的后代培养成才，不要输在起跑线上。

此外，他们商请县领导从琴江两岸的规划入手，以此带动全县的经济发展。因为规划需要协调土地审批的事项，陶正明又去了省国土资源厅，向相关领导介绍了有关情况，请他们提供帮助。省国土资源厅的领导很重视，特事急办，在设计上还帮忙出了很多的好主意，使规划既合乎政策法规，又拿到了建设用地的指标。

春节一过，陶正明他们又动员、组织军区机关里的各处室，到省军区对口联系的单位——石城县横江镇开展定户帮扶的活动，全体机关干部都要结农家亲、吃农家饭、干农家活；各个处室的人员轮流进村住户，人人献计尽力，个个出力攻坚。乡亲们一见到他们就竖起大拇指，发自内心地夸赞说：“你们帮了我们的大忙，真是老红军的好后代啊！”

为了加大扶贫帮困的力度，省里又指定省卫生厅、机场管理集团加入石城县的扶贫工作中。陶正明便和卫生厅李利厅长经常碰头商量，李厅长非常重视脱贫攻坚工作，特意选派了一位精明强干的处长长年住在石城县，帮助石城县整合了基层的卫生院；抽选了一些县、乡（镇）的卫生骨干，到省里的专科学校、大型医院学习培训；去国家部委申请经费，建造了一家拥有近500张床位的县中医院，同时给县医院、乡医院注资，添置了不少医疗仪器设备。

在陶正明挂帅的省军区的大力帮扶下，近几年，石城县的经济堪称是日新月异，得到了飞速的发展，在赣州18个县、区（市）排名中，由最后一名一下子跃到了中间位次。

2019年4月，石城县正式退出贫困县。县里还招商引进了10余家龙头企业，其中有的还是国内外知名大企业。于是，许多原来出省打工的石城年轻人纷纷返乡，到这些企业工作。现在，白家寨的农民也已经搬迁到了移民安置点，从根本上改善了生活条件。

自此以后，省军区的几任领导每到石城县，必会来到援建的第五小学参观走访。几年来，省军区共向第五小学助资380万元，引资40万元，资助共计1300人次的家庭困难子女上学。

对此，该校校长不胜感激地说：“我们五小就是江西省军区的一部分！”通过几年的努力，学校跨进了省级先进示范学校的行列。

在第五小学的校门口，有这样的一副对联："吃水不忘挖井人，上学不忘解放军。"学校给四栋教学楼分别命名为拥军楼、崇军楼、敬军楼、爱军楼，用战斗模范英雄的名字给各班命名，譬如雷锋班、张思德班、黄继光班、刘胡兰班、李向群班等；专门编印了石城五小军队文化读本，创作了拥军爱民的校歌《做个五小好儿郎》。

陶正明认真阅读了这本92页的军队文化读本，联想到曾经走过的石城的山山水水、村村寨寨，他坚信，石城的子弟一代更比一代强，石城的未来发展一年更比一年好。

牵肠挂肚，红色圣地

⊙陶正明将军

在陶正明快要退休的2013年春天，在即将卸任离去的日日夜夜，目睹依旧在贫困线上苦苦挣扎的老区人民，陶正明更是焦急万分，日夜苦思冥想，终于有了一个全新的想法。当时，南京军区下辖五省一市，大多数省市都非常富裕，可以让上海、江苏、浙江、福建等省市的一个区（市、县），来对口帮扶井冈山的一个镇、一个乡，从老百姓吃、住、行、医的基础设施，到宜工、宜农、宜游、宜商的发展项目，发挥富裕地区的经济、资源、人才和技术优势，使双方结成固定的对子，一对一地予以帮扶。想法是好的，关键是要看如何落到实处，陶正明认为应由省军区、警备区、军分区、人武部具体对口协调落实。

陶正明把想法向时任南京军区首长作了汇报后，很快得到了军区党委和首长们的大力支持。首长身体力行，主持召开部署会，下达任务，定下单位和帮扶项目，明确要求将落实情况列入考核干部的内容。

2020年4月中旬，当陶正明一行坐上开往井冈山大巴车的时候，井冈山市委党史办的李副主任就对他说：“上山还有3个多小时的车程，我就给大家解一解闷，活跃一下气氛，讲一讲井冈山的故事、唱一唱井冈山的红歌。每年的这个季节，正好是杜鹃花开、翠绿茶香的好时光，我就先唱一首《请茶歌》吧。”

同志哥，请喝一杯茶呀，请喝一杯茶，井冈山上的茶叶甜又香啊，甜又香啊……

一路上，大巴车里响起了欢快的《请茶歌》。

陶正明一行不断鼓掌喝彩，大家的思绪随着动人心弦的歌声和讲解员娓娓道来的故事，就奔上了革命之山、战斗之山、胜利之山、英雄之山。

在井冈山革命历史博物馆，陶正明见到了毛泽东亲自撰写的入党誓词的保存件。这是中国共产党人的第一份入党誓词，是毛泽东1927年秋天以中央特派员的身份，着眼巩固、纯洁革命队伍而制定的，他亲自点名发展了这6名新党员，并主持入党宣誓仪式。新党员中就包括开国中将赖毅。

那时入党只有宣誓书，从右到左竖写六句话：“牺牲个人，努力革命，阶级斗争，服从组织，严守秘密，永不叛党。”现存实物属于贺页朵，他是井冈山下永新县人，和毛泽东第二任妻子贺子珍是同乡、同宗。贺页朵于1931年1月25日宣誓入党，亲手制作了入党誓词，他记得这6条内容，虽然因识字不多，24个字中出现了6个错别字，但这并没有影响他坚定的革命信念。

1934年贺页朵作战负伤、不能随红军长征，便留在家乡坚持地下斗争，在白色恐怖下与党组织失去了联系。他为了日后革命胜利能证明自己的党员身份，就把入党宣誓书用油纸包好，藏在榨油坊的屋檐下。敌人抓住他，要他承认是共产党，就敲掉了他的门牙，挑断了他的腿筋，但他仍坚贞不屈。直到中华人民共和国成立后，贺页朵找到了党组织，才将这份珍贵的入党宣誓书献出来。

1956年，中央人民政府内务部部长谢觉哉从一份资料上看到了这个故事，非常感动，专门写文章给予高度赞扬，“贺同志是熟记这几句话的，虽然有几个错别字，倒使人们看到它的可信，可贵，可敬！”

夜半三更哟盼天明，寒冬腊月哟盼春风，若要盼得哟红军来，岭上开遍哟映山红……

《请茶歌》声音刚落，《映山红》的歌声又响起来了。

井冈山市的新城镇建在一个山清水秀的地方，自2008年10月1日开始，每年有8个月的时间，在晚上8时演出大型红色实景剧《井冈山》，时长约1个小时。富有井冈山战争时期特色的民歌，其动人心魄的优美旋律，响彻苍穹，打动着每一位观众。600多名演员都是当地的农民，多数还是红军的后代，他们演绎太爷辈、爷爷辈、父辈峥嵘岁月的生动故事，感情是那样的真挚投入。他们的演出，强烈地震撼着所有观众的心灵，带来极大的冲击力。

其中有个演员叫严瑞华，1966年出生，他扮演的红军团长让人过目不忘。“你瞧，团长的孩子才刚出生一个月，夫妻俩都要去山下打仗，无奈之下，出发前忍痛将婴儿送给了邻居抚养。”严瑞华深情演绎的这一段寒夜托孤的悲伤场面，感人至深。“你瞧，夫妻俩把婴儿三次送给寄养人，又割舍不得地抱过来亲了又亲，队伍快走了，团长单腿下跪，双手颤抖着把孩子交给了乡亲，妻子则在一旁哭红了眼、哭弯了腰。”

最后，团长一个立正、敬礼之后，拉着妻子的手，双双跑步才跟上了队伍——此情此景，令众多观众忍不住流下了热泪。

严瑞华也眼含热泪，激动地说：“我俩每天演，每天都要哭几回，我是自己给自己升官——真把自己当成团长了！”

演员岁数最大的近80岁，最小的演员才10岁，也有一家四五口人全部参演的。演出结束后，他们分列道路的两旁，目送着观众离开，好似当年井冈山的百姓深情不舍送别红军远行的场景。许多游客说，这场演出不仅让井冈山人民创了收、致了富，更是给广大观众补了钙、定了魂。

一送红军下了山，秋雨绵绵秋风寒。……问一声：亲人红军啊！几时人马再回山？……三送红军到拿山，山上苞谷金灿灿，苞谷种子红军种，……紧紧拉住红军手，红军撒下的种子红了天……

《映山红》的歌声方歇，《十送红军》的女高音又响起来。

当年，井冈山人民为中国革命作出了巨大牺牲，但是，新中国成立都过去半个多世纪了，他们还生活在贫困之中。驻在老区的人民子弟兵看在眼里，急在心上，反复思考寻找脱贫之路、发展之策。

在南京军区和各省市的坚强领导下，各地的领导和群众发动起来了。区（市、县）党委、政府主要领导，部队首长，无不把帮助老区人民脱贫攻坚当作自己的事情来对待。带着来自机关、企业的相关人员，来到帮扶乡村第一线，现场察看，确定项目，分轻重缓急，定出时间段和责任人，抓质量、赶进度，一年一年地按规划推进，使这项工作制度化、规范化、长期化，更重要的是惠民生、管长远。

经过大家的艰苦奋斗、不懈努力，井冈山市终于在2018年宣布脱贫摘帽。老百姓听了这个特大的喜讯，就像打了一场大胜仗一样，山川沸腾了，百姓欢腾了。许多老百姓异口同声地说：“解放军永远是我们井冈山人民最大的靠山、最亲的亲人。”

井冈山的红，是共和国的底色，是井冈山先烈们用鲜血浸染的；井冈山的红，比清泉圣洁，比山花热烈，比彩霞鲜艳；井冈山的红，红得壮怀激烈，红得执着坚定，红得荡气回肠，红得永垂不朽！

在中华人民共和国成立70周年的前夕，陶正明和十几位老战友一起走遍了井冈山的红色景点，目睹了欣欣向荣的新面貌，看到了百姓脸上洋溢着的健康快乐的笑容。

一路走着、看着，老战友们的心也一个个都红透了！

扶贫娇兵圆梦

作为红土地上的军事指挥首脑机关，江西省军区一直非常重视当地的扶贫工作，领导干部也会力所能及地通过多种渠道、多种形式帮扶贫困人员，勉励他们走好人生路。娇娇和兵兵就是陶正明曾经帮助过的2名贫困大学生，二人名字都是叠字，个性也都很明显。

直到如今，陶正明都清楚地记得与他们初次见面的情形。认识娇娇时，她正在江西师范大学读大二。

有一次，省军区在研究扶贫工作的时候，陶正明提议部门以上的领导每人资助一名贫困大学生，首选对象主要是江西师范大学、江西农业大学的学生。陶正明认为，江西是农业大省，这两所高校毕业的学生主要从事教师和农业研究工作，对江西未来发展至关重要。那时候，财务部门每年从陶正明和其他领导的工资中扣除5000元，一块儿送到学校，分到被资助的大学生手里。有的机关干部知道这项资助计划之后，主动要求加入，但被陶正明婉拒了，因为不少机关干部的家庭生活也不宽裕，不能加重他们的负担。

对于这项资助计划，两所大学的领导都很重视，在校内进行了认真的筛选，并明确筛选范围：家庭条件特别困难，但本人学习刻苦，并且学习成绩突出的学生。两天后，他们把筛选好的、拟被资助的大学生集中起来，带到省军区的办公楼会议室。于是，省军区与校方举行了一个简单的结对资助仪式，仪式结束后，陶正明等资助人按照号码，抽选各自的资助对象。

陶正明抽到的5号，正是娇娇。当时，她站起来作了简单而得体的自我介绍，陶正明感到这个女孩子素质很不错，三观也非常正。确定结对之后，陶正明便将娇娇带到自己的办公室，准备相互间再作进一步的交流、了解，以便有的放矢。没承想，一进陶正明的办公室，娇娇就哭了，这让陶正明感到很意外。于是，他就细声慢语地劝她别着急、别紧张，慢慢说。

“在我8岁那一年，父亲就因病去世了，当时家里还有一个两岁的弟弟，全家人就靠妈妈种田、挖笋的收入维持生活。”娇娇擦一擦眼泪，羞怯地说。“我考上大学后，全村十几户人家凑钱给我，我才有学杂费、路费赶到学校报到。学校有助学金、奖学金，加之平时我省吃俭用，基本上能够维持生活。但是，到弟弟读初中时，我们家的经济负担一下子就加重了。有点思想守旧、重男轻女的妈妈就常对我说：‘娇娇，你们两个孩子上学妈妈的压力大，供不起了。’”娇娇眼泪涟涟地说，“我理解妈妈、心疼妈妈，打算第二年就不上学了，去外面打工赚钱，帮妈妈一起供弟弟上学。”

沉默片刻，娇娇兴冲冲地说：“就在前几天，学校把部队的资助名额送给我，让我看到了希望，我感觉自己非常幸运、幸福，因为我终于又有了继续读书的机会。那天夜里，我激动得一晚上都没睡着。第二天，我打电话告诉了妈妈，妈妈说让我积极争取这个大好的机会，并且特别交代我，要我好好地感谢解放军叔叔。”

娇娇说着又哭了，站起来向陶正明连连鞠躬。陶正明上前连忙拉住她，随即相互留了联系方式。后来，只要周末一有空闲，陶正明就会给娇娇打电话，问下她的学习、生活情况，鼓励她好好读书。

放寒假了，娇娇说在家里帮着妈妈干活。一个周六，陶正明想去娇娇家里看一看，便按照她留下的地址，走了3个多小时，才找到了她家。陶正明看到母女俩一人挑着一满担的木柴，便走过去试着挑了挑，柴担子很重，差不多有100斤。

娇娇的妈妈有点驼背，不到40岁的她面容显得非常苍老，与实际年龄极不相符。她一见到陶正明就哭了，不时地用袖子抹眼泪、擦汗水。她说的是本地的土话，陶正明听不太明白，娇娇就来当翻译。

娇娇妈妈反复地说：“一年资助5000元，两个孩子都用不完，解放军真是大恩人，谢谢陶政委啊！”一面说着，她就要给陶正明下跪，陶正明急忙把她扶起来。

娇娇在读大四的时候，报考了南京师范大学的研究生，可惜没有考上。大学毕业了，娇娇来到省军区向陶正明告别，显然因为落考的事很难过。

“不要泄气，不要气馁，失败是成功之母啊！”陶正明笑一笑，劝娇娇放松心情，复习一年再考。

娇娇却不考了，打算去山区小学当老师。她坚定地说：“陶伯伯，山区非常缺乏师资力量。您帮助我读完了大学，我也要知恩图报，尽自己的一份力量，去帮助其他的孩子读书。同时，拿一份工资，也好减轻妈妈的压力啊！”

“娇娇，你这个孩子小小的年纪很懂事，你妈妈也确实被生活的负担压弯了腰。的确，山区教育情况很不好，你去那里就有了用武之地。你的这个想法很好，我支持你！娇娇，你放心去吧，我会继续资助你弟弟读书的。”陶正明说道。娇娇听到陶正明要继续资助弟弟读书，又是鞠躬，又是道谢。

领导干部个人结对资助贫困大学生开了个好头，得到了地方、部队、学校和贫困家庭的一致好评。但是，唯因被资助学生数量太少，资助项目名称也有点伤害了被资助学生的自尊心。

于是第二年，省军区党委进行了专题研究，决定每年由军区拨出经费，从师大、农大新生中各选100名学生来资助。这样，若干年后，每所学校被资助的学生就会形成一定的规模。省军区从第一年开始，每年拨100万元，到了第四年，省军区每年拿出400万元的资助款。会上得到大家的一致同意。

会上还采纳了政治部副主任黄恩华大校的建议，把项目名称从“资助贫困生”改为“八一励志奖学金”。“八一”代表人民子弟兵，“励志”代表激励、支持，“奖学金”则代表对品学兼优学生的肯定。这样一来，能够起到很好的导向引领作用，也可以消除原来名称中的消极因素。

陶正明认识兵兵，则是在井冈山大学。

井冈山大学有为部队培养的国防生，陶正明常去学校了解他们的学习、生活情况，和学校一起研究解决一些实际的问题，以便提高培训质量。一次，陶正明组织召开了一个地方学生的座谈会，旨在从侧面了解他们对国防生的看法，以便有针对性地加强国防生的教育管理工作。

兵兵就是受邀参加座谈会的大学生之一。他是建筑设计系的，非常健谈，说话也非常直爽，讲了许多他看到的、听到的关于国防生的一些不利因素。他的言谈举止，给陶正明留下了非常深刻的印象。

中午吃饭时，陶正明特意请兵兵坐在他的身边，边吃边聊。在饭桌上，兵兵说了许多实话，让陶正明了解到许多关于国防生的信息。同时，陶正明也得知他的家里特别困难。临走时，陶正明握住他的手，连说谢谢。

后来，陶正明和兵兵成了好朋友，经常保持联系；再后来，陶正明到中央党校培训两个月，便将这个消息也告诉了兵兵，他几乎天天发信息给陶正明，除提醒陶正明多保重身体之外，就是问一些北京的情况。有一次，兵兵发来一条信息，说梦到他自己也到了北京，和陶正明住在一块儿。

陶正明心里猜测：小伙子可能是想趁着他在北京的机会，到北京看一看，只是不好意思明说。于是，陶正明便主动邀请兵兵来北京参观，增长见识。从井冈山到北京有直达火车，夕发朝至，很方便。

于是，陶正明便嘱咐兵兵定好时间，周五晚上上车，周六早上到，周日晚上再返回。这样一来，兵兵可以在北京游玩两个白天，还不耽误周一上课。同时，陶正明还给兵兵发去了1000元的红包。

过了一周，兵兵给陶正明发来微信，说是订好了火车票。

于是，陶正明提前给兵兵买好了返程的卧铺票，订好了北京的宾馆，并把转乘地铁及下地铁的站点都发给了他。不巧的是，那天又是刮风、又是下雨，小伙子第一次出远门，陶正明非常担心他会出差错，就提早去地铁口接他。

兵兵还真出错了，提前一站便下了地铁。陶正明又打着雨伞去找他，等找到他的时候，他的衣服差不多湿透了，浑身打寒战，嘴唇冻得发紫。见状，陶正明赶快拦了一辆出租车。

后来，陶正明得知，为了省钱，兵兵不肯买卧铺票，只买了一张硬座票。而且，由于兴奋他一夜没睡，精神不济，再加上这是他第一次坐地铁，非常新奇，迷迷糊糊地就跟着别人提前下了地铁。

因为担心兵兵感冒，他们一到宾馆房间，陶正明就催促他赶快洗个热水澡，并打车到附近的商场给他买了一套绒衣、一身运动服和一双运动鞋。兵兵洗完澡换上新衣服，又吃了一大碗牛肉面，这才缓过来。陶正明便问他："你现在是补睡一觉，还是去参观景点呢？"

"首长，我现在很兴奋，哪能睡得着啊！"他说。

陶正明先带兵兵参观了中央党校，中午品尝了食堂里的饭菜，然后转了转北京奥运会的几个场馆。

第二天是周日，他们起个大早，先到天安门广场观看升旗仪式，又参观了人民大会堂、毛主席纪念堂和国家博物馆，看了看故宫。下午5点左右，他们就往火车站赶，并在火车站附近吃了晚饭。玩了两天，兵兵很累了。陶正明把火车票给他，一再叮嘱他要按时上车，不要坐错车，第二天还要上课，晚上在车上好好睡一觉！

"您放心吧，我一定会安全下车的。北京之行，终生难忘！首长，太谢谢您了！"兵兵紧紧拉着将军的手，含泪说道。第二天早上，陶正明收到兵兵发来的信息，一颗悬着的心这才放了下来。

兵兵从井冈山大学毕业后，考上了浙江大学的研究生，陶正明也退休回到了杭州。一天，这对莫逆之交再一次相聚，兵兵笑一笑说："自那一次北京之行后，我就暗暗下定了决心，一定要考到浙江读研究生！这样，就可以离首长近一点，见面的机会也就多一点，也好当面聆听教诲，有助于自己成长！"

听到兵兵的这一番话，陶正明不禁会心地笑了，心里说："这孩子真懂事，嘴巴又甜，情商也高，将来一定会有出息的。"

第八章

对癌症说“不”

惊呆了，晴天偶获响霹雳

确诊，策划成立保密小组

内镜检查，将军也有露怯时

手术后，将军也有柔弱时

不胜其扰，病情上报也头痛

力排众议，拒绝化疗

欺瞒也是爱，妻是最后知情者

康复，重塑自我获新生

完成夙愿，登记捐献遗体

惊呆了，晴天偶获响霹雳

陶正明早就计划好了，退休之后，一定要与这辈子遇到的众多的好战友、好同学、好同事，以及众多的知音、恩人、英雄们多聚一聚；要到各地走一走、看一看，饱览祖国的大好河山；要多陪一陪家人，多回老家看望老母亲。

为了得以放心大胆地外出游历，2014年2月20日，陶正明还到杭州的一家医院做了一次有针对性的健康体检，并且拍了胸部CT。这家医院是陶正明体检的定点医院。作为原江西省委常委、江西省军区政委，通常是安排他到部队医院体检的，但也可以自己选择到地方医院体检，部队都会报销相应的费用。

陶正明之所以一直选择到杭州的这家医院做体检，一是因为这家医院的体检条件很不错，很舒适；二是因为他与这家医院有着许多年工作上的联系；三是这家医院离家很近，很方便。

这次做了胸部CT检查之后，医生在他的检查报告上写下了影像之所见："右上肺见条块影。"又写下了诊断意见："右上肺病灶，与前片（2012年10月25日拍摄）对比，密度变实，建议增强扫描。”

于是，热情的护士又带着陶正明去做了胸部增强CT，检查结果第二天就出来了。

“陶政委这次体检可不太好啊！”那位护士性格开朗，快人快语，一拿到检查结果，她就马上打电话告诉了陶正明。

“嗯，是吗，怎么不好了？”他随口一问。

“通过胸部平扫，发现您右上肺有病灶，大小为1.7厘米×1.6厘米，对比2012年4月的体检结果，CT病灶密度有明显的增高。也就是说，您的右肺结节明显地增大了。”

“什么，增大了？那怎么办呢？”

“需要动手术啊。”

“动手术？为什么要动手术？你别开玩笑啊！”陶正明笑道。

“陶政委，真没跟您开玩笑。每一次的体检报告单子，不都是我拿给您的吗？如果没事，我就说没事；有事了，我也就会说有事。”快人快语的女护士说道，“从这一次的检查结果来看，结节的变化很大、很快，可能是肿瘤。所以，医生建议：必须做穿刺活检，以排除肺癌的可能性。”这位护士原来是胸科的护士，对这一类的病症十分熟悉。可别小看了护士，她们因为护理的病人多了，临床经验十分丰富，见多识广。

“啊，什么？肺癌？肺癌！”简直是晴天霹雳！顿时，陶正明惊得喊出了声。

此时此刻，陶正明的大脑里一片空白，两眼发黑，两只耳朵更是“嗡嗡”地响个不停，人几乎都站立不稳。

“有没有搞错，我怎么可能会得肺癌呢？”稍作冷静，陶正明自言自语地嘀咕道。

的确，陶正明3年前去做例行体检的时候，医生就告诉他："肺部有结节，每半年都要复查一次。"按照医嘱，两年来，他不敢怠慢，可是4次检查都说没有任何变化。最近的一次体检，还是2013年4月前他在中央党校培训的时候，在军内最权威的医院——解放军总医院（301医院）做的，印象很深，医生好像也说没什么问题。

陶正明清晰地记得，2013年春节刚过，组织上安排他到中央党校去参加"省部级培训班"的学习。3月1日，中央党校"建校80周年庆祝大会暨2013年春季开学典礼"召开，习近平总书记出席并作了重要的讲话。他记得，那年的"省部级培训班"有28名学员，或者是新提拔的，或者是准备提拔的。所以在班里，陶正明算是个特例，因为他是个马上要退休的人了。

那一次，解放军副总参谋长和总后勤部副政委都是陶正明的老首长，几次打电话分别叫陶正明去他们家里吃饭，可他谁家都没有去，不想打扰老首长。

后来，总后勤部副政委又给他打电话，一本正经地对他说："正明啊，既然你不来家里吃饭，那就请你到301医院做个体检吧，也算是我请一次客吧，一定得去啊！"可别小看了这个体检，那可是解放军大军区的主官才有的待遇啊！

2013年4月25日，陶正明如约来到301医院做体检。他在301医院住了两个晚上，体检者全程都有人陪护，而且，但凡来体检者，都是坐在轮椅上，不用自己走的，还专门安排了推轮椅的人。

5月2日，301医院的体检报告出来了。这份报告提出了11项建议，其中的第10项是这样写的："胸部CT：右肺上叶尖段结核可能性大，建议在呼吸科就诊评估。"胸部CT平扫的影像描述是这样写的："双肺纹理稍增多，肺透光度正常。右肺上叶尖段斑索、结节状稍高密度影。双肺门未见肿大淋巴结。纵隔未见肿大淋巴结。气管居中，气管及主要支气管通畅。双侧胸膜无增厚，双侧胸腔积液呈阴性。”

由此可见，从301医院的这份体检报告来看，至少没有看到陶正明的体内有恶性肿瘤细胞的存在。

然而，五一国际劳动节之前，陶正明已经飞回江西了。所以，体检报告就一直放在总后勤部副政委的秘书那里。医生没向这位秘书交代，秘书也没认真看体检报告，更没把体检报告中的有关建议转告于他。以至后来，陶正明还打电话给副政委秘书开玩笑说：“大名鼎鼎的301医院不过如此，水准也很一般嘛！”

可是，这一次在杭州体检距离在北京301医院的体检，也就才过去了不到一年的时间，变化有这么大、这么快吗？太不可思议啦！

“这怎么可能呢？”陶正明嘀咕着。虽然没有什么异常感觉，但他也不敢马虎，因为这个讨厌的结节一直存在，他是很清楚的。于是，他拿着胸片又分别去找了两家医院的专家做诊断，几位大专家都给出了类似的意见：“恶性肿瘤的可能性很大，建议尽快做手术。”凡此种种，堪称是不容怀疑。

此时，陶正明的心里就像是打翻了五味瓶，甜酸苦辣咸五味俱全。他曾经被误诊过一次，因此禁不住叹道：“唉，这个癌细胞真真假假、虚虚实实的，命运怎么这么爱捉弄人啊！”

确诊，策划成立保密小组

对于一个人来说，苦难和挫折就是财富。当肾癌被排除后，每当遇到学习、工作和生活上的困难之时，陶正明总能坦然直面人生的困境，从容处理一切复杂的矛盾。

当几家医院的专家们确诊他得了肺癌之后，陶正明却没有了以往的自信、从容，更没有了先前的坦然、倔强。此时，他有的只是冷静，冷静地面对，时而伴随着一丝丝恐惧——“狼来了，狼来了，狼真的来了……”对于癌症，陶正明以前从未拿它当回事，他还写过一篇人生感悟类的短文，可现在，癌症就像一匹凶狠的狼，真的向他扑了过来。

陶正明在反思：这一回也不是什么晴天霹雳，因为几年前就有了预兆——肺结节隐患一直在他的肌体内潜伏着。

这一回绝不可麻痹大意，得尽快动手术了！

既然“狼来了”，就必须直接面对。通过专家、医生的讲解，上网查阅相关的资料，陶正明得知：肺癌是全世界男性的“第一杀手”，发病率和死亡率都很高。国家权威机构发布的报告显示，肺癌是世界上最常见的恶性肿瘤之一，早已占据我国城市人口恶性肿瘤死亡的第一位，可谓来势汹汹。

这“第一杀手”主要分为小细胞肺癌与非小细胞肺癌两种。

小细胞肺癌约占支气管源性肺癌的15%—20%，小细胞肺癌确诊时，肿瘤处于局限期的患者约占30%，其余处于广泛期——当肿瘤扩散到锁骨上区以外时即为广泛期。相较于其他类型的肺癌，小细胞肺癌有更好的化疗及放疗疗效。但因为小细胞肺癌确诊时肿瘤很可能已经广泛扩散，所以它往往很难治愈。

非小细胞型肺癌包括鳞癌、腺癌、大细胞癌，与小细胞癌相比其癌细胞生长分裂得较慢，扩散转移得相对较晚。非小细胞肺癌约占所有肺癌的80%，约75%的患者发现时已处于中晚期，所以患这种癌的生存率很低。在非小细胞肺癌当中，腺癌、鳞癌是最为常见的两种类型。

由此足见，腺癌在肺癌之中，乃是“第一杀手”当中的“第一杀手”，堪称是骇人病魔。

陶正明的内弟就是得肺癌去世的，当时他的内弟还不到50岁，当查出来的时候已经是肺癌晚期了，医生经过诊断认为没必要花钱救治了。可是内弟不甘心，想要去北京治疗，便向陶正明求助。经过陶正明的老战友帮忙，内弟被安排住进了解放军307医院。解放军307医院是全国、全军著名的肿瘤专科医院，院长是陶正明在大悟县的老乡。由于是肺癌晚期，尽管在307医院做过化疗和放疗，但副作用也很大。

后来，陶正明又将内弟接到了徐州、杭州等地，让他放松身心地去疗养了一段时间，可是效果并不理想。不久，内弟的癌细胞转移到了头部，又住进了解放军307医院，专家们也无能为力。去世前，内弟用力拽着陶正明的右手，泪水涟涟地说："姐夫哥，我不想死啊，您千万要救救我呀！"陶正明和妻子非常痛苦，可也知道医院的专家们已经尽了全力，奈何已无力回天。

陶正明有位老首长，是一位陆军中将，63岁从大军区副职的岗位上退休不久，便查出了肺癌，直接就住进解放军南京总医院。然而，由于已经是肺癌晚期，加之过度治疗，所以两年后就去世了。那时候，陶正明曾经多次到医院去探视老首长，那种印象之深，堪称是刻骨铭心、痛彻心扉的。

而今，陶正明没想到自己也得了肺癌。自得知自己得了肺癌后，"面不改色心不跳"绝对是不可能的，但他深知，恐惧、悔恨都是没用的，是改变不了现实的，必须保持冷静。

《周易·系辞上》云："乐天知命，故不忧。"三国时期李康在他的《命运论》中亦云："然则圣人所以为圣者，盖在乎乐天知命矣。"西方一位哲人也曾说过："痛苦一旦过去，痛苦就成了财富。"所有这些中西方的经典之论，都在鼓舞、激励着陶正明咬牙坚持，就像战洪流、保护九江大堤一样，战胜病魔，坚守自身！

面对这个青面獠牙的"第一杀手"，陶正明领悟到：绝症不是绝境，尚可奋起，人身本来就是一个很好的治疗体；一个人不要总是觉得自己不幸，世上还有许多比自己更不幸的人；人要懂得乐天知命，逆境绝不是路已到了尽头，只是该转个弯为自己换个跑道而已。

肺癌已然确诊，手术是免不掉了，陶正明这时候陷入沉思之中：究竟手术前尚有哪些事情需要准备呢？

虽然下定了要做手术的决心，但在做手术之前，陶正明不想告诉任何人。这是因为他觉得，这个肺癌来得不合时宜——自己刚退休，如果说出去，一定会“一石激起千层浪”，甚而引发流言蜚语满天飞。关于这一点，18年前的那一次“肾癌撞腰”事件的教训，实在是太深刻了，至今仍历历在目。

其实，许许多多的人大抵都有一个思维或情感定式，也就是在得知自己罹患绝症的时候，第一时间自然会想从最亲的家人那里寻求慰藉，抑或向知心的亲朋好友作一番倾诉，以便舒缓压力。因为突然面对死神的威胁，精神、意志一般都会近乎崩溃的，这杯苦酒独自一人很难喝下去。

然而，陶正明不肯这样做，也不能这样做。陶正明下意识地认为，最重要、最主要的是不能告诉他的妻子。因为他太清楚不过了，一旦让妻子知道了，她势必会像“肾癌撞腰”那次一样，整天以泪洗面，不但会取消去德国照顾女儿月子的行程，而且极有可能会马上告知所有的亲戚朋友，弄得满城风雨。倘或如此，正在月子里的女儿必然会得到消息，那么，女儿必定会不顾及自己的身体，毅然带着小外孙回国。

那样的话，一大帮亲朋好友想必都会赶过来，赶到位于西子湖畔的陶家，围在陶正明的身边哭哭啼啼。这样的情景，这样的画面，陶正明闭着眼睛都能够“看”到，那是他根本不敢想象，也是难以忍受的。

因此，他这一次要绝对地保密，绝对不能告诉任何一个亲朋好友，尤其是不能让妻子意识到他的身体发生了异常。

处于极度地纠结、矛盾的旋涡中，陶正明就像一只小船在波峰浪谷之间上下颠簸，情绪非常低落，非常焦虑，所以他一天也不能待在家里，深恐被妻子发现自己情绪上的波动，那样，可就彻底地露馅儿了。

于是，陶正明叫上驾驶员小魏，二人驱车迅速地离开了杭州市，顶着冷飕飕的寒风，朝着杭州的周边地市开去；那样子，像一叶舴艋舟，漫无目的在茫茫的大海里飘荡、游弋。

也不知道出于怎样的思虑、谋划，陶正明便指挥着小魏下了高速公路，把车开到了自己曾经的驾驶员小林家。小林的爸爸是个植物人，住在医院好几年了。陶正明二话不说，握着小林爸爸的一双手，亲切地嘘寒问暖，然后陶正明独自坐在床边与照顾林爸爸的小林姐姐说了一会话，把慰问金悄悄地塞在枕头底下，饭也不肯吃就离开了。

陶正明的这些举动、行动，直搞得小魏莫名其妙，但也只好听凭他的安排。

接着，陶正明又让小魏将车开到了丽水市的青田县。

青田县是刘基（刘伯温）的故乡，刘伯温是朱元璋的军师，后人称赞其为“三分天下诸葛亮，一统江山刘伯温”。他们二人先是去了县城拜访老战友小陈。陶正明曾经写过小陈典型事迹的稿件和材料，所以对小陈十分了解。陶正明知道，小陈的爸爸在国外创业有成，有大笔资产，让小陈出国去接班，可是小陈不情愿去国外，也不情愿去接爸爸的班。

而后，陶正明和小魏、小陈一道出发，去参观了刘基庙、刘基家世馆、刘伯温纪念馆和石门书院。在刘基家世馆大门口，陶正明反复诵读着一副对联：“天眷我邦，生英才而翊运；世济其美，立功业以承家。”

尤其是在石门书院，陶正明更是对其大门口的一副楹联产生了浓厚的兴致，不仅一遍遍地反复诵读，而且用手机拍了下来。这副对联写道：“取春秋大义，拯黎元水火；听洞壑惊雷，测天下风云。”乃至在离开石门书院的路上，陶正明还兴致勃勃地掏出手机来，反复诵读这两副对联。

晚上，陶正明和小陈喝了很多的红酒，小魏因为一会儿还要开车去宾馆，便只好以茶代酒了。回到了宾馆里，陶正明自嘲地笑一笑，就连他自己也不清楚：自己为什么要鞍马劳顿地去看小林、小陈，以及小林的爸爸，颇有一些“鬼使神差”的感觉。

翌日一大早，陶正明又驱车赶到绍兴市。

绍兴古称会稽、越州，是闻名海内外的文化名城、旅游胜地，亘古以来，绍兴的著名人物、文化大家就像雨后春笋一般，可谓是层出不穷。

诸如，先秦时期的勾践、西施、王充等，以及后来的大诗人、大文豪谢灵运、贺知章、陆游、王阳明等，尤其是格物致知的王阳明，其“阳明心学”迄今在全世界发扬光大，他还与孔子并称为“三不朽”（立德、立功、立言）之完人；至于现当代的“绍兴三周”更是如雷贯耳，他们就是周恩来、周树人（鲁迅）、周作人；这里还是近代民主革命志士、“辛亥女杰”、“鉴湖女侠”秋瑾的故乡，也是秋瑾从容就义的地方。

陶正明让小魏自己随便去绍兴城里转一转、玩一玩，他自己就在绍兴饭店住了两个晚上。两天两夜，他都没有出门，开着电视，置于静音状态。这两天，他就静静地躺在床上，满脑子想的都是曾经的军旅生涯、戎马岁月：组织处、小尖山、九江，尤其是为十六勇士送行的一幕幕、采写“硬骨头六连”的情景。至于战斗英雄林祖武、谢关友、钱富生、展亚平等的英勇壮举，更是像电影镜头回放一样，不断地在他脑海里闪现，如在眼前。

怕什么？不就是癌症嘛！想一想长眠边疆的英烈、终身伤残的英雄，自己能够活到今日，就已经是非常幸运了。同展亚平等特等伤残战友相比，自己遭受的困苦不值一提……在床上辗转反侧、翻来覆去，陶正明不时自言自语，直到第二天晚上，他终于放下心魔、打开心结。

陶正明心想：人的一生中会发生什么，自己无法选择，可是至少，我们可以选择怎样去面对；人只要在路上，就没有到达不了的远方。也没有到达不了的彼岸。想到这里，他油然大声地朗诵起了著名女诗人舒婷的诗歌《双桅船》：

雾打湿了我的双翼，
可风却不容我再迟疑。
岸啊，心爱的岸，
昨天刚刚和你告别，
今天你又在这里。
明天我们将在，
另一个纬度相遇。
是一场风暴、一盏灯，
把我们联系在一起。
是一场风暴、另一盏灯，
使我们再分东西。
不怕天涯海角，
岂在朝朝夕夕。
你在我的航程上，
我在你的视线里。

根据陶正明此时此刻的理解，这首诗当中的“你”既是妻子、女儿，更是千千万万牺牲的先烈、伤残的英雄。

情绪平复之后，陶正明开始谋划手术事宜：现在，必须尽快确定做手术的医院、时间和做手术的医生。凡此种种，需要好好地筹谋一番，可是，绝对不能告诉任何一个亲朋好友，怎么办呢？于是，陶正明思考着什么时候动手术、在哪里动手术、找谁动手术，以及如何瞒住自己的妻子、女儿和老战友们，等等。

陶正明打算选择比较偏僻的医院就不容易碰到老战友们，也不容易传出去露了馅儿；另外，也不能将因癌症做手术这件事告诉浙江省军区、江西省军区门诊部的医护人员，更不能告诉省军区老干部办公室的工作人员。这时候，陶正明依旧担任着江西省委常委，按规定，做手术这件事必须向江西省军区党委和江西省委报告。可是不行，这样一来，就会很容易让妻子知晓。

因为组织上一旦得知因癌症做手术这件事后，在考虑治疗方案时，是必须征求家属意见的；再者，家人、领导都知道后，有可能会众说纷纭，在治疗方案上产生不同的意见，这样的话也会拖延治疗时间。类似的情况，陶正明在岗位上时，碰到过无数次，前车之鉴，不得不防啊！

由于时常去体检的那一家医院轻车熟路，并且那一位护士也知道陶正明的病情，于是陶正明便打了个电话给她，想听听她的意见、建议。

护士建议陶正明就在他们这家医院做手术，而且说这家医院比较偏僻，来这儿住院、做手术的病人相对少一些；该院硬件是很不错的，麻醉师也十分出名。

至于为陶正明做手术的主刀医生，那位护士建议最好是从外面请过来，该院的医生临床经验比不上外面大医院的教授、专家，病人需要做手术的时候，通常都是从外面聘请过来的。

的确，陶正明打听到，浙江肺癌手术的“第一刀”“第二刀”“第三刀”都不在这家医院里。对于这“三把刀”，陶正明一位也不认识，只是从别人的议论、文章中得到了一些信息。

当然了，他也不是百分之百地相信专家，因为陶正明从来不盲从什么高人，即使是所谓“第一刀”之类的权威；他更多的是相信科学、相信医生的经验、相信自己的感觉。这位护士是从该院胸科出来的，对于经常来该院做手术的几位专家医术情况、工作态度，也是比较熟悉的。

经过一番考量、权衡，陶正明作出了决定：就在这家医院做手术。因为除了那一位知书达理的护士，陶正明在该院再也没有其他的熟人，有利于做好保密工作。只要这位护士不对外透露，谁也不会传陶正明得肺癌的消息。与此同时，陶正明还初步确定了做手术的主刀医生，只需要回到杭州时，最后敲定一下。这样，他也就可以随时做手术了。

下定决心后，陶正明感觉非常轻松，有一种如释重负的感觉。于是，走出绍兴饭店，陶正明便找了一家绍兴特色的小饭馆，和鲁迅小说《孔乙己》的主人翁一样，要了一碟茴香豆、一小罐绍兴花雕酒，就自斟自饮起来。

这时候，陶正明在想：每个人的脚下都是地球的中心，每个人的内心里都藏着一个了不起的自己。常遇困难、克服困难，说明你在不断地进步；常衔压力、纾解压力，说明你有前进的目标。

说话是人的本能，闭嘴是人的修行，沉默是人的聪明。嘴里没有说，不等于心里没有数。不该问的绝不问，不该说的绝不说，这便是糊涂的聪明人。郑板桥所说的“难得糊涂”，应该就是这个意思。

一返回杭州市，陶正明便趁妻子不在家，当即联络驾驶员小魏、公务员小刘来到家里，就在自己的书房开了一个“党小组”会议。在会上，首先，陶正明很正式地宣布“治癌党小组”现在成立；其次，陶正明将自己的病情、下一步的打算进行了通报。他之所以将实情告诉小魏、小刘，那是因为根本瞒不住他们，据实相告，也可以方便自己的出行、治疗，做手术前前后后还有许多的事情，需要他俩去帮忙处理，这样也可以更好地瞒住妻子。

“小魏、小刘，你们是知道我的脾气和秉性的，我也十分感谢你们平时对我的照料，但我的病情现在还不能对外宣布，不能让任何人知道，这是咱们的机密。我们都是党员，我们现在也成立了一个临时的‘党小组’。最近的一段时间里，我要求你们严守这个机密，谁要是把这个机密泄露出去了，我就要立马处理他。”

在会上，陶正明很严肃地明确了纪律要求，还分析了自己的病情被传扬出去后可能造成的重大影响，以及由此引发的种种不利因素。

“我们都是军人，都是男人，有些苦难能够自己承担的，就绝不让家人知道，让亲戚朋友去牵肠挂肚。你俩想一想，如果我女儿知道我得了癌症，她势必会不顾自己和小孩的身体，立马从德国飞回来的。这样的话，我实在是不敢想象会给她带来多大的伤害和多大的痛苦。”陶正明不疾不徐地说。

沉默片刻，陶正明又接着说：“同时，也不能让你们身边的战友们知悉，他们都是公勤人员，一旦得知，就会很快传到其他的领导那儿，这样就一下子全露馅儿了。那样的话，今天张三、李四来了，明天王五、赵六来了，我就得一遍遍仔细地告诉他们什么情况吧。有的人是可怜我，进门就会哭，我还得安慰他们，这样就会消耗、分散我的精力；有的也许还会给我送红包，这就等于是变相地以病敛财，我一直都是十分厌恶这种事情的，不能把部队的风气给带坏了。”

“另外，你俩也知道，我在位的时候处理过不少的人，也得罪过不少的人，这样的话，免不了就会有人将这件事情私下故意借风吹火、胡编乱造，甚至诽谤我，那样我就会更难受、更痛苦！对于一个病人来说，最好是安静治疗、安静休养，对不对？”陶正明稍事停顿，看着他俩继续分析说。

小刘是四川达州人，小魏是山东青岛人，跟随陶正明多年，都是十分实诚、本分的战士，也都很善解人意。在首长的身边，不该问的绝不问，不该说的绝不说，这是对一个军人最起码的纪律要求。一般来说，能够当上部队首长的公务员、驾驶员，他的军政素质都是比较过硬的，办事周到、细致，接收、传递各类通知和文件的机会比较多，每天随时记录重要的事项，防止出差错。

后来，小魏主要负责陶正明的车辆保障，人和车的编制当时都还在江西省军区，平时则由浙江省军区公勤队托管。

多年以来，小魏耳濡目染陶正明正直的为人处世品格，他非常敬佩、尊敬这位首长，在生活上，视首长如自己的父亲。

小刘的编制在浙江省军区的公勤队，他也听说过许多陶正明在担任浙江省军区副政委时的故事，对首长也很敬佩、尊敬。浙江省军区领导为照顾陶正明夫妇，特别安排小刘担任了公务员，平时负责陶正明家里的勤杂事务。党的十九大以后，军队的编制、体制进行了深度的改革，小刘回到警卫连。此时，小魏编制也转到了浙江省军区，平时只有小刘一个人负责勤杂事务的保障，他每天坚持记日志。陶正明的退休保障也从江西省军区移交到浙江省军区，由老干部办公室负责统一管理。

三人的思想统一后，陶正明便开始着手为做手术做实质性的准备了。这时候，医院通知陶正明于2月27日到医院，来办理住院手续。

2月26日，陶正明便按照在绍兴饭店想好的脚本，不温不火地对妻子说：“我明天要回南昌一趟，去办事。”妻子就问他去干什么、怎么去、去多长时间，陶正明则回答说：“我现在还是江西省委常委，还有群众路线教育的联系点，江西的群众路线教育还没有完成任务。所以，我还得去看一看进展情况，看一看怎么样向前推进。”

“因为事情有点急，我就先坐火车过去。”陶正明还进一步补充说，“至于小魏，让他随后开车过去，这次去大概需要半个月的时间。”陶正明之所以这样说，是因为他问过医院，术后半个月左右就可以出院了。

在陶正明的妻子看来，既然老陶还保留着常委职务，出差公干是很正常的，她一点儿也没有感觉到有什么不对劲。陶正明的“戏”也演得很好，没有表现出半点的异常，他还特意将自己平时下基层所用的衣裤、鞋袜，以及洗漱用品等装进了常用的行李箱内。

在以前，按照陶正明的要求，妻子是从来不会帮着他准备出差行李的。可是，那天晚上不知怎么不一样，妻子却有点反常行为，仔细地帮他检查了一遍，包括毛巾、牙刷、牙膏，乃至内裤、袜子等日常生活用品。因为他这一次下基层的时间较长，东西得准备得充分一些，以免造成不必要的麻烦。

次日上午，陶正明便假戏真做，叫小魏开车送他到了火车站。其实，没有到火车站而是直奔医院。从家里到医院的距离还不到5公里。在部队戎马倥偬几十年，5公里长跑是隔三岔五就得组织一回的一项体能训练、耐力测试，所以，他的军旅生涯究竟跑了多少个5公里，就连他自己都说不清楚了。

这不，4个小时后，当接到妻子电话时，陶正明就开始继续“演戏”，说自己已经下了高铁，到了南昌市。

“哎哟，好了，一切正常，自己的‘戏’演得不错，总算蒙混过关了，没有露馅儿呀！”陶正明自言自语道。此时，已然在医院办好了住院手续的陶正明，终于如释重负，一颗悬着的心这才落地了。诚然，谎言有时也是美丽的。

内镜检查，将军也有露怯时

人总是会老的，也会病的，别悲伤，开开心心地活好每一天，比什么都好。

办好了住院的手续，院方告诉陶正明：做手术之前需要签字，并强调必须是本人的父母、配偶、子女等直系亲属，方有资格签这个字；如果直系亲属不能签字，那么本人也可以委托他的旁系血亲，比如兄弟姐妹来签字。

“绝对不能让妻子来签这个字！”这是陶正明的第一反应，也是他内心深处的呼喊。这时候，陶正明想到了他的小弟。当时，他的小弟在国家电网华中分网，长期从事办公室的工作，见多识广，处事稳重。更关键的是，小弟能够完全按照大哥的意愿来办事，最为稳妥。

于是，陶正明就打电话给他的小弟：“小弟，大哥生病了，需要做手术，本人不能签字，但可以委托其他旁系亲属签字，你能不能抽空来杭州一趟啊？”而后，他又郑重地叮嘱道：“记住，绝对不可告诉任何人，尤其是不能告诉妈妈和你的大嫂。”

小弟听闻这个消息，自然特别难过，可稍事停顿，又说他正陪着总经理在北京开两会，实在是走不开，不能马上到杭州。最后小弟在电话里又大声说：“大哥，如果不怕晚的话，只要等个三四天，我就可以抽空到杭州了！”陶正明直接告诉小弟，这件事拖不起，等不得。

怎么办呢？小弟来不了。陶正明就问科主任，自己签字行不行。科主任再一次重申：自己签字不行，但本人可以委托旁系血亲来签字。此时，陶正明想到了妹夫，他在浙江省湖州市上班，来杭州十分方便，可以委托他来签字。

于是，陶正明就写下了一个委托授权书，其大意是：在手术当中，无论本人出现任何意外，都由妹夫全权处理。然后，陶正明便工工整整地签下了自己的名字——陶正明。

写好授权书，陶正明便同妹夫通了电话，告诉了他来签字的事情，并反复讲明不能告诉其他人，包括陶正明的妹妹。此时，妹夫还不知大舅哥的具体病情，直到做手术的那一天。

签字的手续办妥了，护士告诉陶正明：“陶政委，最后还得再做一个检查。”

“什么检查呀？”陶正明问护士。

“肺部内镜检查，目的是对病灶再做进一步的检查、确认。”护士回答。

“哦，那就做呀，这有什么嘛！”陶正明不以为然。

护士告诉陶正明：“这种内镜分纤维内镜、电子内镜两种，是能够深入外通式的管腔脏器（如消化道、呼吸道、泌尿道），以及通过闭合式体腔（如胸腔、腹腔、关节腔），观察内部情况的装置。”

这时候，护士收起了客观、平和的面容，庄重地说：“陶政委，在此之前，您可能没有做过这项内镜检查。由于这项检查不能实施麻醉，病人会非常痛苦的，所以一般人是很不容易坚持下来。”

陶正明虽然感觉到护士讲的是实话，也意识到这项检查会很痛苦，但还是不以为然地说：“我虽然没有做过这项内镜检查，不知道它是什么样的滋味，但对于一个上过战场、经过生死历练的人来说，还会怕这项检查吗？”略作停顿，陶正明又说，“来吧，做吧，没什么大不了的！”

当陶正明真正开始做这项检查时，他才体察到为什么护士先前要给他打“预防针”了，那种感觉可真是痛不欲生。

陶正明做的是纤维内镜肺部检查，在整个检查过程中，由于肺部刺激反应太厉害，他的鼻腔里都是血，痛得实在是难以支撑了，不由得“泪飞顿作倾盆雨”。

于是，护士在旁边反复提醒医生：“慢一点儿，慢一点儿啊！”

然而，对于这种情况，临床医生可能是见得太多了，早就见怪不怪了。所以，医生依然如故，似乎一点儿也不担心，不停地朝肺部最深处插着管子。

当然，医生十分明白，这根管子是不会插破肺的，病人如果坚持不住了，就会本能地朝外拔管子。除非病人出现了异常的症状——这也许就是事先不能给病人麻醉的原因，临床医生需要看到病人的痛苦反应。

虽然是痛苦异常，但陶正明还是咬着牙坚持下来了。陶正明反复做着自我激励，他一遍又一遍地想着：作为一名军人，如果连这一点痛苦都经受不住，那么还怎么闹革命呀？在革命战争年代，如果这样的人被敌人抓住了，十八般刑具一上来，还不得尿裤子，早当叛徒啦！

然而，此时此刻，陶正明又不住地自我祈祷：“但愿呀，但愿那个病灶是良性的，而不是恶性肿瘤啊！”

陶正明事后怎么也想不起来他是如何结束内镜检查的。然而，在爬下检查台的时候，他清清楚楚、明明白白地看到，那张台垫子上湿了一大片——是小便失禁了。

聊以自慰的是，后来小刘、小魏偶然听说，在做内镜检查时，病人的身下都要垫上一张用于保洁的台垫子。由此可见，病人在做内镜检查时，小便失禁乃至大便失禁的大有人在啊！

虽然在这之前，陶正明从思想上做足了准备，但是自己还是露怯了。他坚定地认为，这次肺部的内镜检查，是他有生以来做过的最难受的一次检查。此前，陶正明做过胃镜检查，虽然也十分痛苦，但是还不至于让他眼睛哗哗流泪、鼻子哗哗流血、小便哗哗失禁呀！一念及此，陶正明不由得苦笑了几声，心想：那个滋味，那个难受，真是让人难掩难堪与尴尬呀！如果下次再让他做肺部的内镜检查，哪怕是打死自己，他也不会去做了。后来由于科学技术的发展，做这种检查也可以麻醉了，减轻了病人的不少痛苦。

而在陶正明做检查的过程中，一直惶惶不安地在门口踯躅的小魏，得以亲眼看见，有人在做肺部内镜检查时，实在坚持不住，竟然失控地大哭，然后中断检查，“脚底板抹油——溜之乎也”。

小魏看在眼里，痛在心里，禁不住在手术室外哭了起来，他哭得很伤心，泪水哗哗地流。那时候，小魏真是害怕极了。尽管他也坚信：首长一定能够挺得住，咬牙坚持下来，可他还是不由自主地伤恸、惊惧。

手术后，将军也有柔弱时

根据医院的安排，陶正明的手术时间就定于2014年3月4日上午8点，主刀医生是浙江一家医院的胸科副主任。

因为这位副主任的医术高明，口碑非常好，经常被病人请到陶正明就诊的这家医院来做手术，那位护士与几个朋友对他都比较了解，所以，他们一致建议陶正明去找该院的院长，请这位副主任来主刀。

虽然这位副主任做手术的水平非常不错，但其名号还不响，在杭州毕竟还不能排上“第一刀”“第二刀”“第三刀”。对他来说，如果可以给省军区的领导成功地做一台手术，也是一次展现个人水平的绝佳机会。

陶正明在听了大家的建议之后，也没有去找那位副主任当面交流一下，而是直接找院长说明情况。院长一方面钦佩陶正明坚定的个人意志，另一方面也感到很意外，故而有些犹豫不决。

“我说陶政委啊，您这么大的一位领导干部，来本院做癌症手术，家里没来一个人，组织上也没派人过来照顾，这是怎么回事，哪能这样啊？”院长显得十分为难地说，“我当医生这么多年来，可是从来没有遇到过像您这样的情况。通常的情况下，省部级领导们来做个体检，组织上都会安排人全程陪同。而您呢，马上就要做手术了，其他的人都还没有见着，这让我们怎么搞？责任太大，承担不起啊！”

陶正明无奈，就把实情对院长讲了，他说：“院长，我真是不想麻烦别人，更是不想让妻子、女儿分心——女儿在德国，刚生了孩子在坐月子，妻子要过去照顾，我不想打乱计划。再者说了，他们又不是医生，来了又不能帮我什么，最多也就是围着我不停地哭、不停地转，反而会给我增添不必要的麻烦和痛苦，对吧？”

院长一听，觉得陶正明态度坚决，并且做了充分的思想准备，就答应去请那位胸科副主任来给他做手术。

院长怕给这位副主任造成太大的心理压力，在做手术之前没有告诉他陶正明的身份。

院方几位专家根据内镜的切片化验，确认陶正明为肺癌中期。

陶正明就住在六病区，那是病区走廊尽头的一个十分普通的三人间病房，他的床号为40号。3月1日和2日正好是双休日，陶正明没什么事做，又担心在医院碰到熟人，所以就很少出病房。按照医生的要求，陶正明洗完澡，换上了病号服，还亲手将换下来的衣服洗了。然后便一个人躺在病床上，没人和他说话，他也不想跟其他人说话，更没注意其他人在说些什么。

3月3日（星期一）晚上，陶正明如往常一样，又给妻子打了一个电话，夫妻俩相互问候了一下。虽然也是平常的问候，但陶正明此时的心情异常复杂，他不想很快挂掉电话，只想多听一听妻子关怀、温存的声音。因为做手术的时候是没法接电话的，于是，他就编了一个理由，欺瞒妻子说："明天一整天，江西省委要在党校开一个重要的会议，我要去参加，会议通知不能开手机，所以明天白天就不能打电话了。"

这是很平常的问候、闲聊，他的妻子根本没有想到，此时此刻，在电话的另一头，陶正明正处于万般无奈之中，很想得到妻子的宽慰。这边，陶正明也处于高度的神经紧张之中，生怕说错了一个字，从而引起妻子的怀疑。

3月4日早上8点，陶正明遵照医嘱，没有吃东西，随后被推进了手术室。下午2点左右，手术结束。由于在做手术之前进行了全身麻醉，因此整个手术过程中，陶正明什么都不知道。

后来，陶正明还是从治疗报告中得知了手术的基本情况：主刀医生在做手术的过程中，见其胸腔之内无粘连、无渗液，右肺尖段有大约3.5厘米×1.5厘米的结节；肺膜凹陷，肺门、上纵隔，以及隆突下部有多枚1.0—2.0厘米大小不一的淋巴结；切除右上肺叶并清扫区域淋巴结。手术十分顺利，十分成功。

醒来之后，陶正明首先看到的是妹夫，随后看到他的驾驶员小魏，那位体检中心的护士也在旁边。妹夫是他术后见到的第一个亲人，陶正明一激动，直想哭，可他硬是忍着不肯哭出声音来，因为术后不停咳嗽，加之伤口阵阵作痛，也不容他哭。

看到他难受，妹夫、小魏眼睛都是红红的，泪水在他俩的眼眶里直打转，也是忍着没有哭出声来。护士告诉陶正明，他们在这儿等了整整一天，因见其一直都在昏睡着，心里十分着急。

陶正明看见护士的旁边还站着一位中年男士，他不认识，就轻声问道："这位同志是？"

"陶政委，这是我的老公。"那位护士抢在自己的丈夫前面做了介绍。

陶正明还是第一次见到护士的丈夫，于是连忙说：“哎呀，哎呀，通过好几次电话，没有见过面——原来是老战友啊，谢谢你们夫妻俩，谢谢啦！”

“首长，甭客气，这是我们俩应该的，应该做的。”老战友俯下身子，握了握陶正明的手，“首长，您要好好地休息，好好地休息啊！”

直到手术当天上午，护士的爱人才知道陶正明是江西省军区的老政委，而手术上的好多主意都是他妻子出的，不禁吓得要命，还狠狠地训斥了妻子一番。

“老婆，你知道陶正明是什么职务吗？你好大的胆子啊！”护士的爱人接着吼道，“你净瞎操心，你帮他出主意、推荐主刀，而他们的家里一个人也没有来，组织上也不知道，这种情况，要是万一出了差错，你担当得起吗？把你抓去大牢里都不为过呀！”

此情此景，都是后来护士学着自己爱人的口气，告诉陶正明的。她还笑着说：“陶政委，也许我老公有点吓一吓我的意思，但他毕竟当过多年的兵，也做过军官，知道这件事情后果的严重性。所以，当您被推进手术室之后，我老公就一直在门口等着，不停地走来走去，比我还焦急。”

这位多年为陶政委服务的护士没有当过兵，几乎没有什么“官衔”的概念。她也没有想太多，只是把陶政委当作一个普通的病人，当作一个对家人很有爱心的病人，当作一个为人很谦和、很随和的病人。

陶正明被推回病房之后，院长过来看望陶正明，并向医护人员交代了一些注意事项。此时，陶正明身上还插着包括氧气管在内的5根管子，床底下放着一个透明的长方形塑料盒子，里面存放着排出来的血水。

由于身上插着管子，躺下睡觉就很不方便，所以晚上，陶正明需要人来陪护，可是他又不想让妹夫、小魏来陪。因为有亲人、熟人陪着，大家心里都难免会十分难受，也不知道说什么好。况且，妹夫、小魏都熬了一整天，大家也累了，都需要休息。

想到此，陶正明用手指一指妹夫、小魏，笑一笑说："你们都很困了，都回去休息吧，我没事儿，放心吧！"

怎么办？谁来陪护呢？陶正明就问病区里的护士长："护士长你好，类似我这样的情况，能不能找护士来陪护啊？"

这位护士长年龄虽不是很大，但却十分善解人意，只听她笑道："将军，您就放心吧，我们的院长早已经安排了本病区的护士陪护您3个晚上，就是夜间安排护士值班，上半夜一个、下半夜一个，轮流在您的病房里陪护，以确保不出事，也好让您好好地休息！"

护士长又接着说道："我们已经制订了陪护的值班表，安排了6名护士轮流值班。所以，您就把心放到肚子里，好好地休息吧！"当时，医护人员只听说陶正明是将军，对陶正明都非常敬重，其他情况自然也就没有细问。

术后的第二天早上，陶正明什么食物也不能吃，中午，他让小魏专门去了食堂，将菜单拿过来，认真地看了菜单，便将自己想吃的告诉小魏。

此外，除了第一天是小魏帮他倒的小便壶，第二天陶正明就坚持着自己下床，由小魏搀扶着到厕所里去方便了。

就在术后第二天晚上，陶正明的小弟从北京飞到杭州来看他。一进病房，小弟看到大哥身上插了许多管子，一个人孤零零地躺在病床上，还在不停地咳嗽着。目睹此状，小弟当即便"呜呜"地哭了起来，他拽着大哥的手，一句话都说不出来。

“小弟，你哭什么，我这不是好好的吗？啥事也没有啊！”陶正明拍了拍小弟的手背，一边咳嗽，一边面带微笑地继续说，“这件事，你可不要告诉家里的任何人，特别是老母亲。我刚刚退休，就生病住院做手术，老母亲她会受不了的，别搞出什么不好的状况来。我没有事儿，手术也很成功的。小魏在这里很周到地帮着我，医院对我也特别照顾，你就不要担心啦！明天一早，你还要飞回北京去参加两会呢，快去找个宾馆休息一会儿吧！”

⊙陶正明与母亲

咳嗽了一会儿，陶正明又接着说：“小弟，你在我这儿那么伤心，对我们俩都不好啊！”

后来，陶正明听值班的护士讲，那一晚，他的小弟在楼下坐着哭了三四个小时呢。待到临走的时候，他的小弟才又上来看了他一眼。骨肉至亲得了癌症，还不知道大哥能不能挺得住、能不能康复，小弟感到非常痛苦，也非常担心。

后来，陶正明把妹夫也赶回湖州，让他上班去了。

护士们轮流陪护，值了3个晚上的班，十分辛苦。到第4个晚上，陶正明就说自己可以活动了，不用再安排护士轮流值班了。

在住院期间，陶正明也一直坚持着多年养成的生活习惯——比如，早起冲冷水的习惯，因为不方便，他便让护士用冷水把毛巾浸湿了，自己来擦洗身子。

对此，护士极力反对，说："这样用冷水擦洗身子，您会感冒的。"

陶正明却笑一笑说："白衣天使同志，我相信，你说的话是很有道理的。可这是我多年养成的老习惯了，一天不用冷水擦洗身子，就感觉很腻歪、不舒服。你想一想，要是住院的时候不坚持，那往后直接冲洗凉水，不就更容易感冒了？没事儿的啊！"

多年以来，陶正明夫妻俩有个很好的习惯，只要有一方出差在外，另外一方总会在晚上打个电话问候一下。

3月6日，也就是术后的第三天早上，陶正明刚打开手机，妻子的电话就打过来了。其实，在他做手术结束后的当晚8点，妻子就打来过电话，只是当时陶正明的手机关机了，她就打给了小魏，询问陶正明的情况，小魏回复说："阿姨，党校开会的会议室不让我进，所以我没跟首长在一块儿，可能首长开会的时候，不方便接电话吧。"小魏的话滴水不漏，陶正明的妻子也没有起疑，很快挂了电话。

一般来说，妻子不会在白天打电话给陶正明，怕影响他的工作，选择每天晚上8点后才打电话，主要是考虑这个时间点方便一些。可是第二天晚上，陶正明的手机还是没有开机，小魏也说不知道是什么情况，妻子便感觉有点不正常了。于是，每隔一两个小时，她就打一次电话，所以陶正明一开机，妻子的电话立马就打过来了。

"怎么回事啊，两天也没打个电话，你的手机总也打不通！"妻子问道。

"我在开会呀，不方便接电话……"陶正明连一句话都还没说完，就剧烈地咳嗽起来。

"是感冒了？怎么搞的，咳得这么厉害啊？"妻子在电话里关切地问道，然后又开始抱怨，"哦，我说你怎么没开手机呢，原来如此——你看一看，刚刚退下来，这一回到江西，老部下多、老战友多，饭局肯定也多，酒喝多了吧！”

“没有，是宾馆的空调坏了，温度不能上调。所以，温度偏低，晚上没睡好……”陶正明又继续说着“美丽的谎言”，“哎，老婆大人，有人来看我了，先挂了啊！”言毕，他立马便挂了电话，因为他不能讲太多的话，话一说多了就咳嗽，恐怕穿帮了。

肺叶切除的病人都知道，手术之后会出现较严重的咳嗽症状，并且咳嗽持续的时间还较长，因为术后留在肺里的积液较多，它们便一直刺激着呼吸道系统。对此，医生告诉陶正明："将军啊，能够咳嗽也是一件好事儿，不断地咳嗽，就会把那些残存下来的污垢全咳出来，包括将军您原来吸烟留下的脏东西。所以您要用劲地咳，将肺里的积液、残留物咳得越是干净，对病人后期的恢复越是有好处。有的患者呢，就是因为做手术之后，没有把积液、残留物咳干净，留下的少量脏东西日久之后便会硬化，很麻烦的。因为硬化物会刺疼病人的肺部，病人因此就会时常地感到疼痛并且咳嗽，也就是留下了后遗症。"

一开始，陶正明是由两名护士从左右两侧使劲按着他的锁骨，他才能用上劲咳嗽，一次就能够咳出400毫升左右的积液。护士告诉他："将军，如果有一天，您自己只能咳出80毫升左右的积液，那就基本上算是咳透了。"

虽然医生对陶正明实施的是微创手术，但陶正明右胸前的刀口并不小，手术后总共缝了7针。那一片切除下来的肺叶，是肺部右侧最大的上叶，重量是0.87千克，切除下来的肺叶还需进行专门的标本培养，以便为下一步的化疗、放疗检测做好准备。医院的医护人员对切片进行了送检，最后才确定为腺癌。

在陶正明住院期间，同一病房、隔壁病房的病人都有家里人照顾，每天还有很多的亲人、朋友、同事前来探望、慰问。你瞧，有的送花篮、送水果、送营养品，有的坐在身边陪着聊天，一边削水果、一边说笑，很热闹，也很温馨。

然而，陶正明的40号病床却不一样，孤卧病榻，显得格外冷清，病友们只听见他一个人不停地咳嗽，有时还在房间里来回走动。

随着术后刀口的一天天愈合，陶正明的身体机能也在慢慢地恢复，虽然仍不停地咳嗽，但他还是每天强迫自己多吃点，尽量多动动。他十分清楚，自己必须振作精神，在妻子去德国之前，一定要赶回家去，不然的话，一切的一切便都得穿帮了。

同时，陶正明还在费尽心思琢磨着如何向组织上报告病情。身染顽疾，毕竟是领导干部的重大事项，隐瞒上级是违反纪律的。做了几十年的领导干部，陶正明还是懂纪律、守规矩的。于是术后的第三天，他就打电话，将自己得了癌症的实情告诉了南京军区的郑副参谋长。

郑副参谋长与陶正明是老战友了，原来他俩在江西省军区就搭过班子——当时，郑副参谋长担任江西省军区司令员，陶正明担任军区政委。郑副参谋长此时刚刚调来南京军区不久，还是江西省军区选出的人大代表。

早在两会之前，郑副参谋长就给他打过电话，告诉陶正明，3月15日两会结束后两天，也就是3月17日，他将要回到江西省军区去作一个报告，专题传达、学习两会的精神，请陶正明到时同他一块儿去参加报告会。

当时，陶正明二话没说，便十分爽快地答应了郑副参谋长的邀约。没承想，事与愿违，陶正明得了癌症住进了医院，没办法，他也就只得“食言而肥”了。想到这儿，他禁不住摇了摇头，自嘲地笑了笑。

郑副参谋长两会一结束就飞到杭州，赶到医院，看望在红土地上朝夕相处的老战友。

那位给陶正明主刀的副主任医生，一个十分偶然的机会听说自己的病人是一位将军，便感到有些意外，也有些惊喜，因为这是他第一次给大领导做手术。他想，这位将军没有去找他们的主任，也没有去找其他的名医，而是找了他这个副主任来主刀，这就足可证明，在这位将军的意识当中，没有什么等级观念。

他是最清楚不过的了：稍微有一些权势的领导、老板，在进行胸科手术时，总是变着法子去北京、上海，找行业内公认的大牌专家做主刀，而对他们这些名不见经传的“小医生”，根本是不屑一顾的。

于是3月7日，也就是术后的第四天，主刀的副主任医生就来到病房，专门看望陶正明。陶正明在此之前还没见过这位主刀医生，自然也就不认识他。

“请问你找谁？”陶正明乍见陌生人进了自己的病房，就好奇地问道。

“您是陶正明吧，是我给您做的手术。”主刀医生一边说着，一边俯下身体、掀开被子，看了一下陶正明的刀口。

“我感觉手术很顺利，蛮成功的。”他看了刀口之后，笑一笑说道。

陶正明赶紧握住主刀医生的手：“谢谢您，谢谢主任，我自己也是感觉很好，很成功的呢，感激之至啊！”言毕，陶正明坐起来，仔细打量着这位胸科副主任：一米八几的个头，四十来岁的年龄，既年轻又帅气。

这就算是正式地见过主刀医生了。

这位主刀医生陪同陶正明坐了一会儿，聊了聊他的病情，以及特别要注意的事项，还闲谈了一些自己的工作情况。当得知主刀医生是江苏徐州人时，陶正明又一次握了握他的手说："那么，我们也算是半个老乡呢，我在徐州工作过，对那儿很熟悉。"

得知陶正明是湖北人，主刀医生也有点激动地说："看来我们还真有一些缘分呢，我在你们湖北武汉的医学院读的本科，还在那儿工作过一段时间呢。"

这位副主任是通过人才引进来到浙江工作的，之前还曾到国外深造，主要学习的就是胸科专业。在给陶正明做过手术后不过一年，他就调去了上海的一家大医院，后来成了胸科领域的知名专家。

此后，陶正明经常打电话联系这位主刀医生，后来还亲自去上海，专门看望过他几次。他也对陶正明提出了不少康复、养生的指导性建议，两人一直保持着良好的友谊。

这位主刀医生说过："朋友不在多，在于真心相待，三两人足矣。譬如陶正明对我而言，便恰恰如此。"

不胜其扰，病情上报也头痛

孤卧病榻，陶正明就一直在想：什么是共产党员的修养呢？他认为是在迷茫与痛苦时，仍能坚持积极向上，仍能保持自我反省，仍能努力学习与进步，仍能对他人保持友好、和蔼的态度，仍能不忘自己的社会责任。

每天晚上8点左右，妻子都会来电话，每次通话的时间都非常短，因为陶正明总是会找借口结束通话。这一次通话，妻子发现陶正明的“感冒”好像还十分严重，虽然感觉有些不对，但又说不上来哪儿不对。于是，她又给在德国的女儿打了个电话，说出了自己的疑虑。

“老妈，肯定是您想多了，您是一颗心牵着两头儿，都放心不下，对不对吧？”置身于大洋彼岸，女儿在电话里宽慰着妈妈。

“你爸爸刚刚退休，妈妈又要到你那儿去了，把他一个人丢在家里，老妈还真有点放心不下啊！”她沉吟一会儿，又接着说，“但是，想一想在江西，他的老战友、老朋友那么多，每天都会有饭局、有酒喝，我又觉得自己有点瞎操心了，不管他啦！”

她随机将话头儿一转，又说：“哎，闺女，马上可以见到我的外孙了，我还真有点六神无主哪！”

陶正明的妻子每天都在整理自己的行李，清点出国照顾外孙必须携带的食品、物品，也就那么点东西还检查了好几遍。

术后第七天，陶正明咳出来的积液、残留物明显减少，积液只有76毫升，基本上达到了正常的水平。所以，医生就将他身上的管子全部拔掉了，虽然他还是经常性地咳嗽，但是浑身明显地感觉舒服多了。

3月12日，也就是术后第九天的早晨，旭日方升，阳光明媚，陶正明就想到病房的楼下散散步。可是没承想，刚一走到楼下的小路上，他就碰到了浙江省军区医院门诊部的一个医生——尽管二人算不上熟悉，陶正明也叫不上对方的名字，可二人也是认识的。虽说陶正明已经退休了，但浙江省军区里有好些人还不知道呢，此人就是如此。

“首长，您好哇！”那名医生一面说着，一面向陶正明敬了一个军礼，又关心地问道，“您今天也是到这儿来看朋友？哎，首长，您怎么会瘦成这样啦？”

“俗话说得好：‘有钱难买老来瘦’，我也减肥啊！是的，我也是来看一个朋友，大概你也是来看朋友的吧？”陶正明和对方打了一声招呼，尽量克制着不让自己咳出声音来，然后快步向病房走去。术后，陶正明瘦了八九斤，也难怪那名医生会那样问。此时，陶正明还有点后怕：幸好今天没有穿病号服，否则秘密就完全暴露了。

不好了，有可能会暴露，这儿不能再待下去了，必须转移，他心里想着。回到病房之后，陶正明对小魏说：“小魏，这儿不是久留之地啊！如果那个医生再一次看到我，他肯定就会怀疑的，他也可能会跟门诊部的人问起这件事。所以呀，我们得到外面找个地方去住几天。”因为陶正明咳得还比较厉害，所以暂时还不能回家。

考虑再三，陶正明决定，立即转移阵地，到医院附近的宾馆去住。这家宾馆位于西子湖畔，三面临湖、一面临街，环境优美，建筑精巧，陈设典雅，距离医院很近，只有3公里左右的路程。

陶正明心想：一般来说，这家宾馆很少有浙江省军区的干部来住宿，也很少有熟人去宾馆的周边地带游玩，在这家宾馆里养病，应该是个很不错的选择；再者，陶正明还真没到这家宾馆住过，现在自己得了癌症，也想去住几天宾馆来奢侈一下，以便放松一下心情，有利于恢复身心健康。

3月13日，办完出院手续，陶正明就住进了宾馆。为了不影响小魏的休息，他给自己要了一间二楼的普通套间，给小魏要了一间楼下的单间。同时，陶正明让小魏打电话给小刘，提醒小刘千万不要让妻子同浙江省军区的干部、战士接触，尤其是不能跟医院门诊部的人接触，否则就可能露馅儿，那才叫“千里之堤，毁于蚁穴”哪。

住进了宾馆，陶正明每天坚持散步，今天走100步，明天走110步，后天走120步…… 渐次增加。在走了一段时间的平地之后，他又开始攀登附近那座小山丘。小山丘并不高，陶正明以前爬上去，只需几分钟，可现在由于咳嗽，就得爬40多分钟，并且还非常难受，喘得十分厉害。每次从山上下来回到房间，他便已经筋疲力尽，只能先喝一杯水，躺在床上缓一缓气。

在宾馆住了两天后，陶正明经过再三思虑，还是决定把自己因为肺癌做了手术的事情，以先点、后线、再面的顺序讲出来，由此控制消息逐渐传开的速度、范围。

一直以来，高级领导干部的健康状况都是很保密的，绝症更是属于隐私，本人一般不会主动对外公开，医生也不准对外提及。然而，被门诊部的医生撞见后，陶正明觉得，与其有可能被别人在背后议论，还不如逐步放风，告诉大家整个过程。他想，反正自己已经做过手术了，恢复得也很不错，而且还出院了，术前担心的事情基本不会发生了。

陶正明放风的第一个电话，打给了他的后任组织处处长，处长已经转业在杭州工作，处长的妻子不幸患了乳腺癌。陶正明告诉他自己得了癌症，而且是男性癌症中的“第一杀手”——肺癌。处长听闻这一消息简直惊呆了，他无法相信，感觉命运似乎在跟他开玩笑，自己的妻子得了癌症，现在自己身边的领导也得了癌症。

于是，组织处处长马上赶到了宾馆，情绪相当低落，同来的还有他办公室的一个副主任，副主任塞给了陶正明300元，说是买点营养品吃一吃。待听完了陶正明介绍的病情诊断、手术的过程，处长觉得非常不可思议，自己还从来没听说过这样的“奇闻”——作为一名癌症患者，竟然瞒着家人、瞒着组织，独自一人去了医院，就将手术给做了。更何况，陶正明还是刚退休的将军，而且是未卸任的省委常委呢！

但是，作为多年的老部下，处长也十分清楚：这个老首长非常特立独行，在工作、生活等方面，经常是不按套路出牌。坐下来交流了一会儿，处长很快就感受到，陶正明术后还是非常乐观的，他便放下了重重心事，道一声“珍重”就走了。

当天晚上，组织处原来的一位老战友也来了，到宾馆探视陶正明。转业之后，这位老战友就在省直机关工作，发展得还不错，就是太忙了。老战友那天晚上酒喝多了，只知道呜呜咽咽、哭哭啼啼的。他的妻子是同他一块儿来的，也是伤心地大哭，还用力捶着陶正明说："老陶啊，老首长啊，你可要快一点好起来啊，可千万不能倒下啊！"老战友情深，军嫂亦有情。

这情景，正如一句民谚："你喝醉了，才知道你最爱谁；你生病了，才知道谁最爱你。"

"哎呀，弟妹，我的伤口还没有拆线呢，本来没什么事情，被你这样一阵捶打，有可能会要了我的命的。"陶正明接着故作姿态地喊着，"哎哟，痛死了，痛死我啦！"陶正明想把气氛尽量弄得轻松一点，就故意调侃战友的妻子。可是这位军嫂不管，照样一个劲儿地哭，战友也不停地号啕大哭，把住宾馆的其他人都惊动了，纷纷过来问是怎么回事，也有的啧有烦言。于是，陶正明不得不让小魏送走了他们。

陶正明总共在宾馆住了5天。在这5天时间里，他主要见了四五个曾在第一集团军政治部共过事的老战友。陶正明之所以见他们，是因为这几个老战友是和自己很亲近的人，和自己一块儿上过老山前线，堪称是出生入死的老战友，彼此也十分了解。这样一来，陶正明患癌动手术的事情，自然就会在组织处这条线上传开了，继而很多第一集团军的老战友们都知道了。

风放出去了，势必会起一些波浪，但是，不会掀起惊涛骇浪。这是陶正明希望看到的，也是能够把控的结果。在这个过程中，陶正明也明确地声明：希望其他的战友、朋友不要来看他，因为他既不想给任何人添麻烦，也不想给自己添麻烦。

陶正明妻子去德国的机票是3月21日。晚上8点左右，她又准时打电话给陶正明问道："你什么时候回来？我走前，你不会不回来吧？"虽然还有几天，但她总感觉心里有点空落落的，好像搞丢了什么。近段时间，她还发现小刘好像也有心事，整天绷着脸，很少说话，没有平时开朗。

“明天我就回来了。我在收拾东西。”陶正明简单地回了几句就挂了电话。

3月17日，天气晴朗。下午，陶正明洗了澡，整理好着装，由小魏开车回到了家。路上他还在不停地咳嗽，但已经没有先前那么痛了。

“我的天，你怎么搞的，脸色这么难看，感冒到现在还没有好？这次感冒怎么这么严重，有没有到医院看过？”妻子开门见到陶正明的一霎，简直不敢相信站在自己面前的就是10多天前还精神抖擞的丈夫，脸瘦得似乎只剩一张皮了，她禁不住一连问了陶正明好多个问题。

“这次回江西，是不是整天泡在酒坛里？你看你，退下来了，还那么多应酬，一点儿都不爱惜自己的身体。”进门时，妻子一边递给陶正明拖鞋，一边摸了摸陶正明穿的衣服。见到小魏拿行李进门，她开始责怪小魏没把首长照顾好。陶正明和小魏硬着头皮，基本不说话，只是听她一个人不停地唠叨，不停地发牢骚，不停地埋怨。

“没事，感冒而已。”陶正明边说边上楼，“今天动身早，回来的路上又没休息好，感觉有点累，我先回房间躺一会儿，晚饭不要叫我了，小刘帮我留一点儿饭菜就行。”

“小魏，你受再大的委屈，也不能说出来啊。我这一辈子会感谢你的。”在自己的书房，陶正明拍了拍小魏的肩膀，感激地说。小刘也送来了一杯热茶。其实，陶正明术后的第四天晚上，小刘帮陶正明妻子做完晚饭，返回公勤队途中，到医院去看过陶正明。那次见过首长生病的情形回来后，小刘就不太说话了，心里很难过，有几次想告诉她实情，话到嘴边又咽下去了。因为有秘密约定，小刘和小魏自始至终都配合陶正明瞒着他妻子。

白天，陶正明几乎不出书房，除了吃饭，很少与妻子见面，他的理由是，自己感冒很严重，相互要离远点，不能把感冒传给她，因为她马上要去照顾女儿和外孙了，如果她传染上了，就有可能把感冒传染给女儿和外孙。理由相当充足，妻子很相信，也很理解。

出于同样的考虑，3月21日，妻子到上海浦东机场乘飞机时，陶正明没有去送她。妻子也根本没有想到丈夫得了肺癌，而且已经动完手术了。坐上车，她只是反复提醒陶正明要少喝酒，注意身体。她的心思早飞到出国当外婆这件事情上了。

在妻子出国之后，他的压力一下降低了很多，做手术之前的担心、顾虑都几乎不存在了。这样，小刘和小魏说话、办事也恢复如常，大家慢慢地又恢复了平时的生活节奏，脸上也有了笑容。此时，关于陶正明得了肺癌、做了手术的消息不胫而走，在杭州、湖州、南京、南昌等地的部队领导之中很快便传开了。

于是，陶正明觉得应该是时候向组织上打报告了。否则，就显得自己太过分了。这天晚上，他写了很长的一条手机短信，内容主要是什么时候查出的癌症病灶、经过诊断得了什么癌症，并注明已经在医院做过了手术，手术也很成功，等等。他认为，短信说得越详细，别人就越不会乱猜疑、乱揣摩。

首先，陶正明想了想，将这条短信发给了江西省军区的一位副政委。副政委曾是陶正明的老部下，跟了他四个单位，分管老干部的工作，陶正明退休之后就归他管。副政委收到短信之后，感到很震惊，非常关切地回了电话，进一步确认了病情，并立刻向司令员、政委作了报告。

其次，陶正明将短信的称呼改了一下，又把这条短信发给了江西省委秘书长，因为此时陶正明还是江西省委的常委，虽然一纸命令免去了他江西省军区政委的职务，然而，要卸任省委常委还需要经过一定的任免流程，需要党中央研究方可决定的。

最后，陶正明把短信的开头改了改，又分别发给了江西省军区、浙江省军区的门诊部主任，并特别加了一句“请转告每位老首长”。陶正明知道，门诊部是不会保密的，老干部也最喜欢相互打探别人的事情，尤其是身体状况。陶政委刚退休就得了肺癌，这一消息会成为老干部们茶余饭后的谈资，够他们议论上好长一阵子的。所以，陶正明便决定由自己将消息公布出来，主动向大家敞开心扉、说明情况。

不久，江西省委秘书长受省委主要领导的委托，莅临杭州来看望陶正明，秘书长也是想当面确认陶正明的病情、手术和恢复情况。秘书长还代表省委主要的领导，送上了慰问金。几乎与此同时，江西省军区政委也打来电话，对陶正明表示了亲切的慰问，并说马上来杭州看望他。但是，政委的好意被陶正明婉言谢绝了。

陶正明以婉转而不容商量的口吻笑道：“首长啊，不用麻烦了，您也挺忙的。等我的身体恢复了、行走方便了，我就回江西南昌，去看一看大家。反正我已经退休了，有的是大把的时间，而你们可不一样啊！”陶正明之所以决定要回一趟江西，是因为他刚从江西省军区政委的职位上退下来，就很快得了癌症，军区上下会有各种各样的议论，他要尽快回去一趟，与大家见个面，也好澄清事实的真相。

过了两天，陶正明又将信息发给了江西各军分区的主要领导，并说明现在自己正在家疗养，等过段时间感觉好些了，过去看望大家，还请诸位放心为盼。

江西省军区主官闻讯，便及时向南京军区作了汇报。对此，南京军区司令员和政委也非常重视，毕竟陶正明是刚刚退下来的正军职干部。于是，南京军区主官派军区副政委来杭州，上门看望陶正明。

“司令员、政委都很关心你，向你表示慰问，并反复交代，请你一定要好好疗养，祝福你早日康复。”南京军区副政委站在院子里传达了军区主要领导的指示，“司令员、政委还让我转达，你有什么困难，就一定要提出来，组织上会研究解决的。”

然后，副政委话锋一转，严肃地批评陶正明缺乏组织观念，得了肺癌这么大的事情，竟敢不向组织和上级报告就先斩后奏，自己一个人悄悄地去做了手术。最后，副政委非常严肃地说：“你这件事办得是多么玄乎、多么危险啊！这是很严重的错误，是目无组织的表现！”

“谢谢首长的关心！这是我的错，对不起，我做检查、做自我批评！”陶正明非常诚恳地说。其实，他从内心里很感激首长们的关心，随即他又解释、分辩说：“我不是故意不向上级报告、故意隐瞒病情的。领导，您看啊，我这不也是怕首长们为我担心和分心嘛。首长们都异常忙碌，可我退休了，生病了，能够就近看病，省事、省钱一点，也尽量少给组织上添麻烦。”其实，这位副政委和陶正明彼此之间十分熟悉，关系也很不错，谁都能听出副政委严厉批评的弦外之音，那是非常关心、关怀。

“老陶，你这可不是小病！司令员、政委请你到南京去，再去做进一步的治疗。军区后勤部、卫生部已经跟医院联系好了，医院请你把病历资料尽快地传过去，也好研究下一步的治疗——怎么做放疗、怎么做化疗。”军区副政委十分关切地说。

不仅如此，许多老首长也都打来电话，关心陶正明，了解他的病情。说实在的，刚开始老首长、老战友们谁都不相信，肺癌切除这么大的手术，陶正明一个人就去医院给做了。在他们看来，这简直是天方夜谭。

江西省军区门诊部主任也来了，他不无紧张地说："首长，您生病做手术，应该由我们向上级请示、报告，再由上级来审批；由我们给您联系做手术的医院，由我们和主刀的医生对接，并且研究术后的治疗、保健措施；等等。"一言及此，门诊部主任不由得有一些埋怨，也有一些后怕，紧接着诚挚地说，"可是，首长您没跟我们讲，我们的工作也没做到位，万一有一点差池，上面追究下来，我们要负很大责任的。"

在住院期间，陶正明住的是普通病房，吃的也是普通的病号饭，并未安排特别的营养套餐，每天不过是两菜一汤，前前后后总共才花费6万多元。

部队是非常善于做侦查工作的，仅仅几天时间，组织上的相关人员就知道了给陶正明做手术的医院、医生信息，并且打电话到医院仔细询问了有关情况。这样一来，医院的领导有些担心。果不其然，有人打电话责怪医院说："你们没有经过组织上的同意，也没有组织上派人陪同，就擅自给正军职干部做手术。这不是开玩笑嘛！"

也有人径直地训斥院长："我说你这个院长同志啊，你们也太盲目胡闹、胆大妄为啦！万一手术过程中出了什么事故，你们负得起这个责任嘛！"

…………

凡此种种，那位护士都听说了，直到此时她才明白：为什么她的老公得知了陶正明的身份之后，会那么严厉地呵斥她。这时候，她也怕得要命，不由得出了一身冷汗。

护士心想：所幸的是，陶正明特别体察下属的难处，早已提前跟她说了，如果有人问起来，千万不要说是她帮忙出的主意，只说是陶正明长期在他们医院体检，情况十分熟悉，是他自己找的医生。

同时，陶正明为了给相关人员免责，便及时地向组织报告：“我去做体检、做手术，用来登记的都是自己的身份证，并没有告诉医院的院长、主刀医生太多个人信息。”紧接着，陶正明又很认真地说，“所以，他们只知道我是一名军人，并不知道是什么级别的军官，所以千万不能责怪医院，更不能责怪相关的医护人员。”接下来的几天，每天都有在职的领导、退下来的老战友来看望陶正明，询问病情、手术的效果。

陶正明每天都免不了这些程式——对于病情的回顾、说明，对于疗效的述说、解释，同样的话每天都得重复上好多遍。而每回忆、解释一次，都是对身体和心理的一次创伤、一次折磨。陶正明感觉异常痛苦，也烦透了。

于是，陶正明便让老干部处的同志把自己说的情况一一记录下来，整理打印后，交给相关人员，请他们给每一位关心自己的人发一份，并请求大家别再来访，更不要当面询问情况，也好让他好好地休息，好好地养病。

力排众议，拒绝化疗

平生想见的战友已经见过了，病情该上报的也已经上报了。这时候，陶正明冷静下来，又面临着一个艰难的选择：要不要去做放疗、化疗。

关于他的这项实在难以抉择的选择题，无论是组织上还是亲朋好友们，堪称是众口一词，都建议陶正明为了稳妥起见，还是去做放疗、化疗。那么，是听从上级与亲朋的意见，还是执意坚持自己的主张呢？他又一次陷入了两难之境。

这一日，陶正明一个人在家里，又拿出了3月13日出院时医院开具的系列报告书，认真研究起来。

他见病理诊断书上写得清清楚楚：右上肺周围型中分化腺癌，支气管切缘阴性，侵及肺膜（未穿透）。自检支气管旁淋巴结8枚，送检2组、4组淋巴结5枚，送检7组淋巴结2枚，送检8组淋巴结1枚，送检11组淋巴结1枚，均未见癌转移。

出院时的医嘱也写得明明白白：适当地增加户外活动，在家里注意休息，适当地加强肺功能锻炼；饮食上要加强营养，禁忌烟酒及辛辣等刺激性食物。术后3—4周内，由病人自己决定是否做化疗。3个月后到门诊复查；2年内每3—6个月复查一次；2—5年内，每6个月复查一次；5年后每年复查一次。如有不适，应及时就诊。

当时，因为出院走得急，陶正明并没有认真地去看报告书，只清楚地记得，当时医生说得非常恐怖："关于癌症的复发率，第一年为70%左右，第二年为50%左右，第三年为30%左右。在每10名患者当中，只有3人能够完全康复，也就是康复率只有30%。"这也意味着，虽然手术做得很成功，但是陶正明依然悬在半空中，究竟能活多少天，目前还是个未知数。

"病人自己决定是否做化疗"，这是所有的医院对恶性肿瘤患者术后通用的医嘱，任何一家医院，都不会明确地告诉患者是应该做还是不用做，因为化疗后的预期疗效根本无法掌控，哪个医生都不敢、也不会承担这个性命攸关的重大责任。院方告诉陶正明："陶将军，如果您自己决定要做放疗、化疗，就来医院做，医院都做好了准备；如果您决定不做，当然就不用来医院了。"

按照一般的情况来说，万一放疗、化疗效果不好，或者干脆不去做，还可以进行药物的靶向治疗。为什么叫作"靶向治疗"呢？就是这类分子的药物具有很强的目标性，只是杀灭肿瘤细胞，可以避免误伤人体正常的组织细胞。就像射击一样，是根据特定的分子靶点，进行高度选择性的治疗，或者叫作精确治疗。所以，患者在选择靶向药物治疗之前，医生针对相应基因状态的检测，就显得非常重要了。

听说靶向药物治疗副作用小、治疗精准，陶正明便对靶向药物治疗的情况进行了一番认真的"侦查"，做了一些前期的准备工作。根据医院对陶正明右肺上叶标本的基因检测，发现陶正明的基因不具备靶向药物治疗的条件。于是，他便打算托人将标本送到另一家医院，再做进一步的基因检测。可是，因为标本保管有着严格的程序和要求，原来的医院开始并不同意将他的标本外借；同样的道理，托人找的医院也十分固执，也不乐意接受对外来标本的检测。陶正明只好托朋友、找关系，这样好说歹说，并且亮明将军的身份，才使得两家医院达成一致的意见。

2014年3月27日，第二家医院进行了EGFR基因的检测。根据检测结果，这家医院医生的诊断和第一家医院如出一辙，医生明确地告诉他："您虽然得的是非小细胞腺癌，但不适合做靶向药物治疗。"

恰在此时，南京军区副政委打电话对陶正明说，他们把陶正明的病历资料给有关医院的专家看过了，专家已经书面反馈了意见：根据病历资料的情况，患者应该考虑进行术后辅助化疗，方案可考虑4—6个疗程的"培美曲塞+顺铂"。无独有偶，两个门诊部的主任也是如此，支持陶正明去做化疗。另外有专家说，不化疗不行，癌细胞没有清除干净，必须通过化疗将它杀死。陶正明的老战友吴书记也很关心此事，特地把陶正明的CT片子拿到上海几家医院，拜托几位知名的胸科专家会诊。专家们的意见也是高度一致，都建议陶正明做化疗。

当然了，也有医生、护士劝陶正明不要听别人的，说送检结果显示：陶正明的可见病灶的大小只有1.6厘米×1.5厘米×1厘米，没有超过2厘米。目前的诊断为腺癌早中期，没见转移，这种情况不需要化疗。如果病灶的大小超过了2厘米，那就得考虑做化疗了。

其实，在此前后，陶正明对于癌症患者的化疗也做过一些研究，并且听说过许多化疗后不久去世的癌症病例。因为化疗在杀死癌细胞的同时，也会杀死正常细胞，对身体的伤害非常之大。然而，第一次化疗的最佳时间是术后的3—4周，如果过了这个时间节点，效果就不好了，必须尽快做决定。

无奈，陶正明又咨询了他的主刀医生。

“陶将军，究竟做不做化疗，我也说不好——有的患者做过化疗的确没什么效果，也有的患者做过化疗的确就康复了，而有的患者不去做化疗，反而十分健康。这个问题具有非常大的不确定性，还需要您自己来决定。”医生回答得很客观、很全面，可也还是含含糊糊的。

一则是由于现在的医患关系很紧张；二则也由于责任重大，医生们都不敢直言、不敢代替自己作出选择，担心惹上麻烦。对此，陶正明也是非常理解的。虽然他与主刀医生已成为朋友，可对方也不敢贸然作出决断。

但是，听话听音，为其做手术那家医院的领导尽管不明说，也还是希望陶正明在他们医院做化疗，因为手术是在他们医院做的，他们对陶正明的病情十分了解。

然而，经过上一次做手术的教训，他们也变得非常谨慎了，不想再去冒风险，所以强调说明：陶将军如果到该院去做化疗，必须由家属签字同意，组织上也得派人来陪护。化疗对病人是一种考验，需要病人有坚强的毅力，化疗后还得观察一段时间，不能出差错。

一听说化疗还要他的妻子来签字，陶正明就特别干脆地不干了。他心想，如果答应去做化疗，那他前面瞒着妻子的工作就白做了，那才真叫功亏一篑呢。

对于化疗这件事情，究竟听谁的，陶正明又一次犹豫不决了，陷入了六神无主的窘境。然而，他也知道，不能全听医生的。虽然在人们的脑子里已经有一种十分固化的认识，那就是治疗癌症都是手术后必须要做放疗、化疗，医生一般也会建议病人去做化疗、放疗，因为这是最稳妥、最保险的处理办法。

这时候，各方仍在动员陶正明去做化疗，说得很严重，也有一定的道理。他们说："虽然通过手术把病灶切除了，但是，那切除掉的部分仅仅是眼睛所能看到的、仪器所能检查到的，或许还有不能看到的，或者不能检查到的，留一点点都不行。但是，通过去做放疗、化疗，就能将眼睛看不到、仪器查不到，而依旧残存的癌细胞统统杀死，所以患者的康复率非常高。"

恰在此时，南京军区副政委又专门赶到陶正明的家里，一脸严肃地说："必须按医生制订的治疗方案，去做进一步的巩固治疗，包括化疗、放疗。这一点，不仅仅是我的意见，司令员、政委也是这样交代的，首长让我把他们的指示传达给你，你不能由着自己的性子乱来，要服从组织，听领导的话。"

这下事情严重起来了，尤其是军区首长已然有了明确的指示，作为一名老军人、老党员，还是必须要服从的。于是，陶正明决定到医院去签字做化疗。可是等走到半路上，陶正明又反悔了，他想起许多化疗、放疗病人的可怕情景——那头发掉光、面色蜡黄，人不人、鬼不鬼的惨状，当即便横下一条心来：命是我自己的，不做了，坚决不做啦！

陶正明就让驾驶员调转车头，返回家去。他领悟到：在这个世界上，如果你自己的信念坚定、屹立不倒的话，那么，便没有什么困难和威胁，哪怕是死亡的威胁，也无法让你倒下。

南京军区首长得知陶正明拒绝做化疗的消息后，也大为光火："算了，别管他了，随他去吧！"虽然口头上说不管了，可实际上军区首长对陶正明还是十分关心的。到了3月底，南京军区政委到杭州第一师第一团蹲点考察干部，打电话说要顺道到陶正明的家里看一看。

陶正明得悉南京军区政委要来家里的消息后，第一反应就是：绝不能让政委来自己家里。因为如果那样的话，自己就更被动了。于是，陶正明便当即回电话说："谢谢首长关心，我很好，哪能让首长来看我，还是我到一团去，当面向您汇报、向您检讨吧！"

放下电话，陶正明招呼司机，立马赶到第一团去见军区政委。他暗自思忖道："不就是自己不肯去做化疗嘛，怕什么，大不了就是负荆请罪嘛！"

原本是抱定了要向南京军区政委负荆请罪的念头，没承想，见了面一检讨、一解释，政委只是开玩笑似的批评了陶正明几句，而后，详细地询问了他的病情和手术情况，显得非常关切、爱护。

实际上，待到化疗的最佳时间延宕之后，领导、战友和亲朋好友们也不再劝陶正明去做化疗了。同时，因为他主动、详细地公布了病情、手术情况，所以，对他得肺癌的议论不久也就烟消云散了。他想，也许这是因为每天发生的新鲜事情太多，老干部、老战友们的兴奋中心早已转移了。

欺瞒也是爱，妻是最后知情者

陶正明的妻子是第一次去德国。大半个月过去了，妻子虽然还没有倒过来时差，但是这并不影响她激动的心情。第一次当外婆，见到了亲外孙，她别提有多高兴啦！

一连好几日，她似乎整个身心都被幸福包围着，整日围着小外孙转圈圈，故而，就很少给陶正明打电话了。然而，妻子根本没想到，陶正明这时候正处于“隐秘战线”，就和谍战片一般，趁她不在家里，做了许多她和女儿连想都不敢想的“地下活动”。

陶正明的女儿在研究生毕业后，为了追求真挚的爱情，便义无反顾地选择去德国继续深造，陪在自己心上人的身边，一边学习一边打工，小两口共同经营着大洋彼岸的小家庭。尽管日子过得艰辛，但生活十分幸福、感情十分融洽，一家三口真是“其喜洋洋者矣”。

陶正明的女儿生完小孩只休息了一个月，就上班了。一天中午，单位的同事跟她打过招呼后，悄悄地问她：“小陶，听说你爸爸得癌症啦？”

“瞎说！我爸爸的身体很好的，怎么会得癌症啊！”女儿感觉莫名其妙，“你这都听谁说的呀？”

“哦，不好意思，没有就好，没有就好啊！我也记得你爸爸的身体是很好的，我也是听我父母说的。”这个同事抱歉地笑一笑说，“当然了，我父母也可能是听错了，或者干脆就是谣传。我也是将信将疑，因为我从来没有听你提起过，所以我也就问一问你。”这名同事也是杭州人，他的舅舅是浙江省警备区的一个领导，与陶正明十分熟稔，故有此说。

虽然这名同事一说而过，并没有很确定，然而，“癌症”这个不祥的词汇，就像一把塔吊上坚硬的铁钩子，总是勾着陶正明女儿的一颗心。于是，回想近来几次同老爸通电话之时，他总是不断咳嗽的情形，女儿隐隐地感觉不太对劲。于是，还没有等到下班，女儿就请假匆匆地赶回了家。

到家之后，女儿跟妈妈说身体有点不舒服，便走进了自己的卧室，关上房门，一屁股坐在床边，打开微信，便准备同老爸进行视频聊天。德国同中国的时差将近7个小时，两地白天、晚上不同步，而在没有退休的时候，陶正明一直是很忙的。所以，平日里父女俩联系的次数并不多。

此时，德国的时间是下午3点，而中国已是将近晚上9点了，陶正明接到了女儿的越洋电话。陶正明觉得十分奇怪，他心想：女儿今天不上班吗？为什么这个时候给自己打电话呢？这样一想，他不由得有点儿紧张不安，还以为是女儿家里有什么急事呢。于是，他立即点了接听。

“爸，您这几天身体还好吧？”女儿眼睛瞪得大大的问道。

“女儿，怎么啦，你今天不用上班吗？家里没什么事吧？你妈妈、小宝宝呢？都很好的吧？”陶正明一连抛出好几个问题，一面说着话，一面紧盯着视频，他发现女儿的脸色有点不好。

“爸，德国这边一家人都挺好。爸爸感冒还没好吗？还是生其他病了？”女儿心中装着事，所以今天对老爸打量十分仔细。她惊异地发现，爸爸说话声音的确变了，脸也比原来消瘦了许多，说话的时候伴有咳嗽声，还有点上气不接下气。

“是呀，感冒还没有好彻底，没有其他病。”陶正明感觉女儿今日看他的眼神很不一样，“女儿，没什么事吧？没事爸爸就挂电话了。唉，爸爸今天有点困，现在就准备睡了。”

“爸，你是不是有事瞒着妈妈和我？怎么警备区有人传说你得癌症了，到底怎么回事啊……怎么了，爸爸？”视频一晃，女儿看不见爸爸的脸，大声叫了出来。显然，陶正明拿手机的手剧烈地抖动了一下，女儿只能看见卧室的天花板。

自己得癌症的消息终究还是穿越到大洋彼岸，传到了女儿耳朵里。他不想再瞒着自己亲爱、孝顺的女儿了，他也知道这一天终归是会来的，再说女儿生完小孩已经有三个多月了，身体也很好。想到此，他的脸又出现在了视频里。

“是真的，不是传说，我的确得了肺癌。”陶正明笑得很勉强，眼眶还有点红了。

“爸，爸爸……”女儿脑袋一片空白，手机掉到床上，身体失控地往床上一躺，就大哭起来。一直以来，爸爸留给女儿的印象是一家人永远的依靠。可是，现在爸爸竟然得了癌症，她感觉天都快要塌了：爸爸刚退休，她还没有好好孝敬他呢，自己也才刚为人母，儿子还没见到外公呢，一家人还没好好享受天伦之乐呢，怎么会这样呢？怎么会这样呢？

女儿非常难受，非常内疚，也非常无助。此时此刻，她多么希望自己能立即飞回祖国，回到老爸的身边，去照料老爸、安抚老爸啊！

“女儿，老爸得了癌症已成事实，再怎么痛苦，也改变不了这个现实；再说了，老爸已经顺利做完手术了，目前恢复的情况不错，不用担心老爸。倒是你自己啊，刚刚坐完月子，一定要注意身体，当上妈妈了，带着小宝宝很不容易，有好多事情需要你去做呢。”沉吟片刻，陶正明又接着说，“另外，不要急着告诉你妈妈，她受不了刺激。”

待到女儿停止了哭泣，陶正明便将自己手术前后的全部情况，一五一十地、平平淡淡地告诉了女儿。

接下来的那些日子，女儿总是心不在焉的，似乎也没有兴趣逗儿子了，偶尔还抱着小宝宝流泪；时不时地冲她老公发火，火气很大，且没有什么来由；对妈妈也爱理不理的，有意无意地躲着妈妈。妈妈感觉女儿不高兴，整天愁眉苦脸，问她是不是病了，女儿就把头摇得像拨浪鼓似的。

这样一来，妻子的心里就不踏实了，于是打电话告诉了陶正明，她说：“哎，老公啊，咱们的女儿有点儿不正常，好像是得了产后抑郁症。你抽空找人咨询一下，看看怎么办呀？”

女儿知晓这件事后，便嫣然一笑，摇着老妈的臂膀亲昵地说：“妈妈，我没问题，哪有什么不正常啊，是您自个儿想多了吧，或者是您想念老爸想歪了？”自打得知老爸的“秘密情报”之后，女儿又单独和爸爸打了几次视频通话，也就逐渐恢复了精神状态。

女儿心想：自己必须立马振作起来，不能让老爸为自己担心，也不能辜负了老爸对老妈的一片苦心、一腔深情啊！正是有了这样的念头，女儿也就快速地将自己伪装起来，也和老爸一样，继续千方百计地隐瞒着自己的老妈。因此，陶正明得了肺癌的消息，他的妻子便成为名副其实的最后一个知情者。

自己能承受的痛苦，尽量不要让他人分担；遇到一人能够扛得住的压力，尽量不给他人添麻烦。这是陶正明罹患肺癌以来，最深切的感悟。

此时大洋彼岸的女儿也开始提前给妈妈打预防针：“妈妈，要不你回国去照顾爸爸吧，我们这儿也没太多事情需要做，我自己顾得过来。爸爸退休后原本计划到各地去旅游的，可感冒到现在都没彻底治愈，是不是有什么病没有检查出来啊？你回家陪他好好到医院检查一下。”

“你外公才不会要我陪他去医院检查呢，他每次都自己能搞定。再说，外公退休了，老了，有点毛病也正常。对吧，小宝贝？”陶正明妻子抱着外孙，逗着说。她嘴上说得很轻松，实际上也一直担心着陶正明的身体，每次视频时，唠叨得特别多，对他的感冒总感觉不对劲。根据探亲签证规定，陶正明妻子在德国每次只能连续待3个月。分开3个月，对陶正明夫妻俩来说，时间不算最长的，陶正明上老山打仗时同妻子分开1年多，更何况现在能视频聊天，但妻子总感觉离陶正明很远很远，心里老不踏实。

虽然女儿、女婿两人带小孩并不轻松，但陶正明妻子已买好了6月19日飞上海的机票。女儿思虑再三，终究没有同妈妈一起回国，她不想给爸妈添乱，等过一段时间后，一家三口再回杭州。妻子回国，陶正明去上海接机。他想好了，应该告诉妻子实情了。

虽然没有年轻人久别胜新婚的感觉，但陶正明和妻子紧挨着坐着，相互都仔细地打量了一番，问长问短。妻子精神状态不错，一路上总在讲外孙的趣事，而陶正明却有意放风，除了倾听妻子的述说，时不时会说谁谁谁得了什么病，谁谁谁又康复了……

“我回来，你没说一点好事，为什么老说这个病那个病的？”妻子不解地打断陶正明的话。“没有啊，我……我平时好事不都告诉你了，只是没说过他们生病的事情，怕你乱想。话说回来，近段时间经常跟他们聊天，我感想挺多，得同样的病，有的人活得很坚强，有的人却倒下了，你说为什么？关键在于心态，不要想太多，过好每一天。真的，如果哪一天我们不幸得了和他们一样的病，我们也要放宽心态，顺其自然。”车开进浙江省军区大院。

“小魏，你们首长是不是感冒把脑袋烧坏了？”妻子纳闷地问小魏。

“没有，首长身体好得很！”小魏快步把行李拿到屋内。妻子一眼就发现房前屋后变样了，楼下楼上也重整过，“嗯，不错，很好。你在家没闲着嘛，我还以为你整天外出应酬呢。”

“我有个事情要跟你谈谈。”吃完晚饭，陶正明和妻子坐在客厅沙发上收看《新闻联播》。

“有什么事情，搞得这么严肃？”妻子很不自然地望着陶正明。陶正明从茶几下面拿出了他事先就放好的出院记录表，递给妻子。“陶正明……癌症……肺腺癌”，妻子扫了一眼记录表，脑袋“嗡”的一声，两眼一黑，人从沙发上滑到地下。陶正明赶紧把妻子抱起来，扶到沙发上，躲在一旁的小魏、小刘也跑出来帮忙，并递上一杯温开水。

妻子睁开眼，伸手就扒陶正明的上衣，她全明白了，原来丈夫根本不是感冒，女儿也不是得了产后抑郁症，每次视频聊天不愿露脸是故意的，说别人得了癌症其实是指自己——眼前的丈夫，既熟悉又陌生，既变了又没变！相濡以沫，相敬相爱，40年了，丈夫真不容易！

“我瞒你是不对的，但也是怕你担心，现在不用担心了。你看，我现在不是挺好吗？我还把院子整得好看多了。池里的锦鲤条条活蹦乱跳的，一条也没少。”陶正明拉着妻子的手，把3个月来发生的事情一五一十地告诉了她。妻子一直流着泪听着。

妻子回来后的一段时间，基本上每天都围着陶正明转，一会儿叫他吃这个，一会儿叫他吃那个，一会儿不让他做这个，一会儿又让他做那个，完全把他的生活习惯打乱了。陶正明没说什么，尽力配合妻子，小魏、小刘倒是挨了好几次批。陶正明宽慰他俩，让他俩不要和妻子计较，他知道妻子担心他。陶正明一家生活过得简朴，但也相当踏实、安稳，即使当年上战场，妻子也没有现在这么忧郁，她有点失眠了。军人战死疆场，伟大光荣，如果因癌症而不幸离世，还是很不甘心啊！

陶正明之所以不想让妻子知道，是因为他在浙江省军区当副政委时，他陪老首长到医院去动手术，首长夫人都焦虑万分、六神无主的，会关注医生资质，干涉医生的治疗方案。

所以当他遇到这样的事情时，他的态度是：我不关心谁给我开刀，这件事情交给院长就可以了。

现在还有人跟陶正明讲：“你当时怎么会让这么年轻的医生，而且还是没有什么名望的医生主刀呢？”要知道，所有的新手医生，只有通过无数个病人的实践，才能掌握熟练的技术，对医生来说也是一个锻炼。对于化疗、放疗，组织、战友都给陶正明推荐了医生，但他说：“我不用推荐，我把这件事情交给院长了，院长安排谁就是谁。”

陶正明为什么没有麻烦组织呢，当时领导知道后批评过他得了病第一时间不向组织报告。陶正明说：“我的报告里面已经讲明了我没有什么需要，如果告诉组织，组织必定把动静弄大了，安排专人对接，会指定医院、指定医生。当时组织专门联系了，非要安排我到总医院做化疗，副政委批评我，说我不听话。但我的身体我做主，我何必要兴师动众地麻烦组织，我自己能解决的事情，我尽量不麻烦组织，不麻烦家人。”

陶正明认为，人吃五谷杂粮，生什么病你自己也不清楚。当时他知道自己得肺癌后也担心过，因为肺癌是中国男性患癌死亡率最高的一种，5年存活率只有70%，但没有办法，只有主动地去接受治疗。先后和他一起得病的一共有6位战友，到现在，其他5位先后都已病逝，只剩他1个人。

陶正明的性格有一个特点，就是再重的担子，他一个人挑。他得了癌症，没和他的家里人说，也没和他的战友讲。他只跟自己的司机小魏交代说：“我自己去动手术，我就做两手准备，要么死，要么活。”

人终有一死，陶正明总结三句话：

一是向死而生。人的一辈子就是向着死亡的方向前进的，每天用最后一天活着的心态生存。眼睛一睁就是活着，眼睛一闭这一辈子就过去了。因为有这样的思想准备，用这种态度生活，所以反而每天活得轻松，这就是一个人的精神和希望。对死亡一定要保持一种良好的心态，要直面死亡，这是最重要的。

二是和疾病共存。人从生下来就会遇到各种疾病，不论大小，都与它们共存，不用紧张。

三是适己而活。讲究科学并按照适合自己的方式来生活，比如，在饮食方面、在穿衣戴帽方面、在锻炼方面，得根据自己的习惯行事。陶正明说，他和别人不同，他虽然离开了部队，但是每天早上还是按照在部队养成的良好习惯和作息规律生活。

康复，重塑自我获新生

本来，陶正明几乎不在乎别人的看法。在家休养的时候，他对照自己整理保存的所有体检报告、病历资料等，开始系统查看、研究，学习有关人体的构造，以及关于肺癌的科普知识。进而，陶正明对肺部的构造、低剂量螺旋CT检查、肺癌预防与治疗、体检指标等相关知识，有了更进一步的了解。

术前，陶正明就已知道，肺癌主要分为小细胞肺癌、非小细胞肺癌两种。两者的区别在于：前者是一种特殊类型的肺癌，主要发生于主支气管或叶支气管内；后者包括鳞癌、腺癌和大细胞癌（如前所述）。至于陶正明本人，所患的就是后者的一种，即非小细胞腺癌。

肺癌检查主要从两方面进行：一方面是物理检查，另一方面是检验检查。在物理检查当中，低剂量螺旋CT是筛查肺部疾病的最佳方法，有助于肺癌的及早发现、及早治疗。低剂量螺旋CT与胸片相比，有如下优点：对肺部结节、支气管病变的检出率提高了2倍以上；对于直径小于10毫米的非钙化结节，检出率提高了44%；如果显示的小细胞肺癌（直径小于等于20毫米），特别是对周围型的小细胞肺癌，其肿瘤的检出率是胸片检出率的10倍左右。

那个时候，陶正明置身其中，便经常品味、玩赏这个“癌”字，经常用笔在纸上一遍遍地书写这个“癌”字，有时候也查一查字典和文献资料。通过如此高密度的活动，他得出一个清晰的认知：肿瘤是内因、外因综合作用的结果。“癌”字的上面一个“病”字头，中间是三个“口”组成的一个“品”字，下面是一个“山”字——古人造这个字的时候应该是很有讲究的，他们对既查不出发病的原因又没有办法救治的病症，就用“癌”来表述，原因无外乎来自三个方面：这第一个“口”，可能源于父母的基因遗传；这第二个“口”，可能源于人类生存的环境；这第三个“口”，可能源于人的生活方式和习惯。

由此，陶正明体悟到，中国的古人早就认为，癌症绝不仅仅是自己秉承的遗传基因引发的，之所以发病，还包括诸多外在因素。三个主要的可能性发病原因便将一座大山给压住了，意味着古人认为癌症是绝症，是治不好的。所以陶正明就觉得，既然逃避是没有用的，就应该调整心态，持之以恒地与病魔打交道、作斗争，这不仅需要恬淡乐观的心态，而且需要顽强坚韧的心气。

一如民谚所说：“命中有八尺，难求一丈长。”对于这个道理，他深以为然，也是十分想得开的。

实际上，生命就是一次又一次蜕变的过程，唯有历尽各种各样的折磨、打击，方可增加生命的厚度。陶正明还体悟到，良好的生活习惯对身心健康至关重要，不能因为生病或者疾病痊愈了，就打破原有的良好生活习惯。

每天按时起床活动活动，是陶正明坚持了多年的习惯，除了术后那两天。他每天早上6点起床，起床后第一件事就是洗冷水澡，即用冷水冲淋全身三五分钟。为防止滑倒，他就坐在木凳上，将冷水冲到头上，先用淋浴喷头沿着鼻子往下冲洗前身120秒，然后对着背再冲洗120秒。一年365天，天天如此，风雨不停，阴晴不断。这样，极大增强了他的身体素质、耐寒能力。不仅如此，陶正明还能根据皮肤对水的感受，来判断当天的气温，如大雪节气那天，他就感觉清水寒冷刺骨。

手术后在家休养期间，陶正明还养成了吊单杠的习惯。术后较长的一段时间里，他在伸展右手时，每每都会牵扯到胸肺部的刀口，感到异常疼痛，于是他减少了右手臂的日常动作。加上较长时间地挂盐水，右手经常性地保持固定的姿势，便会时常感觉右肩关节不能舒展自如，手臂平举都困难，一举就痛。对此，医生告诉陶正明，他原来可能就有肩周炎，加之好长一段时间不能活动，肌肉就粘连了。

那怎么办呢？医生说，最好的办法就是靠自己锻炼，坚持忍痛甩胳膊，进而将粘连的肌肉拉开。于是，陶正明便坚持每天甩胳膊，早中晚各甩一会儿，甩的幅度逐日增加，愈来愈大，甩得很痛了，就休息一会儿。不仅如此，陶正明又试着将一双手掌贴在墙壁上，将手掌慢慢往上移动抬举，就这样忍着疼痛咬牙坚持着，尽可能地多保持一会儿，豆大的汗珠从他的额头上不断地渗出，身上的衣服不一会儿就湿了。如此坚持一个星期之后，他就能将身体贴近墙壁，慢慢地把手举过头顶了。

陶正明还去骨科、神经科咨询过，医生说，坚持吊拉单杠这一运动，可以慢慢地将粘连的肌肉拉伸开。警调连器械场就有单杠，于是，他每天上午9点就去警调连吊拉单杠。

他术后康复期手臂没劲儿，胳膊用力吊拉起来就会痛彻骨髓，便禁不住龇牙咧嘴的。开始他一天只能吊拉3次，每次吊拉3个。连队的官兵们不知道陶正明在干什么，便经常过来关切地询问，他就说是在做康复训练。

坚持吊拉单杠一个多月之后，陶正明的胳膊能够伸展自如了，甩起来也不那么痛了。后来，他还在家里安装了单杠，坚持每天吊3次，每次30秒左右。如此坚持半年多，陶正明的胳膊感觉不到有什么异样了，手上也磨出了厚厚的老茧，与此相应地，腰椎间盘突出的顽疾好像也没有了，僵硬的脖子也摇摆自如了。

对此，陶正明笑道："真是一举多得的好运动、好方法啊！"

随着陶正明精气神日渐恢复，他家里又热闹了起来，上门来看望他的老战友络绎不绝，气氛也恢复如初，就像往日一般地谈笑风生。陶正明的笑容越来越爽朗、越来越灿烂了。这些来访的老战友们，男女都有，其中大多数人和陶正明的年龄相仿。有时候，他们就在自己家里做一些清淡的食物带过来，与陶正明一起分享；有时候，三五个老战友相约着，来到陶正明家里包饺子，抑或各显神通，每人炒两个拿手菜一起吃……

完成夙愿，登记捐献遗体

“捐献遗体”这个话题有些沉重。

落叶归根、入土为安。中国的传统文化把人看作大自然的一部分，认为人死后只有埋入土里，才能回归自然，实现与自然和谐统一的愿望。丧葬的过程，实际上是生者与死者的对话，表现两者之间实体上和精神上的联系。

社会在发展，观念在变化。对此，陶正明有自己独特的理解。

自打“先天性肾柱肥大”被专家确诊为“左肾占位”那一天起，陶正明便萌发了一个强烈而又稀奇的想法——自己死后就将遗体捐献给医学院，以供专家们进行医学研究。

遗体捐献是捐献者生前表明遗体捐献的意愿，在去世后由亲属将遗体全部或部分无偿捐献给医学科研、医学教育的行为，也是逝者留给这个世界最后的礼物。

对社会来说，遗体捐献对社会医疗卫生事业有极大的贡献，人体解剖、人体器官移植等都需要大量的遗体捐献。对个人来说，遗体捐献是种高尚人格的体现，是一种对自身、对社会乃至对自然的科学的态度和价值观。人死了之后，身体对本人而言是没有意义的，遗体捐献却有具体意义。

一方面，人想着在死后还为社会、为人类做贡献，这本身就是一种很高尚的社会行为；另一方面，人死后可以通过器官的使用而使自己的生命光辉延续或照亮别人的生命。

至于志愿无偿捐献遗体者，则须填写遗体捐献的申请书，可直接去遗体捐献登记接受站登记，也可与当地的红十字会联系，由红十字会介绍到就近的登记接受站办理登记手续。国家规定，甲、乙类传染病病人的遗体，不列入志愿捐献遗体范畴。

中国人体器官捐献管理中心的官网显示，截至2019年10月20日，我国公民捐献志愿者的登记人数为1582445人，实现捐献已达26169例，捐献器官已达74737个。志愿捐献遗体器官的人数近年来迅速增加，越来越多的年轻人加入登记行列。

每年的清明节，会举行一些隆重的祭祖活动，陶正明则认为对先人寄托哀思，应以更文明、更节俭的方式进行。他认为，人活着的时候尽心尽力地对待老人是最大的尽孝，没必要等父母死后去搞铺张浪费的祭祖仪式，这是一种形式主义。

陶正明曾多次对身边的亲朋好友们说："等我死了，我不想给我的孩子增加负担，他们还要安顿我的骨灰，或放在殡仪馆，或找一块土地挖个坑埋下去，既占了国家的土地，对晚辈来说也是一种牵挂，所以我一直想把遗体捐了。"

陶正明做过肺癌手术之后，对人的生命有了新的思考和更加深刻的认识，更加坚定了他捐赠遗体的意愿。

他特意到温州医科大学专门参观了人体标本展示，了解到国内目前因为传统观念的束缚，全国各医学院校都面临遗体短缺的问题，这一点让医学工作者感到十分棘手。了解到捐献遗体对医疗事业发展的推动作用，让陶正明捐献遗体的愿望更加强烈了。

有一次，陶正明向医护人员提出遗体捐献的想法，并且咨询捐献手续。医护人员以为他在开玩笑，就简单地向他介绍了一下，并未当回事。后来，陶正明专门到医院找院长，递上了自己拟好的书面申请。院长这才知道了陶正明是认真的，但是，鉴于当时他们医院还不能接收遗体捐献，院长就告诉陶正明可以与浙江大学医学院医学部联系。

院长还给了陶正明一本小册子，是浙江大学医学院医学部印制的《遗体捐献指南》，里面十分详细地介绍了遗体捐献的意义与办理程序——登记、条件、时限、执行和执行人等，其中还有医学部遗体捐献登记接受站的地址、电话和联系人等，内容翔实。

陶正明给该医学部打电话咨询，工作人员让陶正明与亲属商量好，并且说，亲属签字同意才可以捐献遗体。

根据央视网统计，截至2012年我国共有医学院校630多所，本专科在校学生人数已达176万余人。为了保证、促进教学质量，这些医学院校每年需要教学所用的遗体80万具。目前，阻碍我国遗体捐献事业发展的因素，除了相应的法规制度不完善、协调机制不健全等客观因素，主要还是国人受家庭、道德、伦理等方面的传统思想束缚较深。很多人认为，老人去世后，子女亲属如果将遗体捐献出去，那是对死者的不敬、亵渎，也是子女最大的不孝。

陶正明虽然不知道家人对他捐献遗体会是什么态度，但也想好了，万一她们不同意，该怎样说服她们。

在一次陶正明与妻子就其他问题谈得正高兴的时候，他突然转变话题，告诉妻子自己准备捐献遗体的事。

妻子一愣，脸色立时阴沉下来，不悦地说：“你做手术都没有告诉我，现在你说捐献遗体，你应该也是早就想好了吧？”

陶正明毫不隐讳，点点头。

妻子知道丈夫的脾气，无可奈何地说：“我了解你，只要是你想做的事情，九头牛也拉不住。好，我没意见！不过你还必须征求女儿的意见，毕竟我们俩就这么一个宝贝女儿。你说呢？”

陶正明说：“那当然。我会跟她商量，她同意才行。”

当天晚上，陶正明用微信视频与女儿聊天，寒暄过后，他轻描淡写地将自己捐献遗体的想法说了出来。

还没等爸爸说完，女儿瞬间就泣不成声了，眼泪也“唰”地一下子流了出来，随即便一下子关掉了手机。

女儿这么激烈的反应出乎陶正明的意料。他没有马上拨通女儿的电话，想等她冷静之后再与她沟通。

一个小时后，女儿给陶正明发过来这样一段文字：“爸爸，从内心来说，作为您唯一的孩子，我是一百个、一千个不同意的，但我毕竟接受过良好的高等教育，知道人不能这么自私、狭隘和无情。女儿要说的是，只要是您想明白的事情，不管别人怎么说，我都坚定不移地支持您。”

在征得亲属们的同意后，陶正明就抓紧按照《遗体捐献指南》的要求，填好了遗体捐献登记表，并写上执行人妻子和女儿的住址、联系方式，送到了浙江大学医学院医学部。医学部给陶正明本人以及他的妻子、女儿，分别寄去了遗体捐献预约书。

直到今日，陶正明还非常清楚地记得，遗体捐献预约书里有这样一段话：“大舍大爱，舍中有爱，遗体捐献者用自己最后的血肉之躯，赋予生命全新的含义，赢得了人们永恒的敬意！”预约书内还有一项备注说明：“完成遗体捐献后，由接收单位给亲属或执行人发放‘遗体捐献荣誉证书’。凭此证书，子女可以代替火化证明，去当地派出所注销户口。”

打从完成了遗体捐献登记手续后，陶正明感觉自己的人生又充实、完满了一步，而且实现了一个夙愿。后来，在他的精神感召之下，他的许多老朋友、老战友也纷纷效仿，陆陆续续进行了遗体捐献的登记。

第九章

回故地、访英雄，所思所想

阳春三月，又逢井冈映山红

未了情，晚霞映红于都河

寻故地，重回老山找青春

前线医疗所，陪同英雄去谢恩

潸然泪下，感慨系之曼棍洞

父亲、丈人“两头演”

到青藏高原看战友

再回首，兵心依旧

阳春三月，又逢井冈映山红

2018年4月底，时逢井冈山革命根据地创建91周年的日子，也是映山红盛开的季节。陶正明内心里又强烈地萌发了再回红土地、重

⊙井冈山留念

上井冈山的念头。

是日，陶正明早早动身，乘高铁到新余北站（井冈山暂未通高铁），然后乘汽车上山。为了节省时间，他的午饭是在高铁上吃的。井冈山，陶正明是上过多次的，但感觉仍然像第一次去那样新奇、亲切、景仰、兴奋。正值中午，红日当空，陶正明却毫无倦意。

汽车在弯弯曲曲的盘山路上行驶，陶正明两眼望着窗外，青山绿峰间，映山红时隐时现，一朵朵，一束束，一片片，于是他的脑海就像是万花筒，不时地映现关于井冈山映山红的故事。

井冈山的映山红，红似火。

毛泽东是一位伟大的预言家，在这座偏远异常的大山深处，就十分坚信："星星之火，可以燎原。"当年，毛泽东在湖南省湘赣边常德市水口镇，经过深思熟虑后决定，将原来的党支部由建在团上改为建在连上，使党组织的末梢细胞神经延伸到最基层。

朱德早年是云南陆军宪兵司令，中将军衔，可以说要什么有什么，但他却抛弃所有的荣华富贵，冒着杀头的危险，铁了心要加入共产党，为劳苦大众谋幸福。在他与周恩来领导的八一南昌起义之后，把活下来的2000人拢到一起，到井冈山与毛泽东的部队会师，会师时只剩下800多人。这两支部队举着火把行进两万五千里，点燃了全中国，建立了新政权。

"莲花一支枪"是苏区人民心中的"映山红"。在大革命失利之后，莲花县农民自卫队的60支枪被缴去了59支，仅剩下贺国庆的一支俄国造的枪没被敌人发现。他就把枪拆分成三段，分开保存。

为了保住这一支枪，贺国庆的父亲被敌人活活地烧死了，弟弟也被敌人杀害。保住了武器就等于保住了革命的火种和力量，保住了必胜的信心和希望。1928年春，贺国庆以此枪为基础组建了新的农民赤卫队。

井冈山的部队九死一生，历经艰危与苦难，走向胜利与辉煌。在这儿，不仅锻造出了朱德、彭德怀等5位元帅，还塑造了中国人民解放军高级将领的基本班底，许多党和国家、军队与地方的领导，均有在井冈山奋斗的经历。陶正明向北山烈士陵园献了花篮，又登上了新建的南山火炬广场，看到正前方的“薪火相传”四个大字，不由得感慨良多、思绪万千。南北对望，苦难辉煌，这一切就如同生机勃勃的映山红，奋发向上。

井冈山的映山红，艳似血，浓似墨。

井冈山的山峰、树林、石头、小溪都有鲜血的印记——有部队官兵的、普通百姓的，有党员干部的、高级将领的，甚而也有腹中婴儿的。

中央苏区江西省军区首任司令员李锡凡同志，在井冈山上与敌人作战时，部队被打散了，他负伤行动困难，就和警卫员藏在山上的一个石缝里。

敌人逼着李锡凡已经有7个月身孕的妻子带路，想要抓捕李锡凡。他的妻子宁死不屈，凶残的敌人用枪托捣她隆起的肚皮，恶狠狠地说：“如果你不带路，就把你的肚子割开，把小孩拉出来，一块肉一块肉撕碎！”她怒目圆睁怒斥敌人之后，突然以从未有过的声音大呼：“敌人在这儿哪！”

李锡凡听到妻子撕心裂肺的声音后，知道走不了了，就给警卫员下命令：“刚才是你嫂子的声音，敌人就在不远处，我们不能落到敌人手里，子弹也不多了，你先把我打死，然后你就快跑！”警卫员看着身负重伤、情同手足的首长，怎么下得了手啊！但情况万分危急，李锡凡就把枪口对准了自己的太阳穴，扣动了扳机……

井冈山的映山红，浓如情。

井冈山下的兴国县，有一个叫池煜华的女人，新婚第三天就送丈夫随红军队伍走上了长征路。丈夫临走时说：“现在我当了红军，肯定会经常打仗，可能也会因此牺牲。但我只要还有一口气，就一定会回来陪你。”从此以后，她每天都站在门口，望着远方的路，一面等着丈夫的归来，一面唱着两首歌——《啊呀来》《红军阿哥你慢慢走》。

她对丈夫的嘱托坚信不疑，对自己的守望无怨无悔。后来，政府送来了革命烈士通知书，她说不会的，他会回来的。政府给她盖了新房，请她搬过去住。她说：“我就住在这里，要是搬到新房去住，他就找不到回家的路了。”这一等，足足等了72年，一直等到最后咽气！

在小井红军医院旁，有两座烈士墓，其中一座墓是123人的红军烈士墓。敌人上来了，红军主力撤退了。留在医院的都是走不动的伤员，敌人把伤员拖到医院旁的小河边，在小桥上架起机关枪疯狂扫射。顿时，稻田成了血田，小河成了血河……

井冈山在哀鸣，映山红在啼哭。

另一座墓是老红军女战士曾志大姐的，当时曾志是医院的党总支书记。伤员遇难前几天，毛泽东知道她做群众工作有经验，亲自点名要她回红军总部工作。谁知这一别，就与战友们成为永别，她说每每想起总是痛心。多年后，她立下遗嘱：存款全部上交给党组织，部分骨灰埋在小井烈士墓旁。女儿不好违背她的遗愿，只好从山上找了一块小石头，在上面写着“红军老战士曾志墓”。

曾志当年还有个出生才28天的儿子。部队要长征出发了，曾志就把儿子送给了当地一石姓人家。后来，成年的儿子知道自己的身世后，要回到曾志身边。曾志说：“你是井冈山人民养大的，永远是井冈山的儿子！”

井冈山是中国革命的摇篮，是圣山、灵山，是“天下第一山”。每天上山的人成千上万，为什么？有的人说，上了井冈山，官运朝上翻；上了井冈山，财源朝多翻；上了井冈山，身体朝好翻。陶正明则以为，这多半是误读、神化了井冈山以及井冈山上的先烈们。要实现胸襟的开阔和人格的修炼，必须悟透井冈山映山红的傲骨，悟透井冈山不朽的伟大精神！

未了情，晚霞映红于都河

2020年上半年，于都县脱贫摘帽了。为了纪念这个来之不易的日子，于都县委、县政府策划出版了一套“红色于都”丛书，分小学低年级版、小学高年级版和初中版，这套书全彩印刷，图文并茂，全县近20万中小学生人手一册。有朋友快递给了陶正明一套。

陶正明手不释卷，如获至宝，认真地读文字、看插图，仿佛穿越在于都的沉重历史中，行进在于都的辽阔大地上，切身感受到了于都的沧桑巨变。陶正明认为，这是扎根、烙印、铸魂的大好事，是富有远见卓识的大视野、大举措，是影响世世代代、四面八方的大工程。陶正明很清楚，于都人民为人民军队的壮大，为新中国的成立是作出了巨大牺牲和奉献的。

据统计，从1932年到1934年10月红军长征，于都共有68519人参加了红军，已然考证出来的烈士就有16336人，还有许多人连名字都没留下。有历史资料显示，当时于都县相当于献出了20个师的子弟兵，几乎可以打一场“百团大战”了。

抗日战争进入相持阶段之时，于都县银坑镇有个女人叫钟招子，她把自己的8个儿子都送去参军了。临走时，8个儿子并排跪下，以客家人隆重的习俗向妈妈作揖磕头告别。他们怕妈妈伤心，不敢大声哭，只好紧紧地咬着牙，不停地用袖子抹泪擦脸。钟妈妈从老大开始，一个儿子一个儿子地摸了几下他们的头。摸完第八个儿子，她忽然大声喊："都给我站起来！男人就要顶天立地，如果当兵怕死当孬种，妈就不认你们这些儿子啦！"后来，钟妈妈的8个儿子都牺牲了，丈夫早逝也离她而去了。

每当夜深人静时，钟妈妈就坐在老屋门前，点起马灯，逐个喊着8个儿子的乳名。后来，她眼睛哭瞎了，却仍然守着马灯，不让熄灭，说是要让儿子看清回家的路。政府送来8张烈士证，她天天一张一张地擦拭着、抚摸着，仍然喊着儿子们的乳名，还不停地讲："当红军就要当英雄。"

村里特意为八兄弟修了烈士墓，竖了石碑，石碑上面刻着他们的名字、出生年月、牺牲地点和时间。

1960年，钟妈妈病倒了，她留下最后的遗嘱："把我埋在儿子们的旁边，我要沾沾他们的光，毕竟他们都是英雄，也都是从我身上掉下来的亲骨肉啊！"

从1934年到1996年整整62年，每年农历九月十一日傍晚，于都河边的一株老榕树下，都有一位妇女站在那里，顺着于都河望向远方。62年来风雨无阻，从未间断过。这位妇女叫刘淑芬。62年前的这一天夜晚的情景，她记得清清楚楚，刻骨铭心。

结婚3个月，刚有了身孕的刘淑芬正在纳鞋底，丈夫肖文董急匆匆地进了屋，对她说："淑芬，我要走了！"

"去哪儿？"

“不知道！”

“怎么走？”

“跟大部队！”

“什么时候？”

“现在，就是现在！”

刘淑芬听后两腿发抖、双手发颤，拣了两件衣服、一双鞋子，把头上的方巾扯下来，打个包袱递给丈夫。两人相拥，热泪直流，打湿了衣裳。肖文董用手轻轻地拍了拍妻子隆起的腹部，然后扭头就跨出了门，消失在夜幕中。刘淑芬再也控制不住自己，倒在床上放声大哭起来！

自从那晚一别，丈夫就再也没有回来……

1934年秋，中央红军准备渡过于都河开始伟大的长征，因为时间非常紧迫，武器装备又很多，于是决定多路渡河。经过反复勘察，选定了8个地方作为渡口，这8个渡口分别是于都县城的东门渡口、南门渡口、西门渡口，以及梓山镇的山峰坝渡口，罗坳镇石尾渡口、鲤鱼渡口、孟口渡口和靖石乡渔翁埠渡口。

从10月17日开始，红军连续4天依次从八大渡口过河，平均每个渡口要过1万多人。有的渡口用船只，有的原本河上就有桥，有的则要临时搭桥。乡亲们为了把桥搭得结实，有的把家里准备盖房子的木头扛了过来，有的把准备娶媳妇、嫁女儿做家具的木料拉了过来……可是木头还是不够。不知是谁喊了一句：“走，回家卸门板、床板去。”

于是，乡亲们二话没说，便呼啦啦地回到自己的家里，把大门、侧门、床板都卸了下来。

于都县城的曾大伯年老多病，躺在床上，听说红军过河搭桥的木头不够，就请乡亲们把自己已经做好的寿棺锯掉送到渡口。望着这口棺材，乡亲们谁也不忍心下手，他们说："老伯，这个寿棺拆不得，还是留给你将来用吧。"

曾大伯双手支撑起身子，边咳嗽边喘气地吼着："把斧头拿来，让我自己劈。红军渡河是大事，一口棺木算什么？今后我死了，用我的被子卷着，选块高点的山地埋下，让我天天望着、盼着红军打回来就行了。"

周恩来知道这件事后，感慨道："于都人民真好，苏区人民真亲。"

前些年，为了纪念红军的"第一渡"，当地的驻军和老百姓还专门将一座桥梁命名为"于都长征大桥"，这也是中国唯一以"长征"冠名的大桥。

2019年秋天，已然退休6年的陶正明到了于都，瞻仰了主要的革命遗址和烈士陵园。走在于都河的河边，他仔细查看了每个渡口旧址。

陶正明在河边走着走着，记起有一个战友的老家就在于都附近，于是，他就想去看望战友的老母亲。

这位战友入伍以后，被编在驻福建省的一支英雄部队。他们俩相识在一次海上大演习时，当时战友任副师长。后来他们二人先后到了浙江省军区，战友当过两个军分区的司令员，后到机关任部长。

吃过早饭，陶正明就打电话给这位战友说："老伙计，我在于都河的河边，这儿好像离你老家很近。我准备马上出发，去你的老家看望老妈妈，请你把村庄的准确地址用微信发给我。"

战友开始还借故推辞，说："老首长，您刚到江西，事情多，不用耽误时间了。您的心意俺领了。"

陶正明说："早就计划好了的，就这么定了。"于是战友只好把地址发了过来。

陶正明走了一段省道，拐进一条山路，不一会儿就进了村庄。战友事先打电话告诉了家里人，他的姐姐和嫂子扶着老妈妈在村口迎接陶正明。陶正明一见连忙下了车，扶着老妈妈进了战友的家，只见墙上挂满了奖状、证书。

当老妈妈得知自己和陶正明的母亲同岁，一下子便同陶正明更亲近了。她让陶正明和自己同坐一条板凳，翻看儿子送给她的相册，里面有战友当兵戴大红花接受表彰的、提干穿四个兜军装的、接媳妇的、着新式军装礼服的、着两杠四星四排胸章的（大校正师），以及到南京、北京出席表彰大会的照片，她一张一张向陶正明做着介绍。她的女儿就在一旁把方言转为普通话，作说明。

吃中饭的时候，老妈妈不停地往陶正明的盘子里夹菜，并不停地介绍说："这是生儿喜欢吃的，这是媳妇、孙女喜欢吃的。"其间，老妈妈还一点一点地往陶正明的身旁挪动，刚开始陶正明还以为是她坐得不舒服，后面才觉察出她是把陶正明当成了亲儿子。那一刻，陶正明仿佛觉得她就是自己的妈妈，他一边吃，一边紧握着老妈妈伸过来的手，一句话也说不出来。

战友比陶正明小4岁，后来突患心梗不幸去世。老来丧子，是人生的一大悲痛之事，家人担心老妈妈受不了打击，没有人告诉她。

战友去世的第二年，陶正明再次去看望老妈妈，她比初次见面时衰老了许多。从老妈妈的面容和眼神中，陶正明感觉她可能已经知道儿子先她而去了。陶正明不敢久留，强忍眼中的泪水，与老妈妈相拥而别。

返程中，陶正明想起一首歌：

晚霞映红于都河／渡口有一支难忘的歌／唱的是咱长征源／

当年送走我的红军哥哥哟／万水千山多坎坷／心随亲人一起走过／胜利不忘哪里来哟／红色源头记心窝／河水静静地流淌着／斑斑渡船没有停泊／载的是咱未了情／从这里划向我的新中国……

陶正明坐在车上，双眸望着窗外被晚霞映红的庄稼，心里默默念叨：慈祥的老妈妈、老伯伯，伟大的苏区人民，你们送儿子、孙子去参军，你们用自己的血汗供养着英勇无畏的红军，你们经历过与红军生离死别的场景。你们一直珍藏和传承着纯朴、坚毅的品质，这是无比强大的力量，这也是我们战胜日本侵略者、战胜国民党反动派，解放全中国的不二法门！

"久有凌云志，重上井冈山。千里来寻故地，旧貌变新颜……三十八年过去，弹指一挥间。可上九天揽月，可下五洋捉鳖，谈笑凯歌还。世上无难事，只要肯登攀。"毛泽东的著名诗词《水调歌头·重上井冈山》不仅非常豪放、豪迈，而且深情款款，简直就是陶正明此时此刻心灵的写照。

寻故地，重回老山找青春

云南老山，曾经战火纷飞、硝烟弥漫。当年，这里的少数民族百姓勒紧腰带支援对越自卫反击战，送米送面送衣衫，送儿送女上前线。

⊙在老山前线过生日，27公里急行军训练

30多年过去，弹指一挥间，陶正明和当年的老兵们纷纷不远千里来寻故地，心系百姓，情洒老山。他们扶贫救困，建校修院，助学救弱，老百姓自然也是投桃报李，记住了他们的名字——每一个名字都是一面鲜艳的旗帜，在每一面旗帜上八一军徽都是熠熠闪光。于是，“爱心老兵”与当地的苗族、瑶族、哈尼族等少数民族的情谊，在老山脚下演绎。

鱼水情深续写红色史诗，脱贫攻坚再创时代传奇。

地处云南中越边境的老山一带，曾经是对越自卫反击战硝烟弥漫的战场，是陶正明和他的战友们打过仗、守边防的地方。所以在他的心目中，老山也是自己的“第二个家”。当年，有397位战友就倒在那里，还有几千名战士在那里流过血、负过伤。

⊙ 1985年春节期间在前线与作战负伤战友合影

是啊，虽然说他们离开老山地区已有30多年了，但是，老将军总是情不自禁地回忆起在那里战斗过的300多个日日夜夜，心里、梦中总是惦念着那一片滚热滚热的红土地，惦念着那一方贴心暖肺的老百姓。

是啊，军人走到哪里就把哪里当作家。

自从离开那里，陶正明就天天好想老山前线那个“家”，思念他的战友、他的兄弟。2014年，他们7位战友相约，一起去了杭州、济南、贵阳、深圳。2018年立冬的第二天，陶正明又忙里偷闲，只身一人前去老山地区凭吊了一次——这一回，陶正明想一个人去，也好自由放松一些，同时能尽情地抒发自己的真情实感。

陶正明坐着车沿着老山盘山公路行进，越接近主峰，雾霭越浓厚，有时迷蒙，有时又会有缕缕阳光。这就是老山地区的气候特色，常年云雾缭绕、烟岚缥缈、潮湿难耐。车行处，迎面见到几幢白色的两层小楼，这儿现在是云南省边防部队的驻地。

陶正明在边防部队营区里踯躅、徜徉，看看窗明几净的新楼，找找旧时炮火连天的踪迹，于角角落落里竭力找寻他们当时驻守的模样。

车行过山村小坪寨，继续蜿蜒行驶在迂回曲折的盘山小路上，山路上急弯和陡坡一个接一个。车辆沿着盘山公路兜圈子，目光所及之处，一会儿是扑面而来的山崖和密林，一会儿又是雾霭笼罩的深山峡谷。山势越来越高、主峰越来越近，手握钢枪的烈士塑像、镌刻在崖壁上“老山主峰”的红色大字在缥缈的云雾中若隐若现。流年似水，撷取一朵朵记忆的浪花，战时往事在脑海、在眼前一件件鲜活起来……

老山，英雄之山，红色之山，陶正明听从自己内心的召唤，他又来了。主峰，232级台阶，对应的是232个不屈的英魂；天梯，狭路相逢勇者胜，那是突击队攻克最后一个堡垒的生死之路！

飘扬在老山主峰缭绕云雾中的红旗在阵阵作响，“忠于祖国，青春无悔”的豪迈情怀在老将军心中汹涌澎湃！

有一位战友援引古人的话说过，男儿有泪不轻弹，那可能是因为他没到麻栗坡。麻栗坡烈士陵园坐落在麻栗坡县城西北4公里处的磨山坡上，这里安葬着在1984年4月收复老山、八里河东山的战斗中，以及在其他战场上牺牲的967名烈士。因地势已趋于低缓，目光所及之处不似老山主峰那般云雾缭绕，但却更让陶正明心怀激荡。

陶正明是在一个阳光明媚的下午步入陵园的。

967座坟茔，967块点缀着红五星的墓碑，整整齐齐地排列在泼青滴翠的山坡上。一切都默默无言，犹如梦的山野，在奏着一曲无声的挽歌。

陶正明感慨万千：当年，一拨拨战友相继凯旋的时候，你们却永远地留在了这里。阵阵松柏啼哭，滔滔江水呜咽，花儿绽开成花篮，鸟儿鸣唱颂英雄。

正如清末伟大的民族英雄林则徐所说：“青山有色花含笑，绿水无声鸟作歌。”

今天，陶正明独自一人又来了，怀着敬仰之心，来到松柏苍翠的墓园。当然，他看不到烈士们的身影，因为他们早已化作了连绵起伏的层峦叠嶂，矗立成延颈入云霄、举头触星月的丰碑。

今天，陶正明独自一人又来了，他难抑感伤、缅怀之情。他在想：何以寄托无尽的哀思呢？给烈士们献上一束束清芬、妍丽、典雅的花儿，让花儿给自己代劳，诉说千魂萦绕、万般伤恸和年复一年的思念。

今天，陶正明独自一人又来了，站在山巅，不由得放飞歌瀑，为烈士们唱响一曲悠扬、婉转的赞歌，让歌声绕峰峦千匝，抚慰烈士们孤寂无依、悄然沉寂的灵魂。

老山地区的深秋时节，仍有鲜花在漫山遍野绽放，那是烈士们生命永远定格在20岁左右年华的青春笑颜；温熙的阳光沐浴大地，那是烈士们用鲜血和生命换来的来之不易的和平田地。

伴随着鸟语花香、和风丽日，陶正明“千里来寻故地”，伫立在烈士陵园，面对一块块墓碑、一座座墓冢，他沉吟道：“烈士们，你们会永远活在我们的记忆里，我们会永远活在你们的事业中，我们永远怀念你们！烈士千古，永垂不朽！”

陶正明当时就在想，只要自己还能走得动，就要带上孙辈的孩子们，去追寻自己的老山之家，去缅怀烈士们的青春年华。

前线医疗所，陪同英雄去谢恩

俗话说："受人滴水之恩，当以涌泉相报。"更何况是救命大恩了。

英雄展亚平，是原"硬骨头六连"八班班长。1985年1月11日，在云南老山前线的弥漫硝烟之中，他为掩护战友而身负重伤，导致双腿和左臂均已截肢。他后来被评为特等残疾军人，个人荣立了一等功。

当时，展亚平的一条小命本来已进入死神的怀抱了，可最后只是被死神"撞了一下腰"，这是不幸之中的万幸。而将其从死亡线上"强拉硬拽"回来的，就是一四四野战医疗所的医护人员。

一四四野战医疗所是解放军驻贵阳市的四十四医院的派出机构，配合一军在老山地区参战，是担负前线医疗保障任务的"前线医疗所"。

展亚平身负重伤之后，就是被送到这个"前线医疗所"抢救的。在住院治疗期间，医生为展亚平做了两次大手术。由于战友们送来得及时，赢得了宝贵的治疗时间，也因为医生采用了最佳的治疗方案，才把展亚平从死神的怀抱里拉了回来。

展亚平在手术结束一周之后，慢慢地苏醒了过来。当他翻身的时候，忽然感觉到身体只有上半截。医院给出的结论是：他今后不能站立，甚至不能坐稳，一辈子只能与轮椅为伴。当然，他痛苦过，伤心过，甚至绝望过——前程和命运的落差太大啦！自己还不满20岁，别说未来人生的理想和目标实现不了，就是今后日子也不知道怎么过下去，他内心里一点底儿都没有。

再说，倘若父母看见他这个样子，又怎么能承受得住？一念及此，他便用力地揪扯着自己的头发，恨不得一死了之。英雄也是血肉之躯，那段时日，展亚平的内心里纠结、灰暗到了极点。

医疗所的章所长就去开导展亚平，他语重心长地说："小展呀，你是为了保卫祖国、掩护战友而英勇负伤的，伤得伟大、残得光荣！祖国、人民和一批批解放军的战友们都不会忘记你！你好好想一想，生命不由得你自己抉择，你的生命也不是你个人的啊！"

那段日子，展亚平想到了连队英气逼人的光荣称号来之不易，其中就有自己一滴滴殷红的鲜血；想到了连歌《硬骨头六连，你硬在哪里》是那样豪迈，唱红了大江南北；想到了连队"四过硬，三股劲"的作风，会一代又一代地传承下去；想到了抢救自己需要输血之时，有300多名老百姓排着一字长蛇阵，他们中的绝大多数，还是边疆的苗族、瑶族和景颇族等少数民族同胞。他满脑子想的都是军人的传统、连队的荣光、战友的情意、百姓的爱心……

展亚平渐渐地明白过来了。于是，他在医院病房里，带头组织成立了"重病号临时党支部"，协助医院现身说法，将心比心，耐心细致地做伤病员的思想工作。他用拉力器锻炼，从几分钟、十几分钟，到一个小时，坐的时间不断延长。

他萌发了上大学的念头。

苏州大学的一位教授被他感动了，就破例录取了他。四年大学生活，学校没人不认识这位坐在轮椅上的同学、舍己救人的大英雄。

此后，展亚平变了，完全变成了另外一个人，整天乐乐呵呵、风风火火、忙忙碌碌的，他再也闲不住，经常写诗歌、写散文、写小说，发表在报刊上。他还到机关、企业、学校、幼儿园去讲述战争的故事，讲述战友和自己的非凡经历，抒发人生与命运的感悟，诠解战争与和平的辩证关系。轮椅所到之处，他的万丈豪情、他的深情讲述，影响了同学们，启迪了一代代少年儿童的身心……

自然，从这些频繁而平凡的活动中，展亚平也找到了自己人生的价值，找到了自己活着的理由，但他始终有一个心结。

当时，由于展亚平处于高度昏迷状态，所以对于那些为他做过手术、做过护理的医生与护士们，可以说都没有真正见过面。40多年以来，感恩图报的他一直有一个强烈的愿望——那就是要去寻找这些救命恩人，与他们真真实实地见一次面，向他们道一声谢、敬一个礼。

2018年4月，已经退休5年的陶正明在老战友的引领下，又一次前去看望展亚平。见面闲聊时，后者再一次提出寻找救命恩人的心愿，并说心愿未了，近来吃不香、睡不好。陶正明便答应了他，当即向“前线医疗所”的老战友作了通报，并且希望他们予以妥善安排。一开始，陶正明还有诸多的顾虑，毕竟过去40多年了，大部分当事人年事已高，甚至可能还有些已然过世了，还能不能召集齐呢？英雄的心愿还能顺利地实现吗？

谁知，陶正明的这些担心完全是多余的。

原来“前线医疗所”的医护人员自发成立筹备组，建立微信群，互相转告。时年81岁的章院长善解人意，找出当年的花名册，不厌其烦地一个一个地给他们打电话，直到找到当时的35个医护人员。他们四处搜集当年的文字、照片，布置展板，制作横幅，安排场地。

2018年6月8日下午，是一个吉利、祥和的日子，陶正明和七八位战友到达了贵阳机场。下了飞机一看，那个场面好温馨、好感人——原来“前线医疗所”的医护人员都来了，退休的到了、在职的请假也到了，有乘公交的、坐的士的、骑摩托车的，一个个全到了。其中有远在上海、济南、杭州、深圳、昆明等地定居或者工作的医护人员，也不远千里全都赶来了，就为了看一眼当年经过自己的手抢救过来的英雄。

当年的医护人员都来了，有的人还在机场外面站了2个多小时，章院长来回奔走，还是当年那位精益求精的好医生，还像当年那样有副助人为乐的热心肠！

这时，展亚平坐着轮椅露面了，他们一拥而上，抢着握手，争着推椅。看着当年身高1.82米、相貌英俊帅气的小伙子，现如今只有86厘米高，满头白发，大家不胜唏嘘，感慨万千。展亚平高举右手，扭转着轮椅不停地朝着周围的恩人们敬礼，大家的眼睛都湿润了。

6月9日下午3点，被陶正明和战友们冠以“展亚平感恩之旅战友情”之名的活动，正式拉开了帷幕。

仪式的第一项，就是点名。

点名时，但凡来参加活动的，不分官职大小，不论年龄长幼，一律站起来高声答“到”，有的拄着拐杖，也挺直腰杆大声答“到”。当仪式结束之时，负责点名的同志转身向章院长报告：“报告院长，此次战友联谊活动应到55人，实到53人，因事请假2人。”

仪式的第二项，就是展亚平讲话。

但见展亚平摇着轮椅，“走”向队列前面，虽然是徐徐道来，但却十分感人，满座闻之皆掩泣。他说：“四十多年如一日，我尽管没有亲眼看见你们，可是经常做梦想到你们，想象着你们当年的风采、现在的样子，今天终于夙愿实现，梦想成真，看见了你们，见到了我的‘恩人’。40多年来，我对老婆讲、对女儿说，对父母讲、对兄妹说，诉说你们白求恩式的救死扶伤的精神，诉说你们对我的比山高、比海深的恩情。我和我们全家人都感谢医疗所的全体战友，是你们救了我的命、救了老山前线的许多英雄的命呀！”此时，展亚平用纸巾擦了一把眼泪，接着说：“是你们这些白衣天使，给我们带来了不一样的崭新人生、幸福生活，也让我们扼住了命运的咽喉，成为人生的主宰啊！”

目睹展亚平在讲话时两眼一直挂着泪水，陶正明也不由得鼻酸眼湿，潸然泪下。正如唐朝诗人白居易在《琵琶行》中所吟咏的那样：“座中泣下谁最多，江州司马青衫湿。”此处的“江州司马”，不是别个，正是陶正明啊！而展亚平却不似哀怨的琵琶女，他是人民的英雄、生活的强者！

仪式的第三项，就是由3位外科主治医生分别介绍当年抢救、治疗展亚平的全过程。

在医生们介绍时，展亚平坐在轮椅上目不斜视、耳不旁听，泪水就好像断线的珍珠。

仪式的最后一项，就是全体起立，高唱英雄赞歌——《血染的风采》《战友之歌》。

6月10日，医院安排展亚平、陶正明和当年的老战友们一道，前往遵义会议旧址参观。陶正明一边看一边在想：所有伟大成功的取得、惊人奇迹的出现，其背后都必然有先进思想的引领、崇高精神的支撑。一代代的英雄们虽然出现在不同的时期、不同的环境，战斗在不同的地域，工作在不同的岗位，创造过不同的辉煌业绩，但都有着相同的思想根基。

6月11日上午，展亚平一行走进了四十四医院，给全院医护人员讲述他的故事。陶正明尽管已经听过很多遍了，但仍感觉是那样的感人。

伟大的人民孕育伟大的军队，伟大的军队培育伟大的战士，伟大的战士护卫伟大的人民。千千万万的英雄宛似璀璨的星辰，他们的名字成了中华民族的集体记忆，他们铸就的伟大精神虽久经岁月的磨蚀，却依然熠熠发光、闪闪发亮！陶正明在心底对一四四野战医疗所的战友们说："你们是无名英雄，是前线勇士精神的支撑、生命的依托、心灵的港湾，所有上过前线的官兵永远怀念和你们朝夕相处、生死与共的日日夜夜、分分秒秒。"

陶正明陪着展亚平远赴千里之外的贵阳，寻找和感恩当时救治他的医护人员。连续几天，有关这个活动的微信报道一直受到高度关注，从军营到社会，从上将到士兵，大家交口称赞，处处传颂。这说明人民群众永远爱戴子弟兵，英雄永远是中华民族的脊梁，革命英雄主义永远是人民军队的灵魂！

当年展亚平身负重伤，生命垂危，先后经过一师医院、四十四医院、六十九医院、昆明总院、一一七医院、八十五医院等多家医疗单位的救助，众多的白衣战士传递着接力棒，共同与死神赛跑，才挽救了他的生命。展亚平多次讲过，所有直接参与救治的、曾经关心和帮助他的人，都是他的救命恩人，他都会终生不忘，永远铭记。无论展亚平走到哪里，只要听说他是战斗英雄，群众都会竖起大拇指，争着与他合影，抢着帮他推轮椅，连几岁小娃娃都愿意亲近他。

这是为什么呢?

陶正明认为，这是因为展亚平是人民英雄，而英雄是时代的先锋、民族的精英、社会的楷模，也是战士的骄傲。诚如托·卡莱尔所说:“社会是建筑在英雄崇拜这个基础上的……全人类对英雄的崇拜昨天有，今天有，将来也一定会有。”崇拜英雄是人类的共性，古今中外，无数平凡之人都是受到英雄精神的感染，仿效英雄的行为，才踏上非凡之途的。

陶正明那一次在即兴发言时说:“学习英雄，是一种高层次的精神境界。崇拜英雄，可以造就出无数的英雄。伟大是自身生命力的光源，我们能挨近他便是幸福与快乐。经常沐浴在英雄的光辉中，所有的灵魂都会感到高大和畅快。歌德有句名言：你若失去了财产，你只失去一点儿；你若失去了荣誉，你就丢掉了许多。一个人只有常以英雄为标杆，才会有向往高尚、谴责耻辱的价值取向。一个人如果常以灰暗自嘲，就会因眼前只有黑幕而走入歧途！”

何谓“英雄”呢？古人云:“聪明秀出谓之英，胆力过人谓之雄。”黑格尔说:“一代英雄，必然是公认的那个时代目光敏锐的人，他们的业绩、他们的言论，就是那个时代的精华。”《现代汉语词典》中对于英雄是这样界定的:“不怕困难，不顾自己，为人民利益而英勇斗争，令人钦敬的人。”

展亚平参军之后，就来到了著名的“硬骨头六连”，从此，那15名战斗英雄的故事便在他脑海里深深地扎下了根，他立志学习前辈的精神，继承英雄的遗志。上了战场，他每次都是冲锋在前，危险来临时他把生的希望让给战友；负伤后他经历了九死一生的煎熬，用剩下的一只胳膊，做到常人难以做到的事情。无论是受伤前还是受伤后，他都是名副其实的英雄，他的事迹使亿万人追随，他的精神让中华大地生辉!

在临场随机发言的时候，陶正明还强调说："医生是一个神圣的职业。忆往昔，'前线医疗所'的医护人员合力抢救英雄，体现了战友之间的伟大情谊。战友与朋友只有一字之差，但含义天壤之别。只有用血和命为国为民为他人奉献牺牲的军人，才称得上'战友'这个称号；关键时刻能舍生取义、舍己救人，不是亲兄弟，胜似亲兄弟，这才称得上战友。展亚平用具体行动诠释了战友之深意，抢救过展亚平的医护人员用心血注解了战友之深情。战友是不分年龄、性别、职务、兴趣爱好的，只能用血用命凝成，是整体的、纯真的、永恒的，是不能用利益交换的。战友，就是那个融入你生命的人；战友，就是那个可以为你挡子弹、蹚地雷的人！"

潸然泪下，感慨系之曼棍洞

陶正明的车子到了中越边境小镇码头，抬目看见了弯弯曲曲的盘龙江，盘龙江从麻栗坡边境的老山、八里河的东山之间，经年不息地流向越南。

盘龙江的河水波谲云诡显性格、千变万化透天机——江水在中国境内因落差较大，波涛汹涌，好似北国奔腾的野马，进入越南却水流平缓，宛如南方温柔的少女。的确，接近口岸，盘龙江江面开阔，江水缓缓地流出边境。盘龙江的上游地势很低，又是一片开阔地，陶正明他们所在的炮兵阵地，就驻扎在口岸上游，不远处就是曼棍洞。

1985年1月，陶正明刚刚走过曼棍洞，来到炮兵阵地，便遇到了炮兵连的童连长。没承想，天下竟然会出现如此有缘之人、有缘之事。童连长当兵时是和陶正明在一个连队的，全名叫童细苟，比陶正明晚一年当兵，他在侦察班，陶正明在炮一班。

从陶正明离开连队算起，7年多时间他们俩从来没见过面。战地遇故人，自然分外亲。童连长连忙跑过来，将陶正明一把拉进一门大炮的掩体里，迫不及待地说："您好哇，老陶处长，咱们老连队的都知道，你在军里当处长，与团长是一个级别的，弟兄们都特别羡慕你，谁能够想到我竟然在这里见到你。"

紧接着，童连长又做起自我介绍："我改名了，叫童继伟。我是从普通战士当中提干的最后一批。就在提干之前，政治处主任来找我谈话，临走的时候，他说让我把名字改一改，说'细苟'的谐音听着像是'小狗'，既不好听，也有伤大雅。"

陶正明打趣他说："是啊，'小狗'一步登天，当上了'纪委'，那是天大的好事，值得啊！"

"陶处长，您别打岔啦！我从政治处回来之后，连长、指导员经过一番思量，便帮我改成了'童继伟'这个名字，说是让我继承中国共产党人的光荣传统，继承人民解放军的伟大精神。我们接到上级下达的参战命令，说是参战的部队要补充一些兵员。这个连将要得到补充，可是缺连长，当时我是副连长，政委亲自找我谈话，说我军事素质好，决定提拔我当连长。叫我打仗，我作为一名军人，当然不能说二话。"

二人又聊了几句，陶正明与童连长就仓促告别了，自此，二人便天各一方。后来，陶正明就再也没有听说过童连长的消息了。

却说曼棍洞，现在是著名的旅游景点，当时可是十几个雄师劲旅的作战指挥部。一师首长机关就在洞里面，陶正明去过十多次。

第一次到曼棍洞，是一团首次出击拔点作战之前，史政委放心不下，一早就让他的警卫员通知陶正明，让陶正明和保卫处陈干事跟他一道去一师指挥部。到了曼棍洞，史政委一去就在作战指挥沙盘边上坐下，听师领导介绍敌我防御态势，以及我方进攻的部队、路线和作战的方法。

尽管首长多次听过介绍，但还是听得那样认真。陶正明和陈干事在一旁站着，随时准备听从首长的调遣。从早上7点到下午4点，就连中午饭也顾不上吃。

可是，一直没有听到预期的结果，首长的脸慢慢地就拉长了，手里香烟一支接一支，话也不讲了。过一会儿，史政委用手势招呼陶正明，陶正明赶忙走上前。史政委说："小陶、小陈，我们先回去吧。"

这时候，他们的肚子饿得咕咕叫，陈干事就说："首长，我们先吃点饭吧。"首长瞪了他一眼。在车上，首长一句话也没讲，双眉紧蹙，打开车窗，一个劲儿地抽烟。可见，史政委对这次拔点作战的重视。

第二次到曼棍洞，陶正明他们打了一个大胜仗，大家都很高兴。那一天，他还碰上了一位解放军报社的记者，这位记者是从一师走出去的大名人。这时正好收发室来送信，记者从一大堆信里挑出几封自己熟悉的老同事的信，当着大家的面念了起来。记者念得声情并茂，满洞人笑得前仰后合，那几个被点了名的同志连忙上去抢信，拿过来一看信封根本没有撕开，原来记者是自说自话，也就是随意编的瞎话。

还有一次到曼棍洞，陶正明是去了解一位英雄的事迹的。这位英雄是一个班长，他是侦察兵，很有胆量，经常到前线去摸敌情，并且信息掌握得非常准确，为作战部队创造了一次次十分有利的条件。一次，当他下阵地休整之时，听说有个敌人的据点情况不明朗，不利于作战，他就又主动要求再上去侦察，这已是他第六次去了。就是这一次去敌人的据点侦察，他再也没有回来，就连遗体也没找着。

当时要上报"战斗英雄"的称号，如果确认这个战士牺牲了，必须要找到他的遗体，以防万一搞错了，后面的工作会十分被动。没有办法，那时候，大家便七嘴八舌地分析，这位班长同志可能是被炮弹击中，遗体掉到敌方的阵地，或者被沙尘埋进深沟里去了。

只可惜，这位班长因找不到尸体，就没有被授予“战斗英雄”的光荣称号，只给他记了个一等功。当年看到这个结果，陶正明和他的战友们都流泪了，不由得为这位尸骨无存的英雄班长感到深深的惋惜、深深的遗憾。

此时此刻，两鬓染霜的老将军站在烈士陵园里，禁不住默默祷祝。

在陵园里，陶正明瞻仰着一座座墓碑，轻轻地念着烈士们的名字，内心想：你们都是革命英雄，都是在前线拼杀的勇士，也都是中国人民解放军的骄傲与自豪；你们的青春和热血永远留在了这里，也永远定格在英雄的群体里，铭记在人民的心目中。

父亲、丈人“两头演”

为老战友尤其是手下人“两肋插刀”，素来是陶正明的一贯做法。这不是，2014年4月下旬，小刘要回老家四川省达州市举办婚宴了。本来在手术之前，陶正明就应允小刘自己要前去参加婚宴。

可是，考虑到陶正明现在仍然处于术后康复期，咳嗽、气喘依然很严重，而且远隔万水千山，所以小刘、小魏极力劝说首长不要去了，写一封贺信就行了。有几位老战友也劝阻陶正明，说：“这么远的路，你做手术刚刚一个多月，目前还处于身体恢复期，不怕死呀，身体怎么吃得消啊？”

尽管战友、部下一个个七嘴八舌地劝阻，但陶正明依旧固执己见，就是不肯爽约，一副言出必行的劲头。

小刘的妻子是杭州市萧山区人，他是人家的上门女婿，先前已经在女方家举办了一场婚礼，小刘的父母都出席了。按照四川达州的习俗，小刘还必须回一趟自己老家，再补办一次婚宴，邀请亲朋好友、街坊邻居们吃一顿。

本来，小刘的岳父也是通情达理之人，预先答应要去四川参加婚宴的，岂料，临近婚宴却因工作的原因，抽不开身了。由于传统观念作祟，双方父母都要到场，小刘家在当地也是个大家族，视颜面比生命还重，可是现在他的岳父不能出席婚宴，他担心会被左邻右舍说闲话。所以，陶正明便决定冒险去一趟达州，冒充一次小刘的岳父。

4月22日下午，陶正明和小魏就先赶到杭州萧山机场，在机场酒店住了一个晚上。第二天早上，二人再乘坐杭州飞往重庆的航班，这样上午10点左右就可以到达重庆的江北机场了。由于小刘的家在达州的大山深处，于是他们在机场租了一辆小轿车，驾车直接去小刘举办婚宴的酒店。

按照原来的计划，小刘的婚宴是非常简单的，只是在小饭馆里请街坊邻居吃一顿饭罢了。然而，“冒名顶替”的假岳父陶正明觉得，这家小饭馆根本不适合举办婚宴，就将六七桌婚宴临时转移到了附近的一家星级酒店。

在婚宴上，陶正明应邀走到台前，代表女方的父母发表热情洋溢的致辞：“祝福女儿、女婿喜结连理，百年好合，感谢亲朋好友在百忙之中莅临喜宴，来见证我的女儿与女婿的风光场面。”小刘的父母自然是知道这位岳父大人是假冒的，他就是自己儿子的首长陶正明，而其他人当然都被蒙在鼓里，都不知道这位很有派头、很会说话的老丈人，竟然是假冒的。

陶正明不时地咳嗽，他谎称自己感冒得非常严重，所以只能“以茶代酒”了，便逐桌对亲戚表示感谢。婚宴办得很热闹，大家吃得都很开心，小刘的父母也赚足了面子。这一天的风尘仆仆再加宴席扰扰，陶正明身体很累，但他的感觉很不错，说是“痛并快乐着”。

婚宴结束之后，陶正明和小魏在酒店住了一晚。

第二天早上，陶正明想到小刘家去看看。可是，去小刘家要翻山越岭，山路崎岖，特别难走。陶正明感觉整个人都快要散架了，一边咳嗽，一边汗水直流，还感到刀口在一阵阵刺痛。他实在坚持不住了，就下车走几步，然后再坐上车。车行一个多小时之后，由于道路狭窄，就不能再往前开了。

望着崎岖、狭窄的山路，小魏只得搀扶着陶正明徒步前行，又走了一个多小时，才终于到了地处半山腰的小刘家。看着汗流浃背的大将军，小刘的父母很是过意不去，也对将军的到来感激不已。当然，他们也知道将军刚刚做过手术不久，于是，特意让人去街上买了大鱼大肉，准备中午好好招待将军和小魏。陶正明术后本来就饭量很小，再经路上这一番折腾，就更没有食欲了。

小刘十分细心，也十分善解人意，他知道首长平时的饮食喜好，没让父母弄大鱼大肉，而是做了一些自己家种的无污染的蔬菜，蒸了土豆、炖了萝卜、炒了青菜，又煮了一钵新摘的蚕豆，希望首长能尽量多吃点。对于这些绿色食品，陶正明倒也吃得十分满意，一面咂摸着嘴品味，一面赞不绝口。

吃完午饭，陶正明也顾不得多休息一会儿，就匆匆地和小刘父母作别，又沿着山路返回，一路上自然又是一番艰难跋涉。好在中午没有吃得太多，要不然，很可能就走不动了。

从达州返回重庆，途中要经过四川广安。广安是邓小平的故乡，陶正明不知道这辈子还有没有机会来广安，所以准备顺路在广安停一下。但遗憾的是，走山路花的时间太长，已经安排不出时间在广安逗留，去看一看小平同志的故居了。

因为傍晚6点前必须还车，于是，陶正明和小魏直接赶往重庆还了车，在机场附近找了一家宾馆休息。

次日，小魏扶着陶正明来到机场，准备购买返程的机票，可是上午的航班已经没有了，只有晚上的机票了。房间退了，这么长时间干吗呢？陶正明让小魏看一看附近哪里可去。

小魏参谋了几个地方，最后说贵阳距重庆不远，坐飞机半个多小时就能到达，而且每一个小时就有一架航班。陶正明想了想，就说："可以见一见老战友，去贵阳倒也的确是一个不错的选择。"30年没见这些老战友们的面了，不知道大家现在的情况如何，刚好顺道去看看，看看还能够认出来吗？

到了贵阳市，他们俩先找了一家宾馆安顿下来，然后打电话告诉了几个老战友。这些老战友已经听说陶正明因患癌症做了手术，万万想不到他现在竟然到了贵阳。第二天中午，他们约了十几个人陪着陶正明吃饭。大家都很兴奋，一直在回忆当年对越自卫反击战的前尘往事，却只字不提什么癌症、手术之类的话题。也是，老友聚首，聊点开心的事情，何必"大烟鬼砸烟枪——自找不痛快"呢。

下午，这十几位老战友与陶正明又欣欣然相约，乘坐游艇游览了贵阳中铁阅山湖风景区——阅山湖那风景旖旎的山光水色、鸟鸣花香，直让陶正明心旷神怡、身轻体泰。绕阅山湖转了一圈之后，陶正明咳嗽变得异常厉害了——他最害怕咳嗽了，觉得影响气氛、有煞风景。当然，这些老战友也是十分担心，毕竟陶正明做手术刚刚过去一个多月。于是，让游艇靠岸，大家互道一声珍重，便纷纷与陶正明握别了。

在贵阳市小憩了两天，陶正明便飞回了杭州。

到青藏高原看战友

2018年底，陶正明的战友从青海打来电话，高兴地说，他已交流到果洛军分区任副司令员。

陶正明在电话里向战友表示祝贺，并说，等过段时间一定去青海看望他！

这位战友是陶正明在江西省军区任政委时的下属，安徽安庆人，军校本科毕业后分到野战部队，从基层一直干到师保卫科科长，交流到江西省军区，在人武部政委、教导大队政委、机关处长的位置上均干得很出色，素质很高，多年被确定为师职后备干部。陶正明退休后一直和他保持着联系。

果洛是青海省的一个州，是青藏高原的一部分，也是长江、黄河、澜沧江三江的源头之一。平均海拔在4200米以上，下辖6个县，人口约20万，面积7.6万平方公里，最小的玛多县实际常住人口不到2万。

部队改革后，军分区副师级军官只保留了一个副司令员岗位，过去的副政委、参谋长、政治部主任的岗位都精简了。听称呼，副司令员似是军事干部，实际上在军分区是大总管，连纪委书记、政法委书记等职务都兼任着。

战友接到任命，从网站上下载了青藏高原的各种情况介绍，特别是果洛州的详细资料，他打印出来，装订成册，反复阅读研究，就连乘坐飞机时也在做功课，对新的工作环境做好了充分的思想和体力上的准备。

可是，他万万没有料到那里的自然环境和工作条件如此恶劣艰苦。他下了飞机只觉得两腿发飘，头晕目眩。他的办公室在四楼，过去四层楼他是可以一口气跑上去的，而在这里因为海拔高，他每走一步要喘几口气，上一层楼就要靠着墙歇一会儿。

虽说战友眼睛有点近视，但在平时打篮球、乒乓球，5公里越野，看书写字时，影响都不大。现在，因为高原反应，他在办公室里看干部花名册和简历等资料，却什么也看不清。他用力睁大眼睛，突然额头和太阳穴上的筋一鼓一跳，扎心地胀痛。医生来了说："首长，在高原上干什么都要慢、要少、要轻。有人开过玩笑，说平原地区有的领导搞形式主义，习惯讲大话、空话、套话，时间花得长，就请他上高原来工作，一下子就会治好的。"

战友说，这话确实不假，开会能一个人讲的，就不会有第二个再"补充"几点，多一句话也不会讲，多讲是会耗精力的。

在高原睡眠不足也是极大的痛苦。这里晚上近9点天才黑下来，身体躺在床上，眼睛合不拢。战友说以前晚上常常被尿憋醒，去趟卫生间又继续做梦，而在这里是被干醒，胃里、喉咙里、嘴里燥得很，端起水杯又喝不进去。睡不着只能不停地翻滚，身体就像烙饼，有时就盼望像在家乡那样做一场美梦，可一次也没碰上。

好不容易熬到天亮，要起床了，由于一夜没睡，身体疲劳，头昏脑涨，四肢发软，从床上爬起来，两腿站不稳，挣扎着朝门外走，脚在地面上一点一点地往前拖。有人说在这地方睡觉有两怕：晚上怕上床，担心夜间出个意外，就与这个世界告别了；早上怕起床，折腾一夜浑身无力，总想再躺一会儿，或许能眯一觉。

军分区管辖的面积大，说是一个州，但面积比浙江省小不了多少。下到人武部、乡村工作，常常被恶劣天气、泥石流、塌方阻碍，只好在车上过夜，冬天最冷的时候有零下四十多摄氏度，只能待在车里等救援的战友或老乡，所以车后备箱总是装得满满的，主要是充饥、防冻和自救的物品。

2019年6月下旬，陶正明乘飞机到了西宁。战友接到电话又高兴又担心，高兴的是要与老首长见面了，能亲身体验一下他所处的环境，听听他的心里话；担心的是老首长年近70，又做过肺癌手术，怕高原反应吃不消，发生意外。他反复提醒陶正明需注意的事项，并从州人民医院请来西宁援助的全科医生全程保健，令陶正明好生感动。

第二天上午，飞机准时在果洛机场降落，战友相见，两个人紧紧拥抱在一起，互相轻轻地擦拭满脸的泪水。

才一年多没见面，战友上任也才半年，可变化太大了，他脸色灰黑，腰背弯驼，说话声音也沙哑了。

战友激动地说："没想到老首长这么大岁数还真来看我！"

陶正明问："你身体还好吧？"

战友说："腰椎、颈椎疼得更厉害了，血压也更高了，还多了失眠症、胃溃疡。可能上来时间短的原因吧，慢慢在习惯，等时间长了，我真正成了高原人，一切会适应、会正常的。"

那几天正赶上军分区司令和政委去青海省军区参加读书班，老战

⊙青藏高原看望战友

友的事情更多了。

因为陶正明到的第一天是星期日，战友有点时间，就陪着他去看冰山，看黄河源头、河滩。天气变化无常，太阳因附近一座座皑皑的雪山强烈反光，特别刺眼，一会儿大雨滂沱，一会儿冰雹倾砸，陶正明伸手去接了几秒钟，就落下一大把拇指大的冰雹，砸得手掌生疼。

军分区和州党政机关都驻在玛沁县的大武镇，这是全州最大的市区，号称有2万人。

军分区名气很大，书记、州长说关键时刻还是解放军靠得住，用得上，他们很放心。进到军分区院里，许多树木长得郁郁葱葱，有的有一人多高，真像一座植物园，鸟儿在树林里戏耍，叫唱不停，给官兵们带来生机和欢乐。战友若有所思地说：“它们是候鸟，随着气候飞行居住，到了10月，它们又飞得无影无踪了。这里的军人可是颗不生锈的铆钉，一年四季铆在这里，有的一铆就是几十年，‘小鲜肉上来，酱牛肉离开’。”话说得风趣，可陶正明一点也接不上话，更笑不出声来，反而是一脸的凝重。军分区绿化在州里出了名，那是多少茬人艰苦奋斗摸索出来的种植方法，就连一棵小草、一朵野花，官兵也视同知己宝贝，倾心呵护照看。州委号召向军分区学习，专门组织县、乡镇两级干部到军分区参观，学习栽树种草的经验。

这里还有个红色景点——红军沟。当年红军长征时，有支部队经过，突然遭到暴风雪的袭击，有十几位体力较弱的战士没有跟上大部队，被大雪掩埋牺牲了。到目的地清点人数时，开始还以为他们走岔路去投降敌人了。等到第二年春暖冰开，上山的藏民发现了红军的遗体，姿势都是向前倒，背朝上的。藏民用当地风俗将这些勇士安葬，从此把这个山沟叫作红军沟。

陶正明听到这个故事，心情久久不能平静，望着红军沟的方向，向英雄的老前辈默哀致敬。战友说，虽然这里环境恶劣，但每一寸土地都是先烈用鲜血和生命打下来的，我们要与他们比一比，要对得起他们，绝不当懦夫、孬种！

陶正明要离开的那天，省军区要召开电视电话会议，要求全体干部参加。

战友一大早就来打招呼，说："我不能去机场送首长，也不忍心说欢迎首长再来。"

陶正明说："你多保重。"看他吞吞吐吐的样子，便问他还有什么困难。

战友说："我既然来了，会安心干下去，就是没有给父母、妻子、女儿说这里的真实情况，怕他们担心。女儿今年高考成绩不错，说是8月填好志愿便陪她妈妈来看我。我变得这个样子，工作环境与家乡没法比，母女俩受不了怎么办，让不让她们来？我这些天一直在纠结这个事。"

陶正明语重心长地说："还是让她们来看看，军人的妻子、女儿是会懂得军人的，是会理解军人的特殊性的，她们会支持你，像你一样坚强。你正式发邀请书请她们来，邀请词写上：世界屋脊，青藏高原，大美果洛欢迎你！"

话虽这样说，当与战友告别握手时，陶正明的喉管还是发硬了，一句话也说不出来。将心比心，要是自己遇到这个情况，可能比他更纠结，因为自己的内心不如战友强大。

5年前陶正明上西藏住了8天，这次二上青藏高原时间虽短，但身体上、精神上痛苦得多。上次主要去旅游，这次是看战友，心情大不一样。在返程的飞机上，陶正明想起了在果洛见到的各位战友，反复回味他们几十年留下的口号——海拔再高，标准更高；氧气再缺，意志不缺；条件虽苦，苦为人民！

这次上果洛，虽然体重降了8斤，但千金难换，陶正明仿佛一下子年轻了几十岁，他见证了一位优秀的共产党员。他的心灵，在这里受到强烈的震撼和净化！

在高空中，俯瞰远去的果洛，陶正明心中默默地祝福战友：保重身体，平安至上……

再回首，兵心依旧

术后5年体检结束之后，陶正明就沿着西湖信马由缰地走着，走在回家的路上。他边走边看，深切地感觉到，西湖的碧波依旧，周边的景物依旧，显得格外的亲切，给人一种“再回首”的怀旧感。

不时地有小松鼠从梧桐树上跳到地面，摇着长长的尾巴，探头探脑，眼睛瞪得大大的，“嗖——”，又跳到湖边柳树上；有三四只黄雀叽叽喳喳，一会儿在枝丫间互相追逐、嬉戏，一会儿在树梢上相互剔翎，一会儿又伸着颈项，搞起了歌唱比赛，煞是赏心悦目。

自从2014年做过手术后，已经整整过去了5年，经历了10多次的复查，陶正明来来回回的，走的都是这条路。

因而，这条路以及这条路上的一草一木、一花一鸟，乃至于湖面上的一弧弧波纹、一条条飞鱼……对陶正明来说，都是再熟悉不过的了。正如陶正明事先之所料，体检的结果是“一切正常”。当听到医护人员向他表示祝福时，陶正明不由得莞尔一笑，用那一句回答过无数关心者的老话笑道：“谢谢，暂时还好吧。”

陶正明认为，他能够做到的是：吃自己想吃的饭，干自己想干的事，说自己想说的话，见自己想见的人，自由快乐地活好每一天、每一刻！他还有好多的事情要做，而且自信也是可以做好的。陶正明时不时地会牵挂“硬骨头六连”的官兵们、希望学校的师生们、英雄烈士的父母们，以及援助边疆的老战友、上山扶贫的好兄弟——譬如吴书记，等等。

陶正明心里想：虽然自己老了，可是，只要腿脚还能够走动路、手臂还能够敲键盘，就要多去看一看他们，多去写一写他们，多去讲一讲他们的故事，这也就等于多给社会留下一些正能量、好榜样。这样想着，陶正明就坐在湖边的长椅上，情不自禁地打开一位老战友的微信，不紧不慢地写了一篇《老了，仍要选择善良》——

当我老了，就选择善良，不是我软弱，而是因为我十分明白，因果不空、报应不爽。

当我老了，就选择宽容，不是我怯懦，而是因为我十分明白，宽容了他人，也就是宽容了自己。

当我老了，就选择糊涂，不是我真糊涂，而是因为我明白，有些东西是争不来的。

当我老了，就选择平平淡淡的生活，不是我不奢望繁华，而是因为我明白，功名利禄官位皆是浮云。

当我老了，就希望自己能够健康，绝不要成为孩子的负担。做一个温柔、慈祥的老人，绝不要胡搅蛮缠，动不动就发脾气；拥有一个博大的胸襟、一种宽容的气度。

当我老了，我希望在自己痛苦之时、衰老之时、病痛之时、孤独之时，还会有人给自己聊一聊八卦、说一说笑话，还可以与老战友们一起回忆年轻时的故事。我相信，陪伴是最好的爱、最深的爱，爱一个人不光是说些什么，让他得到什么、得到多少，而是心动不如行动，给所爱的人以快乐，让所爱的人能幸福。

当我老了，我希望改变的只是容颜，不变的是自己依然有一颗朝气蓬勃、激情洋溢、热情似火的心，依然希望像孩子一样永葆天真烂漫，永葆一颗年轻纯净的心；不管这一生是痛苦还是快乐，失败还是成功，一切是非成败均如过眼云烟，爱过的痛过的都会像孩子们吹开的泡泡，转眼即逝。

当我老了，还会有人在心里偶尔将我想起、牵挂、惦念；当我拄着拐杖、弯着腰背，步履蹒跚地走进公园，静静地坐在公园的长椅上，还会有人看一眼、最好是注视我孤独的身影，还会有人愿意陪伴着我、搀着我，同我一起散步在晨曦里、说笑在夕阳中。

当我老了，我希望自己还能生活自理，有时会在屋檐下晒晒太阳，抑或在炉火旁微闭双眼，回眸自己一生走过的路，回想起我的亲人朋友，有时会微笑，有时会叹息，有时也会落泪。

当我老了，自己已是耳聋、牙缺、头发白了，我希望曾经的伙伴还在身边一起玩耍，回忆我们一起走过的时光；还可以牵着妻子、外孙的手走在西子湖畔，一路上喁喁絮语；还可以与妻子相视一笑，相拥而泣，相互依靠，不会分离。

当我老了，就不再喜欢热烈、喧闹、熬夜，我只想做一个安静、恬淡、平凡的看客，留给自己多一些独处的时间，多一些独立思考的时间，始终保持一颗平常心。

当我老了，就想节奏慢下来，心绪静下来，默默地注视着周围熟悉的一切，多听一听花开、鸟鸣的声音，多看一看日出、云飞的样子，就这样静静地离去。

诚然，我没有轰轰烈烈、惊天动地的一生，可是，我真实地活过。

轻轻的我走了，正如我轻轻的来……

正如20世纪90年代那首非常有名的流行歌曲《再回首》一样，将一种生命的理念唱响大江南北——再回首我心依旧。

哦，足迹，一个农村娃到共和国将军的足迹……

第十章

没有按下休止符

援建希望小学，传承红色基因

转换思路和方式怀念烈士

十六次红色根脉之旅的成果

情系边疆，崇技共富

援建希望小学，传承红色基因

陶正明虽然光荣退休，但作为一名共产党员、军人，他始终不忘初心，牢记使命，继续保持本色，尽力而为，换场战斗，特别是党的十八大、十九大之后，陶正明认真学习领会大会精神，与党中央保持一致，在自己熟悉和擅长的领域，为党为民发出光和热。

青少年是祖国的花朵、是祖国的未来、是民族的希望。

十年树木，百年树人。青少年的成长不是一朝一夕、一蹴而就的。

陶正明认为，我们要深刻理解党中央在关心青少年健康成长方面的讲话精神和部署，要关心和关爱青少年，立德树人、培根铸魂，让青少年茁壮成长，成为中华民族的脊梁，建设美好明天。

加强思想政治教育，坚定理想信念。青少年是祖国的未来和民族的希望，青少年教育最重要的是教给他们正确的思想，引导他们走正路。青少年阶段是人生发展的重要阶段，是思想和理想的萌发期，最需要精心引导和栽培。我们要加强对青少年的思想政治教育，培养爱国主义情怀，坚定理想信念，切实引导青少年“扣好人生的第一粒扣子”，让青年一代坚忍不拔、自信果敢，实现个人价值，成长为中华民族的脊梁。

加强文化教育，实现学习强国。青年强则国强，青年兴则国兴。只有青少年强大起来，才能推动祖国不断强大。学习文化知识是青少年成长进步的基石，是增强本领的途径，是实现学习强国的关键。“书山有路勤为径，学海无涯苦作舟。”青少年正处于学习的关键时期，要把学习文化知识放在重要位置，刻苦学习，练就过硬本领，实现自己的理想，凝聚实现中华民族伟大复兴的力量。

加强体育教育，实现体育强国。体育强则中国强，国运兴则体育兴。2014年2月，习近平总书记在看望参加索契冬奥会的中国体育代表团时指出：“我们每个人的梦想、体育强国梦都与中国梦紧密相连。”实现体育强国梦，青少年义不容辞。只有青少年拥有健康的体魄，民族才会兴旺，国家才会兴盛。我们要不断加强青少年体育教育，提高青少年身体素质，让他们成为合格的社会主义建设者和接班人，实现体育强国。

陶正明在关心青少年健康成长方面，始终围绕党中央的精神和伟大部署，作出了许多尝试和努力，在全国范围内开展了很多“青少年学习传承红色基因”的活动，学生都深受鼓舞，取得了令人瞩目的成效。

陶正明小时候生长在农村，有过上学难、没有书读的经历，所以，他知道在农村有很多贫困山区的小孩读书是很不容易的，会有很多困难。因此，他无论在部队工作也好，去地方挂职工作也好，军民共建也好，都非常重视对青少年的教育和关怀，他先后牵头建设的希望小学总共有9所。

陶正明援建的第一所希望小学是1996年在福建省福州市连江县丹

⊙红色基因传承树

阳镇。陶正明所在的部队在那里进行为期3个多月的军事演习，临走时，陶正明去见了当时的福州市委书记。他说：“书记，我们的任务执行完成了，要走了。我们待了这么长时间，很麻烦你们，演习附近的干部群众对我们也非常支持。为了表示感谢，同时也为了留下一个纪念，我们共建一个希望小学，如何？”市委书记说：“好啊。”

援建希望小学，资金是关键，有当地市委书记和部队领导的支持，部队指战员都积极开展捐资工作。当时一师的1万多名官兵踊跃参与，每人捐助10元，于是部队凑了十几万元，在丹阳镇建设了一所“硬骨头六连”希望小学。后来陶正明又到访过这里两次。

陶正明在浙江援建的第一所希望小学是在丽水市云和县，是一个相对来说比较贫穷的地方。陶正明特地去选址，经过考察，他提议学校不能建在农村。他对当地相关领导说：“你们一定要用大数据推算，云和县只有10万人，现在城市化发展迅速，很多人外出打工创业了。如果把希望小学建设在农村的话，今后可能因为人们搬家到城镇，这所希望小学就废掉了。”因此，他建议在县城里援建一所希望小学。受众面广、小孩多，这是第一个原因。第二个原因，也是为扩大解放军的影响力。为了选址，他实地跑了三次，云和县的廖世红书记陪着他把地址选定了，并给学校取名为“浙江省军区爱心小学”，陶正明说：“学校名称还由老红军张力雄将军亲自题写，他还健在，已经110岁了，以前是我所在部队第五干休所的士兵。”丽水当地人也称这所希望小学为“城西小学”。

陶正明去了十几次浙江省军区爱心小学，没有在县里吃过一顿饭，都是在学校吃的。这次退休后，陶正明给学校送书一并参观。

他走进学校，沿着“浩然路”“长征路”，参观了“军志楼”“军毅楼”“军誉楼”，一股强烈的国防教育气息迎面而来。学校高举国防

⊙江西省军区第八任政委张力雄将军题词浙江省军区爱心小学

旗帜，把红色基因、清廉文化贯穿整个教育教学的全过程。

学校在课堂教学、综合实践活动和专题教育项目中，融入清廉文化教育和国防教育，营造浓厚氛围；建设开放性书吧，订阅国防教育、清廉文化书籍和杂志，使孩子们在阅读各类军事杂志中，了解军队历史、知晓军事知识，潜移默化接受教育；大型军事人物雕塑和十八般武器石刻，吸引孩子走进军事天地，让每个孩子走进校园就能看得到、摸得着。在国防文化宣教中心，创设了400平方米的国防知识展厅，可以学习领略历届国家领导人关于国防教育的论述、抗日战争十大经典战役、浙西南革命精神等内容。学校还有国防教育VR互动场景设施，让孩子身临其境地体验过草地、爬雪山的艰辛。

《三大纪律八项注意》是展现中国人民解放军光荣传统的歌曲，很多人耳熟能详。浙江省军区爱心小学（城西小学）结合学生特点，编创了《城西小学三大纪律八项注意》军纪校歌。“军小同学个个要牢记，三大纪律八项注意，第一做人品行要端正，诚实守信切莫遗失掉……”字里行间让每个城西学子在传承红军精神的同时，用新时代标准要求自己。

最后一次到浙江省军区爱心小学，县里有关领导很热情，把住宿、吃饭的事情都提前安排了，并对陶正明说：“陶将军，您过去在职时不吃我们的饭我们理解，现在您退休了，应该到我们这儿吃饭。”陶正明坚决不同意，说：“退休了我也还是跟学生在一块吃饭，这种感觉特别好。”学校一位女同学给陶正明用红纸剪了一个剪纸，专门用相框装好送给陶正明，他觉得很珍贵。

嘹亮的军纪校歌回荡校园，红色是这所学校的底色，国防教育是这所学校的特色。此行给陶正明的感触颇深，他希望全校教职员工要努力提高教育教学质量，多为国家培养优秀人才；要加强宣传力度，

⊙丽水市云和县城西小学学生送剪纸给陶正明将军

进一步提高学校的知名度和美誉度；要积极创新，继续深入推进国防教育，让军育更好地融入学生学习生活的方方面面，培养更多具有健体担当、科学探索、敢于尝试和国际视野的弘毅少年。

目前，浙江省军区爱心小学（城西小学）被评为教育部“国防教育示范学校”、浙江省“国防教育成绩突出单位”、“浙江省雏鹰红旗大队”、丽水市红领巾示范学校、丽水市示范书香校园、丽水市智慧教育示范校、丽水市教科研先进集体、丽水市清廉学校建设示范校……

浙江省衢州市开化县长虹乡为第二次国内革命战争闽浙赣中心省委所在地。陶正明的部队心系革命老区教育，发扬军队光荣传统，万名官兵捐赠100余万元，在开化县长虹乡也援建了一所希望小学。为了铭记人民子弟兵拥政爱民之举，新学校定名为“虹军小学”，象征着长虹乡革命老区人民与省军区全体官兵的鱼水深情。

“虹军小学”的校名由中央军委原副主席、国防部原部长、上将迟浩田亲自题写。省军区政治部主任、少将郭礼云对新学校的顺利建成表示祝贺。他说，让革命老区孩子受到良好的教育，是省军区全体官兵的共同愿望。新学校建成以后，为孩子们提供了一个更好的教育学习环境，希望全体师生发扬艰苦奋斗、团结拼搏的光荣传统，争取把虹军小学建设成为高质量的农村一流学校；希望孩子们从小树立远大理想，刻苦学习，自强不息，争取长大后成为建设国家的栋梁。该校的建成不仅解决了原本长虹乡下坞片8个行政村40多个自然村孩子读书难的问题，还通过了浙江省现代化标准学校验收，为全校师生提供了良好的生活、学习环境。

到目前为止，陶正明牵头在浙江援建的希望小学一共有3所，除了上面2所，还有一所是浙江省军区心连心学校，在温州龙港市。陶正明不久前还去过，以后有机会肯定还要去。

⊙中央军委原副主席迟浩田题词衢州开化虹军小学

⊙浙江省军区援建虹军小学

陶正明在江西工作时，他所挂职的地方，都是当地最穷的地方。他在当地先后牵头援建了4所希望小学。1998年，陶正明和战友们在江西九江参加抗洪抢险时援助修建了一所希望小学，取名“硬骨头六连”希望小学。学校的校名和连队以及“九八抗洪”紧密相关。为充分展现“硬骨头六连”这支英雄连队的硬骨头精神和光辉历史，学校还特别成立和完善了“硬六连”事迹陈列室，建设“文化走廊”等，使“硬六连”精神及中华传统文化精粹等成为全校师生的精神食粮。无论战争年代还是和平年代，部队官兵都奋不顾身保家卫国，他们的所作所为就是生动的爱国主义教育课。学校也希望将革命军队的精神一代代传承下去，让学生们从小就懂得爱国拥军的道理。

陶正明在徐州十二军工作时，牵头在徐州市丰县华山镇援建了一所希望小学——华星小学；在江西省赣州市石城县和龙南县各援建了一所江西省军区希望小学。

陶正明牵头援建希望小学需要资金，这些钱是怎么来的呢？他所在的部队支持一部分，包括指战员捐助。同时，他还到地方找企业家募捐，娃哈哈董事长宗庆后、农夫山泉董事长钟睒睒等企业家都给予了大力支持。陶正明和他们都成了朋友，师里新建幼儿园，也获得了这些爱心企业家的捐助。

2022年5月，苏商30多名企业家来到贺龙元帅的家乡湖南省张家界市桑植县进行爱心捐赠。陶正明回想起2006年他作为贺龙元帅亲手缔造的英雄部队的一名老兵，代表“硬骨头六连”和老部队战友们来到贺帅家乡捐资助学，援建的学校被命名为“英雄硬六连赤溪希望小学”。该校到今天已有16年，在这期间为国家培养出了一批批优秀人才。陶正明有感而发：“这说明我做的这件事很有意义，希望工程是大有希望的，今天我们再次来到这片土地爱心助教，虽金额不多，但代表着我们对老区桑植人民的一份真情厚谊。当年我是一人做这事，现在我身后有一个强大的企业家群体，感谢苏商们的加入，希望关心关爱下一代的工作能够持久。”

陶正明牵头援建希望小学，得到了所在部队、地方政府和社会各界力量的共同支持，的确意义非凡。

转换思路和方式怀念烈士

2020年11月，刚从云南个旧市金平县回来的陶正明，与我谈起了这次和战友方彧华等爱心人士到云南金平苗族瑶族傣族自治县的感受。

金平苗族瑶族傣族自治县，是云南省红河州下辖的一个山区边疆县，由于地处偏远深山，金平县一度被评定为深度贫困县。1979年，陶正明所在的中国人民解放军第十一军官兵驻扎在金平县，在3个多月的临战训练中，部队与南疆人民朝夕相处，结下了深厚的情谊。战士们称这里的人民是坚强的靠山，称金平是第二故乡。对越自卫反击作战之后，有800多名烈士长眠在这里。

虽然战争远去了，但战士们对这一片土地却一网情深。陶正明他们一行刚到金平县，就碰到了另一个部队的老兵们也来悼念参战牺牲的战友，这两队人马恰好晚上住在同一个酒店，但他们的做法完全不一样。陶正明一行没有到陵园大肆祭拜，而是身着便装，看望烈士的父母，慰问困难的少数民族群众，给希望小学捐赠图书……

金平县烈士陵园共安葬着957位英烈，大多是1979年对越作战中牺牲的部队官兵和民兵。每年穿着军装到这儿祭扫烈士的老兵络绎不绝，时不时地会响起一片哭声。陶正明认为，我们永远不能忘记那些为国捐躯的烈士，但悼念战友的思路要有所转变，追思的方式也应与时俱进，否则，就会有违烈士的心愿，既浪费了钱财，还有可能助长封建迷信活动的气焰。

为此，陶正明曾向战友们提出如下倡议。

一是把祭祀的经费用于边疆脱贫。

当年烈士用鲜血和生命保卫祖国的边疆安宁、保卫人民的和平劳动，就是想让边疆人民尽快过上幸福的生活。可由于各种原因，边疆的发展还很滞后，金平县就是云南省27个深度贫困县和3个最穷县之一。如果我们把这些祭祀的经费用于边疆的脱贫致富，利用悼念战友的机会多为少数民族群众做好事、办实事——建设希望小学、捐赠励志图书等，那么不仅符合人民军队为人民的初心和烈士们的心愿，也能体现我们参战老兵为边疆群众继续奉献的思想品格。

二是莫穿军装大规模地祭扫烈士。

现在每年清明节和烈士纪念日，各级党委、政府都要举行祭扫革命先烈活动，我们也不反对战友们到当年参战地去祭扫烈士，但前提条件必须身体许可，毕竟年龄大了，不少战友由于长期的猫耳洞生活还患上了严重的疾病。如果还能走动，建议穿便装与几个战友结伴而行，千万不要以单位名义组织祭扫，更不要花钱买制式军装，制作统一标识。那种穿着军装、戴着标识、打着红旗、呼着口号，甚至哭着、喊着的悼念战友方式，容易让人情绪激动、过度伤心，甚至诱发各种疾病，也容易给地方有关部门造成误会。同时，对牺牲的烈士也是一种不尊重、不敬重。我们常讲让烈士们好好安息，如果成建制地组织大规模的悼念活动，如何让烈士们安安静静地休息呢？即使是小范围的怀念战友活动，我们也要注意文明祭扫，及时清理追思现场的垃圾，以减轻烈士陵园工作人员的负担。

三是大张旗鼓地宣传烈士的事迹。

对牺牲战友的最好怀念，实际上就是立足本行业本岗位，以身作则，大力学习和宣扬烈士为国家为人民不怕艰难困苦、不怕流血牺牲、不怕吃亏奉献的革命精神。作为战争的幸存者，我们有责任、有义务，从现在做起，从身边做起，能讲的到学校和企业去宣讲烈士事迹，能写的把英雄的故事整理出来，能唱的把烈士事迹谱写成歌曲。一句话，我们要通过多种形式多种手段，大力宣扬牺牲战友的感人事迹和奉献精神，让烈士的事迹和精神家喻户晓、深入人心，努力在全社会形成“崇尚英雄才能产生英雄，争当英雄才能英雄辈出”的良好局面。

四是坚持就近就便帮助烈士亲属。

悼念战友一定要从实际出发，坚持就近就便、量力而行的原则。由于战争的残酷性，一些父母失去了儿子，妻子失去了丈夫，孩子失去了父亲。特别是不少烈士的父母精神受到严重创伤，加上家中失去“顶梁柱”，生活相当艰难，尤其是上了年纪以后日常照护、精神慰藉的问题更加突出。作为一起参战的本地战友，我们在大力宣扬烈士事迹和精神的同时，有条件有能力有责任帮助本地烈士的父母和亲属。比如，有的认烈士父母为干爹干妈，像浙江省温州市、江苏省如东县的参战战友，几十年如一日无微不至地照顾烈士父母，让老人在失去一个亲生儿子之后多了几十个孝顺的儿子；参战老兵、“硬骨头六连”战士陈荣退伍后坚持长期资助本连队牺牲的烈士亲人，被评为“中国好人”；还有的战友企业家帮助生活困难的烈士亲属，把他们吸收到企业当工人，让他们学习一技之长，有稳定的经济收入，摆脱了生活困境。这些做法很好，值得战友们学习和仿效。

总之，悼念牺牲的战友，一定要做到务实、节俭、文明、就近。

陶正明和他的战友们在金平做的实事、好事数不胜数。他们曾经是军人，他们曾经为国征战疆场，有些甚至脱下军装几十年了，仍然不忘入伍之初就受到的人民军队的宗旨教育，用他们的不懈追求去影响更多的退役军人爱党、爱国、爱人民。

⊙在湖北洪湖市与战友合影

十六次红色根脉之旅的成果

2022年7月31日早上7点，陶正明一行出发到浙江省嘉兴市秀洲区王店镇的米科军旅园。他们此行的目的是对8月1日开馆的对越作战纪念馆做最后的检查和完善，这也是对越作战纪念馆筹建以来陶正明的第16次嘉兴之行。

陶正明到纪念馆还没喝上一口水，“硬骨头六连”原八班班长、一等功臣、特等伤残军人展亚平就从苏州赶到了。陶正明打趣地说：“对越作战纪念馆办得行不行，就请我们的展英雄来验收吧。”

在庆祝中国人民解放军诞生95周年之际，筹建一年的对越作战纪念馆终于正式开馆了。8月1日一早，一批参加对越作战的英模就从上海、杭州等地赶来，他们受邀前来参加对越作战纪念馆开馆仪式。

展亚平在参观对越作战纪念馆时，对里面的每一样物品都看得非常仔细。最后，他满意地对陶正明说：“谢谢首长和战友，你们做了一件功德无量的大好事！”

⊙对越作战纪念馆开馆留念

纪念馆的发起人兼馆长张福祥，现年60岁，曾经当了5年的汽车兵，退伍后创业开厂，生活上省吃俭用，做公益慈善事业却慷慨大方。自费购买百余件退役、废旧军用装备，建起了占地500亩的国防科普文化馆，向公众开放普及国防教育，在社会上引起强烈反响，参观人员络绎不绝。

2021年7月，张福祥萌生了在国防科普文化园内再建一个对越作战陈列展示馆，丰富园地内容，留住这段历史，满足广大参战官兵及亲人就近参观学习、追思瞻仰的愿望。他和陶正明沟通交流后，陶正明全力支持，并主动担任筹建工作的总顾问，牵头负责作战资料的整理、陈列馆的构造等。

对越自卫反击战，1979年1月17日到2月16日军委调动22万大军，后用28天时间展开的中越边境自卫反击作战；1981年收复扣林山、法卡山之战；1984年开始的各大军区部队轮战，如收复老山、者阴山、八里河东山之战，以及坚守防御之战，等等，历时近10年。

整个反击战意义重大、影响久远，打出了国威军威。一是沉重打击了越南反华势力的嚣张气焰，再次彰显了中华民族的豪迈气概。二是创造了改革开放、一心一意搞建设几十年的和平环境。三是锤炼和检验了部队战斗力，促进我军走上精兵之路、现代化之路。我军从成立之初就受到人民的爱戴，被冠以“最可爱的人”，始于抗美援朝战争。经历了改革开放之初各方面利益的诱惑，我们的部队还能不能打仗？不怕亏、不怕苦、不怕死的全体参战将士，作出了最有力的回答，被誉为“新一代最可爱的人”。成千上万的热血青年献出了宝贵的生命，仅参加首批轮战的一军部队就有397名烈士长眠在老山地区。他们的躯体倒下了，但精神与世长存。大量事实证明，中国共产党领导的人民军队是忠诚可靠、无敌于天下的，这种精神应该代代流传，教育后人。

创建对越作战纪念馆，这是一个来之不易的重大决定，也是造福参战官兵、深化国防教育的重磅举措。陶正明立即筹建工作组，面向参加过对越作战的驻浙部队及浙江籍广大官兵、家属及社会各界人士征集私人珍藏的图片、图书及文字资料和原始实物等。共同展馆大家建，7月29日，消息一经发出，广大参战老兵们在陶正明的号召带领下，给予了热切回应和大力支持，有的出谋划策，有的整理物品，有的来电联系……体现了老兵战友高度的政治热忱。

作为总顾问的陶正明认为，展览既要考虑十年对越作战的大纵深，又要突出首批轮战部队这个重点，因为首批轮战官兵绝大部分是从江浙沪皖闽赣“五省一市”入伍的，在老山地域牺牲的397名官兵中，有72%来自其中的两个省。嘉兴地处中心位置，交通十分便利，对越作战纪念馆馆址挨着南湖红船，体现了人民军队永远忠于党的属性和本质。陶正明亲赴嘉兴，与战友张福祥一起选址建馆。

筹建组对征集到的物品逐件清理，分门别类，登记造册，布置若干个展厅（室），并标明捐赠者参战时的职别、姓名。许多物品十分珍贵，有保存几十年的个人作战日志、首长讲话稿、烈士的书信、诗歌、报刊稿件、入党申请书和衣物，还有连队个人存款单、慰问品，更多的是印着当年勇士的风采英姿的照片。许多物品连参战的同志也不一定见到过，非常珍贵。筹备组抽出专人负责这项工作，几乎每天都能收到来自全国各地的快递和邮包。对于老兵们的热情，筹备组的同志十分感动，表示要发扬老山精神，建好纪念场馆。

8 月 24 日，浙江嘉兴对越作战陈列展示馆筹备组召开了第一次会议，陶正明与各位战友商议，拟定陈列大纲，将场馆功能设为以下部分。

第一展厅，战争的过程（主要展示十年对越作战的三个阶段，越界反击、防御坚守、四年轮战，含经典战例）。

第二展厅，英雄的旗帜（主要展示军委总部、国家级工青妇组织、大军区级授予称号的单位和个人的文件、锦旗，个人奖章、证书和照片）。

第三展厅，不朽的丰碑（烈士名录）。

第四展厅，感人的事迹（挑选战中其他功臣的事迹，含照片、音像制品、文字说明若干）。

第五展厅，坚强的后盾（党政领导、人民群众拥军支前的事迹）。

第六展厅，永远的辉煌（退役作战军人在各条战线的先进典型）。

另外建立嘉宾访谈厅，请前来参观的参战官兵、亲人、战友讲述所知道的与战争有关的生动事例。

10月25日，浙江嘉兴对越作战纪念馆筹备组召开第二次会议。国家退役军人事务部以及省厅、市局领导亲临园地指导，使筹备组备受鼓舞，信心更加坚定。通过深入讨论，确定了展馆总体思路，以对越自卫反击战的前因后果为主线，以第一批轮战（第一军指挥）为重点，突出一线官兵、英雄模范、典型事迹，最大限度地利用空间和现代高科技，使展馆特色鲜明、亮点纷呈、宜军宜民、老少喜爱，给全民国防教育增添新的场所，使其充满正能量，富有传承性，增强吸引力。

这个项目，政治性强，各方关注度高，工作量多而且复杂，现存资料实物缺乏，且完全是靠个人出资的，可以想象困难是多么大。陶正明率工作筹备组与设计团队反复讨论修改，多方征求意见，不断完善，实现从提出想法到设计图纸初步达成一致。2022年4月15日，陶正明带着有关人员又一次拿着图纸，到现场一一对照，直到大家满意才收兵。馆长张福祥说，一项重大工程关键看前期设计，一定要考虑成熟，眼光要远，起点要高，磨刀不误砍柴工。大家翻看那一本本图纸，密密麻麻的各种标记、文字、符号，以及从四面八方收集到的资料、实物，对下一步实施布展更加充满信心。

6月，嘉兴南湖之畔的对越作战纪念馆筹建组进入了工作倒计时，对越作战纪念馆雏形初具，亮点纷呈。

端午假期，嘉兴市、秀洲区两级书记专程到纪念馆视察，并对场馆建设给予了充分肯定，极大地鼓舞了筹建人员的士气。

6月6日是“英雄硬六连”命名37周年纪念日。连队参战官兵主动捐款，承担了作战现场沙盘制作的全部费用，用实际行动支持纪念馆建设。沙盘制作者是解放军原著名专家、工程师，以做沙盘逼真著称。

对越作战十年，中央军委共给76个连队（含相当连）授予了荣誉称号。通过陶正明的多方努力与协调，从权威部门找到原始资料，原样复制了76面锦旗。旌旗猎猎，非常壮观。

经过大家反复考量，征求多方意见，最后定夺“对越作战纪念馆”馆名的书写者，由当年负责397位烈士工作的韩亚青老战友承担，大家一致认为他最有资格。韩亚青把泪水、手指咬破流的血水和着墨水，一气呵成，字字如峰，笔笔似雄。

纪念馆前厅建设大型雕塑，展室呈现了迎亲门、凯旋门、猫耳洞等当年战场景观，让人有身临其境之感。把397名烈士的英名刻在园墙上，前面安放了电光红蜡烛，象征他们的精神生生不息、薪火相传、永垂不朽。

纪念馆内设影像室，循环播放反映当年战争场面的电影、视频短片，以及《再见吧，妈妈》《血染的风采》《我爱老山兰》《小草》等歌曲。馆内摆放红船模型，写上“枪听我的话，我听党的话”“我在边防线，祖国在身边”等勇士的话和“不怕苦，不怕死，不怕亏”的老山精神，像战鼓擂撼人心，似号角令人奋进。

参战官兵用鲜血、青春和生命捍卫了民族的尊严和国家领土的完整，谱写了新时期爱国主义的壮丽篇章，铸就了艰苦奋战、无私奉献的老山精神。

当年，老山将士被全国人民称为新一代最可爱的人，《血染的风采》唱遍神州大地，《高山下的花环》等一大批影视文学作品整整影响了几代人，极大地振奋了民心军心，产生了巨大的时代动力。战争的硝烟早已散去，十年对越作战是和平年代里离我们最近的一场战争，一代代英雄的传人在军魂引领下，谱写新的英雄赞歌。

陶正明携手曾参加过1984年对越自卫反击战的部分战友，在浙江嘉兴国防教育基地筹建“对越作战纪念馆”，这是铭记历史、弘扬传统、赓续血脉、启迪后人的好事、善事。

从历史中汲取精神营养，将历史学习转换为推动爱国主义国防教育的动力，因地制宜讲好红色故事、打造红色名片，让老山精神代代相传，为爱国主义、国防教育事业迈上新台阶注入更大精神动力。这是老兵们的心愿，也是陶正明在未来为之不懈奋斗的事业！

情系边疆，崇技共富

金平县是云南省红河州辖区一个多民族聚居的自治县，集边疆、少数民族、深度贫困、高海拔和原战区于一体。金平由于自然条件恶劣，战争状态较长，是全国深度贫困县，脱贫致富的任务十分艰巨，中央指定外交部和上海市定点帮扶。对于十一军老战士到云南中越边境倾尽全力扶贫帮困的事迹，中央电视台做过专题宣传报道，陶正明在2020年底出版的《我和我的战友》一书中也记载了这个感人的故事。

去金平如果仅仅是为牺牲的战友鞠一个躬，意义就太有限了，缅怀战友最好的形式是不忘共产党员的初心，继续践行党章要求，更好地为人民服务。当年边疆的少数民族群众同样为国家为民族作出了很大的牺牲，还有人付出了生命，陶正明认为如果能够为边疆人民做点实实在在的事情，就是对牺牲的战友最好的祭奠。

陶正明首先想到的是联系老战友，变一把火为一团火。他了解到方彧华先后在第十二军、第十一军和第一集团军、浙江省军区工作过，转业后回家乡浙江省建德市任司法局副局长。2016年初，方彧华赶往金平住了下来，请当地机关同志带他跑全县最远的村寨，访最穷的人家，找最需要解决的难事，并详细记在本子上，每天早出晚归，十几天时间大体心里有了数。很快在方彧华的动员下，一个“参战老兵，不忘初心，身为国家，心在人民”的关爱边疆人民群众的老兵爱心团队就拉起来了。

方彧华又去找当年一起上前线的战友，找中学同学，找他的朋友、旧日的同事和熟悉的企业家。浙江宏宇公司、杭州星韵律师事务所、浙商证券公司、新安化工股份集团、北京美鲜源贸易科技有限公司、北京慧聚空间、建德市新安江中学，以及杭州市司法系统各家监狱的团委、新安江中学初中七一届的同学等单位和个人先后加入了这个心系边疆、扶贫助学的队伍。他甚至找市里领导和有关部门负责人，动员他们去金平，走边关，祭奠烈士，感受贫困，许多人心灵受到强烈震撼，纷纷伸出援助之手。一场众人牵手，前赴后继帮助边疆群众脱贫的持久战打响了。4年的时间里，这支以退役老兵为骨干的扶贫队伍，在偏僻的高海拔大山上先后帮助捐建了学校教学楼、老兵爱心卫生院、教师宿舍楼、老兵爱心图书阅览室，结对帮助50多名品学兼优、家境贫寒的少数民族学子读书，为他们提供全额学费支持。

陶正明始终认为扶贫先扶智，越重视教育的地方越容易脱贫。教育的缺失是“能力剥夺的贫困”，是比收入贫困更深层的贫困，它会引发贫困的代际传递。要想拔掉“穷根”，就得下活教育扶贫这盘棋，让贫困地区的孩子接受良好教育，掌握一技之长。过去，一提起教育帮扶，人们首先想到的就是送资料、捐学习用品、派老师到贫困地区的学校去上课等，但是这些做法的扶贫效果并不理想。现在，精准教育帮扶已经不仅局限于课堂，在课堂之外，更要建立起“造血”机制。

为了让更多的贫困生能安心读书，聚焦文化水平偏低的青年群体就业难题，依托东西部对口帮扶协作契机，方彧华进行大力宣传并数次赴金平参加帮扶工作，与对口帮扶地区组织、人社部门、职业院校、用工企业对接协调，因地制宜实施校企协作，助力青年群体变身技能人才。在陶正明、方彧华等诸多战友的共同推动下，浙江新安化工股份集团在金平县十里村边境中学设立了助学基金，为那些品学兼优但家境贫寒的少数民族学子提供全额学费支持。在建德工业技术学校出资专门为金平开设“崇技共富班”，招收金平的学子，为达到培育效果，实现学习、工作有序衔接，采取“2＋1”（2年在校学习，1年在企定岗锻炼）的培养模式，由学校与企业共同协商课程设置，并选派企业一线骨干担任讲师，量身定制专业课程。同时，为解决学生生活困难，稳定培养关系，在培养期内，由企业支付学生在校产生的学费、住宿费等费用，每月定期向学生发放900元（含100元话费补助）生活补助费用，培养期满，学生需在培养企业服务满3年或5年以上，实行就学就业一条龙。仅这一项计划，公司就要专项支出300多万元的经费。

2022年初，陶正明得知金平籍学子在建德市生活、学习如意，便一直想着去看望一下同学们。但受新冠肺炎疫情影响，迟迟未能成行。疫情好转后，陶正明于5月25日专程赶到建德市，看望了来自7个民族的38位金平籍学生。他看到孩子们两三年来在几千公里之外的建德生活、学习得很好，长高了，长胖了，变白了，非常开心。

学生代表用他们朴素的语言和真挚的情感，表达出对社会关注、企业帮扶、学校培养的感恩之心，并表示一定珍惜学习机会，专心打磨技能，早日让自己成为技能人才，为企业服务，为社会贡献自己的绵薄之力。

陶正明用个人的战斗史、成长史和感恩史勉励同学们要牢记中国共产党的恩情，树立远大志向，珍惜来之不易的学习机会，同时要感恩来自企业和社会的关心和爱护，努力学好技术回馈学校、企业和社会。他还将个人丰富的经历、无尽的思考凝练在笔尖，将自己撰写的书籍《老陶天天大白话》赠送给“崇技共富班”的学生，并亲自签名寄语，希望学生们丰富个人精神世界，并将精神转化为实际行动献礼伟大的祖国！

如今，建德工业技术学校“崇技共富班”，面向云南金平、贵州岑巩、四川等地共招收学员180余人，以企业出资的形式，跨地域传播崇技理念，以技能帮扶致富，成就技能报国之志。

2022年7月，贵州岑巩籍“崇技共富班”毕业典礼在杭州建德市工业技术学校顺利举行，35名岑巩籍学员全部达到企业用人标准即将正式上岗。

“我们有机会到杭州来学习技能并成为技能人才，离不开政府的牵线搭桥，也离不开学校的悉心教导，更离不开各界爱心人士和企业的帮助和支持。”岑巩县平庄镇后坪村的王钰安作为优秀毕业生代表发言时说。

38年前，陶正明奔赴对越自卫反击战的战场，与边疆百姓结下不解之缘。如今，他响应国家精准扶贫政策，为边疆学子四处奔波，在社会各界的支持下，牵上这根“崇技共富”的红线，让边疆的儿女走出大山，来到建德求学，这是何等的缘分，何等的“战功”！他希望学子们能够胸怀大志，努力学习，向祖国交出一份满意的答卷。

知识就是力量，教育助力人生，文化浸润民风。教育扶贫根在扶智，实在扶业，魂在扶志。未来，陶正明仍将大力推动慈善公益事业，通过精准帮扶，真正实现从“输血”到“造血”，通过慈善公益基金点亮扶贫之路！

后 记——他活得明白通透

与陶正明将军相识，是20年前在浙江省两会上。那时，我在一家媒体驻杭州记者站任职，想就“军民融合”话题采访相关代表委员。翻阅资料时，看到部队代表、浙江省军区副政委陶正明20年前就曾发表过报告文学《两用人才的开发者们》，并获得了全国报告文学奖（即后来的鲁迅文学奖），就提出采访他的请求。

采访安排在晚饭之后，我们谈了很多。第二天我把初稿拿给他看时，他笑了，大概是有些内容写得不太准确，然后就针对我的稿件补充和修订了一些内容。他讲得很具体、很生动、很有见地，显然在这个领域有独特的理解和实践，听后让我受益匪浅。打这以后，我又多次采访和报道过这位从大山里走出来的将军，对他的崇敬之情也越发深厚。

2014年6月，陶正明将军从江西省委常委、江西省军区政委岗位退休后，落户杭州市。同住一个城市，我们的联系和交往就越发方便和频繁起来，他名副其实地成为我亦师亦友亦比邻的好兄长。

在我的记忆和认知里，在改革开放的和平时期成为将军的多数是将门虎子。在世俗眼里，和平年代没有“背景”、没有“关系”，能从农民到将军，确实给人们留下了太多的想象空间，这也是我对陶正明将军的经历备感兴趣和关注的原因。

编写整理出版《农民到将军》，对我来讲既是一个学习的过程，也是一个心灵净化的过程。在我心中，陶正明将军的形象也越来越生动具体，既平凡又与众不同。

陶正明将军是一个经历丰富的人，是一个有棱有角的人，是一个善良率真的人，是一个有风骨有境界的人。我的写作能力和思想认识水平不足以抵达他的精神世界，远不能准确、完整地写出他的精、气、神，这是让我感到十分遗憾的。

《农民到将军》并非传统意义上的人物传记，像呱呱坠地、时代背景、抒情议论、心路历程等这些构成传记的要素在这本书里均未涉及或很少涉及，而主要内容是选取和记述了陶正明从少年时代到将近古稀之年一个个令人印象深刻的画面和小故事。这些画面和小故事都具有相对的独立性，看起来相互之间没什么联系，但换一个角度看就不一样了。如果把这些小画面或小故事看成是陶正明人生之旅中一个个清晰可见的脚印，然后再用时间这根线把它们串联起来，你会看到这些脚印有的深些、有的浅些，有的间距密些、有的间距稀些，但大体上能从这些足迹中感受到时代的温度、岁月的风声以及历史的音容，能从中大体上看到陶正明将军这一生是如何走过来的。

他在从军之路上有多次选择，他放弃了20世纪70年代在地方上足可养活一家人的36元月收入，选择参军拿6元津贴；放弃了总政治部机关工作，选择上前线经受生死考验；身患肺癌，为了不给组织与领导添麻烦、不让家人担心，选择一个人去医院做手术……

他热爱学习，坚持了一辈子。他入伍后有3个本子——军事学习笔记本、政治学习笔记本、日记本，一直保存完好。第一堂军事课，他用钢笔画的122mm榴弹炮图示和名称记录，依然工工整整地留存着。他在江西省军区政委岗位上，号召所有官兵抄写《在庆祝中国共产党成立90周年大会上的讲话》，近2万字。他白天没空，就起早贪黑，利用业余时间抄写，一丝不苟。在机关展出时，大家看得很认真，对比之下有的人脸通红，连说“想不到”。这种对学习和工作的严谨作风，无论职务怎样变动，他一直保持至今，并感染和带动了广大官兵，成为其所在部队现代化、正规化建设中的一道亮丽风景。

他当领导，抓班子，带部队思维超前、方法超前、政绩超前。他当组织处长时，大家亲如兄弟，家属亲如姐妹。他干事能力和文字功夫都是一流，退休后仍然活跃在报刊和朋友圈。在一师当政委时，他和师长合心合力，使师党委获得中组部颁发的“先进党组织”称号，扛回“全军训练一级师”“全军管理工作先进单位”两块奖牌，创造了全军的奇迹。

他在第十二集团军工作2年多，时间虽然不长，但留下了鲜明的足迹。他敢于创新开拓，三八妇女节，他要求给军嫂放假休息，分期分批带领军嫂佩挂绶带到上海、杭州、开封休假参观，一举多得。他在江西省军区期间，提出序列在后，拼搏争先，进了红土地，必须夺红旗，许多工作在军区、全军挂上先进号。

他牢记草根出身，生活朴实。“只要人能吃的我都能吃，只要人能住的我都能住”，这两句话，他走到哪讲到哪！他当兵42个年头，春节都是在军营过的，连续16年没有回老家休假。

他把老干部、家属和军人子弟当亲人。用他的话说，做部队政治工作，时刻把“一老一少一军嫂”放在心上，转业干部的安排、在职干部的子女就学、军嫂工作安置，就是部队的“后院”，须倾尽全力服务好，不能留后顾之忧。

他干事如同打夯机，脚踏实地去做好每一件事，留下深深的痕迹。这要有耐心和毅力。他不浮躁，不膨胀，更不随时变换方向和赛道，而是把一件事做到极致。事情还没有成功时，他埋下头，憋住劲去抠每一个细节。

退休后，他在老区扶贫、希望小学建设、家乡感恩等方面都做了许许多多的努力，尽了自己所能，可以说是退而不休，从没按下休止符。我将与他继续在慈善事业之路上前行。

退休至今，做公益之余，他陆陆续续写下了几百篇博文，先后出版了记述自己军旅生涯的《杂烩汤》《把心揉进红土地》《我就是这样走过来的》《将军抗癌》《我和我的战友》，以及今年刚刚出版的《老陶天天大白话》。这些作品总计有百余万字，可见其勤奋到何种程度。

编写《农民到将军》的过程中，常有这样一些感觉交错出现在我的脑海里——

时而，感觉他迎面向我走来：心无旁骛，步履坚定；

时而，感觉他的身影从我身边走过：超凡脱俗，勇往直前；

时而，感觉望着他的背影离我远去：从容自信，一身正气。

哦，这就是我的好朋友、我的好邻居、我的好老师——进入古稀之年还未按下休止符的陶正明将军……

周益散